U0529507

本书系
2015年度国家社会科学基金一般项目
"基层社会治理与遏制性别分层加剧研究"
（编号：15BSH056）终期成果

李慧英 著

乡村社会治理与性别分层加剧研究

Aggravating Gender Stratification and Changing Patriarchy in Contemporary Rural Areas of China

中国社会科学出版社

图书在版编目（CIP）数据

乡村社会治理与性别分层加剧研究 / 李慧英著. —北京：中国社会科学出版社，2019.12
ISBN 978-7-5203-5249-9

Ⅰ.①乡… Ⅱ.①李… Ⅲ.①乡村—社会管理—研究—中国 ②乡村—性别差异—研究—中国　Ⅳ.①D638②D669.1

中国版本图书馆 CIP 数据核字（2019）第 216285 号

出 版 人	赵剑英
责任编辑	耿晓明
特约编辑	吴丽平
责任校对	李　军
责任印制	李寡寡

出　　版	中国社会科学出版社
社　　址	北京鼓楼西大街甲 158 号
邮　　编	100720
网　　址	http://www.csspw.cn
发 行 部	010-84083685
门 市 部	010-84029450
经　　销	新华书店及其他书店

印　　刷	北京明恒达印务有限公司
装　　订	廊坊市广阳区广增装订厂
版　　次	2019 年 12 月第 1 版
印　　次	2019 年 12 月第 1 次印刷

开　　本	710×1000　1/16
印　　张	17.75
字　　数	271 千字
定　　价	78.00 元

凡购买中国社会科学出版社图书，如有质量问题请与本社营销中心联系调换
电话：010-84083683
版权所有　侵权必究

目 录

引言 乡村社会治理与性别分层 …………………………………（1）

第一单元 聚焦乡村社会的性别分层

第一章 土地的家庭承包权与性别分层 …………………………（11）
  一 土地承包权与妇女土地权益的提出 …………………（11）
  二 土地承包30年不变与性别分层扩大 …………………（13）
  三 土地确权与性别分层 …………………………………（19）

第二章 宅基地使用权与性别分层 ………………………………（25）
  一 宅基地的两权分离 ……………………………………（25）
  二 新农村建设与性别差距拉大 …………………………（30）
  三 住房分配与性别差距 …………………………………（32）
  四 征地拆迁中流离失所的妇女 …………………………（35）

第三章 集体收益分配 ……………………………………………（41）
  一 征地补偿款的分配 ……………………………………（41）
  二 股份分红 ………………………………………………（47）
  三 农村福利分配 …………………………………………（51）

第二单元 父权家庭与土地制度的性别安排

第四章 农耕社会：父权制家庭、村落与土地 …………………（61）
  一 家庭与父系家庭 ………………………………………（61）

  二 村落与父系家族 …………………………………………（69）
  三 土地、阶级与性别的关系 …………………………………（75）

第五章 土地变革与集体化时期 …………………………………（79）
  一 土地革命与妇女地权 ………………………………………（79）
  二 新《婚姻法》的颁布及其意义 ……………………………（84）
  三 土地集体所有制的建立 ……………………………………（87）
  四 宅基地的两权分离与分配原则 ……………………………（90）

第三单元 社会与国家的消极互动

第六章 社会一端：集体父权制的成因与运作 ………………（97）
  一 乡村经济与文化的双重转向 ………………………………（97）
  二 制定过程：集体父权制的进入 ……………………………（105）
  三 集体分配方案（村规民约）的颁布与执行 ………………（110）

第七章 政府：纠错与监管机制 ……………………………………（115）
  一 基层政府的纠错机制 ………………………………………（115）
  二 循环的怪圈 …………………………………………………（119）
  三 村级矛盾的转化升级 ………………………………………（122）

第八章 司法：法律防线失守 ………………………………………（126）
  一 法院受理难 …………………………………………………（126）
  二 依法审判难 …………………………………………………（129）
  三 审判结果执行难 ……………………………………………（133）

第九章 立法：村民资格的认定 ……………………………………（137）
  一 界定村民资格的必要性与迫切性 …………………………（137）
  二 国家：作为立法主体立法滞后 ……………………………（139）
  三 村民公认 就有一份 ………………………………………（142）
  四 村民资格的隐性剥夺 ………………………………………（144）

第四单元　促进国家与社会的良性互动

第十章　社会基层组织依法自治 ……………………………（151）
  一　依法自治的价值与实践 ………………………………（151）
  二　父权制文化的变革 ……………………………………（160）
  三　修订村规民约的民主程序 ……………………………（174）

第十一章　社会组织协同村规民约修订 ……………………（182）
  一　以性别为取向的社会组织应运而生 …………………（182）
  二　试点村的合作伙伴 ……………………………………（186）
  三　政策倡导与试点经验的推广 …………………………（200）

第十二章　行政政府从放任走向治理 ………………………（209）
  一　行政政府由"缺位"走向"到位" …………………（209）
  二　政府组织修订村规民约 ………………………………（213）
  三　堵住土地政策的漏洞 …………………………………（222）

第十三章　立法司法：构筑最后一道防线 …………………（231）
  一　从诉讼审理到依法审判 ………………………………（231）
  二　司法探索：确认集体成员资格 ………………………（235）
  三　法院从制定走向执行 …………………………………（242）

结　论 …………………………………………………………（248）

附录一 …………………………………………………………（252）

附录二 …………………………………………………………（275）

引言　乡村社会治理与性别分层

20世纪90年代中期，社会治理与社会性别理论几乎同时进入中国大陆，平行发展却始终分隔于不同的研究领域。在中国，治理首先被经济学家引入，而后被政治学家和社会学家采用，分别指政府治理和公共治理。2003年的"非典"危机促成了对治理问题的重视。2004年社会建设与社会管理成为主题。2013年，社会治理的概念第一次引入国家政府的文件。

社会治理的研究进展

社会治理的研究取得了长足进展。第一，从理论上廓清了我国国家与社会二元分立的理论关系。国家被定位在有限、有效的国家位置上，着力供给法治规则、公共政策与改善社会福利，提供社会秩序的理性建制。作为"社会"一端，要形成有序的社会，构建自主自治和自律的机制，接受国家法治治理，理性表达自己的意志与愿望[1]。第二，社会治理呈现主体多元化、分权化特征，倡导"合作治理""协商治理"和"民主治理"[2]。第三，多角度提出社会治理目标和治理手段。近期来看，郑杭生提出针对各种社会矛盾与问题，要源头治理、标本兼治，建立和完善各种合理配置社会资源与社会机会的社会结构与社会机制[3]；从长期来看，使得公共利益最大化[4]，制衡权力，

---

[1] 任剑涛：《社会的兴起——社会管理创新的核心问题》，中国社会科学出版社2013年版，第31页。

[2] 陆学艺主编：《当代中国社会建设》，社会科学文献出版社2013年版，第52页。

[3] 郑杭生：《社会建设和社会管理研究与中国社会学使命》，《社会学研究》2011年第4期。

[4] 俞可平：《中国治理变迁30年（1978—2008）》，《吉林大学社会科学学报》2008年第3期。

驾驭市场，制止社会溃败。

经过10多年的理论探讨，我国已经初步形成社会治理的基本理论原则，在政策领域也逐渐形成具有现代意义的社会政策体系。需要指出的是：在社会治理的研究领域，更多关注到社会阶层、贫富差距和城乡差距，却不曾关注性别差距，性别议题被遗忘在社会治理的视野之外。相比较而言，国际上不断推进的社会性别主流化战略，已经对一些国家的治理进程产生影响，甚至被誉为一种新治理模式。而在我国的社会政策体系中，基本上是一种无性别的社会政策。所以，将社会治理与社会性别理论结合起来，就显得尤为必要。因此，性别视角下的乡村社会治理就成为本书的重点。在这里，本书的社会治理研究有两个特点。

第一，属于乡村社会治理。

乡村社会治理的"乡"与"城"相对应。乡村社会土地多、农田多、植被多、空气好，不同于城市，城市工业多、高楼多、交通便利。

乡村社会是一个熟人社会，各个村落形成了生活共同体。在这里，人们在血缘上形成了千丝万缕的联系，甚至可以追溯到同一个男性祖先。生老病死都是依靠熟人社会相互帮助，具有浓浓的人情味，不同于城市这一陌生人社会，人情淡漠。德国滕尼斯谈到社区共同体的时候，认为乡村更具有共同体和认同感的特点。此外，还需看到乡村社会又是一个注重血缘伦理的等级尊卑社会，注重差序格局，强调亲疏远近，凸显男女有别。这一社会十分看重人们的责任和义务，包括民众对国家的义务，子女对家庭父母的义务，兄弟姐妹之间的责任。在诸多的责任和义务中，往往将个体的权利淹没掉了。乡村社会的人情味，无论是家庭还是村落，又是内外有别的，有着严格的差序格局。

应当看到，乡村社会治理不应建立在农耕社会的基础上，而应建立在工业社会的基点上，因为中国已经在经济上进入工业化中期。要依据工业社会的基本价值——法治与民主来进行治理，依照法律调整乡村社会的人与人关系，强调法律规定的个体权利，而不是一味地强调人的义务，在认定个体权利的基础上，强调权利与义务对等。

第二，凸显乡村性别分层。

一般说来，社会治理都会聚焦一定的社会问题，本书聚焦的问题是乡村性别分层。性别分层的概念是从社会分层引申而来，社会分层是社会学中的一个重要概念，通常指的是城市社会阶层的职业和收入，来分析社会各个阶层的贫富差距和财富分配情况，本书将其引用到乡村的男女两性土地分配之中。

土地是乡村社会的根本，是研究乡村社会绕不过去的话题。在不同时期，土地议题有不同的侧重点，但都包含着性别议题。在20世纪40年代末，中国共产党领导的土地革命，主要解决地主与贫雇农的阶级矛盾，但是，在重新分配土地时，改变了历史上只按照男丁分配土地的规则，男女老少都可以分得一份。20世纪80年代，土地实行联产土地承包，以户为单位承包土地，家家户户都可以得到承包地，包括妇女。然而，随着妇女婚姻的变化，女性失去土地的情况开始出现。20世纪向21世纪的转型，城镇化的发展速度加快，男女的性别分层不断加剧。2000年，随着经济增长与城镇化进程的加快，我国的性别差距呈不断扩大态势，2000年到2010年，城镇化增长13%达到50%，农村妇女失地由9.2%提高到21%，提升了11.8%，高于男性9.1%。如图0-1所示。

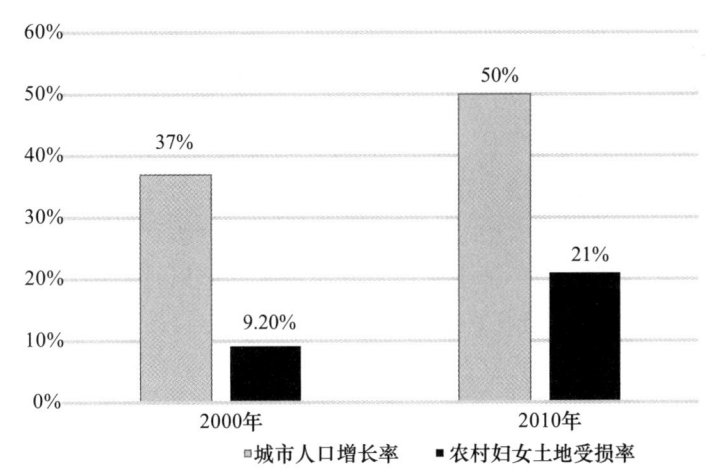

图0-1 城镇化推进与性别分层扩大（2000—2010）[①]

---

① 全国妇联和国家统计局：《第三期妇女地位调查全国主要数据报告》，2011年10月，第17页。

性别分层的加剧激化了社会矛盾，也引发了出生人口性别比失衡等一系列社会问题，正在产生预料不到的社会治理危机。

乡村社会治理研究的重点

第一，为什么会出现土地的性别分层现象？何时产生的？需要什么条件？表现形式有哪些？

第二，为什么在社会主义集体经济中会出现性别分层？哪些因素会导致性别分层？背后的运行机制是什么？社会与国家之间是如何互动的？

第三，如何运用社会治理的理念和方法解决性别分层的社会问题？村委会和村民、社会组织、国家政府各自扮演什么角色？

第四，村民自治如何进行民主协商？如何激发村民参与？如何解决国家法与民间社会的冲突？

第五，如何建立性别敏感的乡村社会治理机制？如何形成乡村社会与国家政府的良性互动？

研究理论与研究方法

1. 国家与社会理论

"国家与社会"是政治社会学研究的重要范畴，人们对国家与社会关系的认识经历了两者同构、分离与对立、良性互动的演变过程。早在古希腊时期，亚里士多德的"城邦"概念，就体现出国家与社会的胶合状态，城邦既是一种政治制度，也是一种社会组织，此时，社会事务与公共事务相一致。进入中世纪，国家与社会进入对立与分离状态，一种主张国家中心论，主张个体与社会服从于国家，以国家利益为最高目的。另一种主张社会先于国家，应以社会制约国家，国家要减少对社会的干预限制。进入20世纪，人们逐渐认识到，国家与社会在深层次上是相互扶持和缠绕。20世纪90年代以来，米格代尔等提出"国家与社会共治"等新型理论，重视国家与社会的互补与合作。

国家与社会的理论对于认识我国社会有启发意义。我国计划经济时期，处于总体性社会，经济、政治、社会高度一体化，强调个人与社会要服从国家，国家利益高于一切，社会的主动性、能动性受到遏制，社会缺乏活力。20世纪八九十年代市场经济生长之后，个体的权利意识开始增强。1998年，乡村全面推行《村民委员会组织法》，由国家控制走向村民自治，村干部选举与村庄重大事务决策，交给村民代表来决定。在社会自治渐渐有所扩大的同时，出现的新问题是，村民自治如何依法自治，国家在出让给社会一部分权利时，如何保障社会成员的个体权利。从而，在社会治理中达成国家与社会的良性互动与共同治理。

2. 父权制理论

父权制理论是一种解释男女两性权力关系的理论，这种理论深入到家庭血缘和亲属关系中，探寻父子性别与辈分的差序格局和从属关系，其核心内容，将辈分与性别分为亲疏远近，安排其位置与功能，以及权力与家产的传承。在西方社会，严格的父权制的时间比较短，英国1701年颁布了《王位继承法》①，规定王位的传承顺序是先男后女，女性地位不及男性，但是在无儿的情况下，女性可以继承王位和财产。在东方世界特别是中国，男女几乎是完全对立的，皇权和财产的传承是只男不女，女儿和儿子的地位天壤之别。

这种父权制对我国社会产生了深远影响，乃至成为乡村社会集体资源分配不言自明的依据，导致在农村普遍存在的性别分层，即依据男娶女嫁确定村民资格和村民待遇。这种性别分层与社会学中的社会分层不同，前者是农业社会的分层依据，后者是工业社会的分层依据。需要指出的是，中国已经进入工业化中期阶段，但在乡村依然采用工业化前期的标准。父权制理论成为分析乡村性别分层的工具，贯穿第一单元和第二单元的原因分析当中。

3. 社会性别理论

社会性别理论是非常年轻的学科，产生于20世纪60年代的美国，20世纪90年代迅速传遍世界各地。社会性别理论具有两个突出特点：其一，具有质疑与反思的品质，善于对性别制度与性别文化进行反思，对人们司空见惯的性别现象重新审视，从习焉不察到发现问题，从而揭示问题背后的性别运作机制。其二，针对性别现象寻找解决的办法，从国家与社会两方面进行新的社会建构，从强制单一的权

---

① 钱乘旦主编：《英国通史》第四卷，江苏人民出版社2016年版，第6页。

力关系转向弹性平等与多样化的社会关系，达成男女合作共赢—两性机会平等、权利平等。

社会性别的社会建构理念，将贯穿在第三单元的对策研究，深入到国家与社会治理的各个组成部分，生成一种新的体现性别平等的社会治理机制。

4. 社会调查法

社会调查法是社会学的一种典型方法，包括定性调查和定量调查。定性调查主要为了搞清楚社会问题的来龙去脉和因果关系，本书采用的是访谈法，深入广西、浙江、青海、湖北、河北、河南，与相关的三大群体进行深度访谈，其中最重要的群体是土地权益受损群体，包括女儿户、离异媳妇、丧偶妇女、上门女婿高达60多人，了解她们的遭遇、倾听她们的声音；其次是村组干部以及村民，他们是村民自治的代表，也是男女同等分配资源的反对者；最后是县乡干部对于村庄矛盾的态度和做法。与此同时，还深入访谈当地婚丧嫁娶的风俗习惯，了解侵犯妇女土地权益的文化深层原因。

定量调查法在课题中频繁地采用，主要目的是说明问题的普遍性。案例的定性分析是必要的，但无法说明其普遍性，只有通过量化才能证明。为此，课题针对权利受损群体收集了1126份问卷调查表，收集统计上百份村规民约和集体资源分配方案，进行了6个县1508份村庄民风民俗的问卷统计。本书所使用的数据绝大多数是第一手资料，从而作为立论的依据。

5. 行动研究法

行动研究法是20世纪50年代产生的一种新型研究方法。这种研究方法与传统研究的不同在于，不是仅仅停留在分析原因提出建议，而是直接采取行动解决问题，并对解决方法进行研究总结。本书采取了两种行动研究法。其一，针对村庄妇女土地权益与村规民约的矛盾，寻找试点进行解决，找到在村委会内部解决妇女土地问题的路径与办法，形成周山村经验和登封经验。

其二，挖掘全国不同地方的政府和法院在处理农村妇女土地权益问题上的成功做法。在行动与实践的基础上，形成政府与社会的良性互动机制。因而，在第四单元的对策研究中，行动研究的成果成为对策研究的主要内容，充实而具体，具有操作性。

主要内容与基本框架

运用社会治理理论与社会性别理论，针对我国城镇化过程中农村性别分层加剧，探讨基层社区社会治理的深层结构性原因，探寻源头治理和治本治理的路径，形成具有社会性别视角的社会治理分析框架；分析政府部门、社会组织、公众的互动机制，结合我国本土创造的成功实验模式，提炼出具有性别敏感的社会治理行动指南。本书最终成果的研究共分为四个单元。

第一单元，聚焦乡村社会的性别分层。通过第一手的资料与案例，描述了性别分层的三种表现形式，耕地承包/宅基地的使用和集体资源以及福利的分配。第一次将妇女土地权益问题进行了扩展，扩展为性别分层，同时，在土地权益之外，增加了集体收益和村庄福利等资金因素。

第二单元，着力于父权制的研究与土地制度的性别安排考察。从家庭父权制入手，比较中国父权制的特点以及在土地制度中的表现，有较为明显的历史感，进而从历史一直梳理到当代集体父权制的形成，深入地分析了家庭父权制如何转变为集体父权制，以及对于性别分层的深远而又隐蔽的社会影响。

第三单元，立足于当代集体父权制的现状，并将其放在多元社会主体的结构中，层层揭示社会与国家如何进行消极互动的。从社会一端来看，乡村社会依然保留着家庭父权制，在性别文化上依然认同女性的依附性与从属性，在家庭与社区集体分配层面，排斥男女具有同等合法资格并享有同等分配权利。从国家一端来看，无论是行政政府，还是司法立法机关，更多表现出在性别问题上不敏感，进而在管理职责上缺位，未能制定相关的村民资格，并履行依法纠错的职责。

第四单元，着重研究国家与社会的良性互动。对于社会而言，不仅要实施村民自治，还要依靠基层组织和社会组织，遵循法治原则进行依法自治，要通过依法民主修订村规民约，促进乡村社会的变革。对于政府来说，既不能干预村民自治，还要依靠行政和立法司法，依法进行社会治理，对于违法违规的自治行为予以纠正，从而形成国家与社会的良性互动。在第四单元最后，精炼地概括出性别敏感的乡村社会治理运行机制。

学术价值与应用价值

学术价值：第一，将社会性别视角引入社会治理领域，开发一个基于中国本土经验和社会性别视角的社会治理分析框架，打通社会治理与社会性别研究的长期分隔，填补我国社会治理学术空白。第二，将行动研究方法与初期成果引入社会治理机制，创立具有实践导向的本土的行动指南，推动社会治理从理论原则转向实践研究，同时扩展性别研究的空间，与学术界进行对话与交流。第三，该课题并不属于纯理论研究，而是在基层社会治理的实践基础上展开的研究，在社会治理学术研究这类行动研究非常少见，可以说是研究方法的一种新的尝试与探索。

应用价值：其一，本课题研究的主要成果是形成具有操作意义的行动指南，这对如何将社会性别的理论运用于社会治理过程，解决中国面临的由社会性别问题导致的治理危机非常重要和必要。其二，为社会治理引入可操作的社会性别方法，推动社会治理多方主体在共识基础上的合作行动，促进性别与社会的协调发展。其三，遏制乡村社会性别分层加剧，促进父权制转向性别平等的变革，从根本上解决30年的妇女土地权益老大难问题。

第一单元
聚焦乡村社会的性别分层

> 我国乡村社会的土地权益的性别分层，时间的起点是1980年，一直延续到现在。这一分层不同于土地改革时期的地主与贫雇农之间的阶级矛盾，也不同于当今城镇化进程中日益严重的干群矛盾，它是以性别身份为轴心，以男娶女嫁为依据，以性别权益受剥夺为重心。
>
> 性别分层有三种表现形式：第一种表现在耕地承包上，通常是男性拥有承包权，女性的承包权则是先得而后失；第二种表现在宅基地的使用上，男性作为户主毫无疑问拥有使用权，女性不能独立获得宅基地，还会在后来的住房分配中受到种种限制；第三种表现在集体资源以及福利的分配上，男性可以获得所有的村民待遇，女性必须依附于男性，否则，就会失去村民待遇。

第一章　土地的家庭承包权与性别分层

土地权益的性别分层十分具有中国特色，需要两个背景因素：第一，是在农村经济集体所有制的基础上产生的，在农村经济私有制的条件下，只有家庭和家族内部的分配，不会出现集体经济的分配问题。第二，是在农村集体经济的土地所有权与使用权分离的条件下产生的，农村集体经济有多种实现形式，在人民公社时期，集体土地采取的是农民参加集体劳动计算工分，农民并不具有土地使用权，自然不存在农民的土地分配问题。1980年以后，土地实行联产土地承包，以户为单位分配土地，按照人口（不分男女老幼）平分，只有在这种条件下，男女村民才可能出现土地权益问题。

一　土地承包权与妇女土地权益的提出

1980年以来，我国农村开始改革，实行土地联产承包责任制，土地的"所有权"与"使用权"开始分离。农地仍属于集体所有，"使用权"分给农民，但严格禁止土地买卖。作为集体所有制单位，村集体可以按照政府政策的要求进行土地的管理、调整、分配。作为集体成员，农户可以无偿获得土地承包经营权。

（一）土地承包：男女一视同仁

截至1984年，在土地承包中，不分男女老少，每人一份，男女一视同仁。所有的农村耕地都按照人口（个别地方会按劳力）分包给农户。应当说，这是中华人民共和国成立以来土地权益男女平等的持续体现。对此，可以从各地失地妇女的采访中得到印证。

  湖北洪湖县柏枝村的女儿户周立娥（化名，下同）讲道："1983年第一轮土地承包，我们这些户口进不了城的妇女，照样分了田，我们和其他村民一样上交公粮税费。"

  青海西宁市郊区的妇女苏艳琴说："1982年，我们家按照人口得到承包地，也有我的一份，到我结婚之后，我父亲将我的地分给我种。"

  2000年，3000名广西南宁郊区的女儿户，在写给广西妇联主席的信中，提到在1984年的承包土地时，每个妇女都分得一份耕地。

如何看待承包地分配中的男女平等？至少有两个因素不能忽略：第一，中国共产党领导的妇女解放一直在延续，即便社会在发生转型，这种影响依然存在，此时，将妇女视为男性附属品的传统观念受到限制。第二，承包地的分配一开始并不是被视为土地权利，而是视为土地责任，那时，承包地被称作责任田。有了田要交农业税，还要交"三提五统"，也要交公粮。从这个意义来说，耕地不仅是一种财产，也是一种责任。

（二）妇女土地权益问题浮出水面

应当看到，20世纪80年代从农村开始的改革，是注重效益发展经济的改革，随着改革的不断深入和时间的推移，社会的基调也在发生改变，平等正义渐渐让位于歧视妇女，男女平等越来越受到挑战走向式微。一些乡镇和村庄已经意识到土地的价值，将农地视为不可再生的财产和稀缺资源。要想减少人多地少的矛盾，最容易做到而且可能得到大多数男性支持的就是利用传统，剥夺出嫁女的土地。第二轮土地承包之前，土地承包处于变动之中，几乎每年都会根据村民的变动调整耕地。无论妇女是否愿意，将她们户口迁出，将承包地强行收回，就成为一些乡村的做法。由此，妇女土地权益的问题渐渐浮出水面。

四川眉山的仁寿县，1988年在龙正乡试点"双层经营责任制"。有人以龙正乡人多地少以及便于计划生育管理等为由，提出"结婚一年以上的非常住人口，应退出责任地"。该规定以文件的形式在全县分发并推广。全县许多村社搞"一刀切"，不管常住与否，对结婚一年以上的妇女，一律强行下户口，收回责任地。其中包括招聘的女干部、女民办教师、现役军人家属、职工家属，甚至还有结婚多年已单独修房立户的母子和婆家是城镇户口的妇女。被强行收走土地的妇女，多次到县妇联哭诉。一时间，群众来信来访突然增多，1988年多达300多件，并造成家庭危机和诸多社会问题。

文官乡XL12社的刘秀秀1987年与孤儿毛毛结婚。毛毛户口在分水乡，但因小时候受养父虐待，常年在文官街上流浪，未回分水乡。因此，刘秀秀一直住在娘家。1988年，社里坚持要下她的户口收土地，已怀孕7个月的刘秀秀坚决不愿到分水乡落户，走投无路，绝望中喝下半瓶杀虫醚，只因及时抢救，才捡回一条命。

高GQ五社的李悦，与成都空压厂的一名工人结婚生子，男方全家吃商品粮，李悦一直在高GQ五社种地，1988年被社里强行下了户口，收了土地，逼得李悦到乡里要求离婚。

金顺乡Q1村二社的周燕一家，40多岁的哥哥因生理缺陷未婚，弟弟在外安家，周燕1982年结婚后一直留在年迈的父母身边。1988年土地被强行收回后，全家人不服，1989年坚持在已收走并分给别人的田里栽秧施肥，秋收时引起4家人打架……

在耕地承包中，妇女土地权益受损，首先表现为女儿的权利被剥夺。在这里，传统的性别观念在悄悄复活，女儿结婚必须出嫁，不能留在娘家，结婚意味着家庭身份的转变，也意味着村集体身份的转变，由村内人变成外村人。

二 土地承包30年不变与性别分层扩大

从20世纪80年代第一轮土地承包，到1998年的第二轮土地承包，各地的承包地不断调整，影响了农民对于耕地投入的热情。为了保护农民的土地积极性，中央政府在20世纪90年代末出台了一项土地承包30年不变的新政策。这项政策5年之后得到《农村土地承包法》的确认，第二十条明确规定，耕地的承包期为30年。这项政策具有示范意义，而后的草地和林地纷纷延长承包期。草地的承包期为30年至50年。林地的承包期为30年至70年；特殊林木的林地承包期，经国务院林业行政主管部门批准可以延长。这里所说的承包指的是集体成员的土地承包，与我们通常说的企业承包不同，一般来说不需要资金抵押，而是村集体无偿分配承包地，家庭进行经营。

这一政策虽然只字未提性别，却实实在在使得妇女土地权益受损人群不断扩大。过去，权益受损的主要是结婚不离家的女儿户，现在却扩大到结婚嫁进村的媳妇。这些媳妇都是按照多少年来的老规矩，结婚从夫居，依靠丈夫得到耕地和宅基地。而现在土地权益也遇到两大困境。

（一）新媳妇人地分离

对于从夫居的农村妇女来说，面临的突出问题是从原村庄到新村庄的转移，当原村庄的土地调整时间早于新村庄的土地调整时间，已婚妇女在原村庄已经失去了土地，到了丈夫所在村无法重新分配到土地。这是农村外嫁妇女在"增人不增地，减人不减地"政策执行以后，遭遇的一种普遍性别困境。

2014年7月，中央党校妇女研究中心在广东韶关29个村庄进行问卷调查，在这些村庄中有23个实施延长承包期限的政策，新嫁进来的媳妇没有分得土地的有15个村，占被调查村庄总数的51.72%。

表1-1　　　　　　29个村庄中新媳妇无地村统计

村庄	实施政策村庄	新媳妇无地村庄
29个	23个	15个

表1-2　　　　　　　　　　天堂村新媳妇无地统计

村庄	实施政策	无地媳妇
天堂村	1998—2012年	115位

河北昌黎、迁西和滦南全部执行国家土地延长承包期限的政策，1998—2028年土地承包30年不变，凡是1998年以后结婚的新媳妇都不可能在婆家村进行土地调整。所以，每个村的村干部都反映的普遍问题是，新媳妇无法获得土地的达到100%。2012年，中央党校妇女研究中心在安徽执行该政策的村庄（天堂村）进行调查发现，自1998年到2012年，该村总计约有115位新娶的媳妇在该村没分到土地。

那么，在全国二轮土地延包之后，有多少农村妇女会因结婚导致人地分离？我们根据第六次人口普查提供的农村妇女1998—2010的初婚数据统计达479万人。

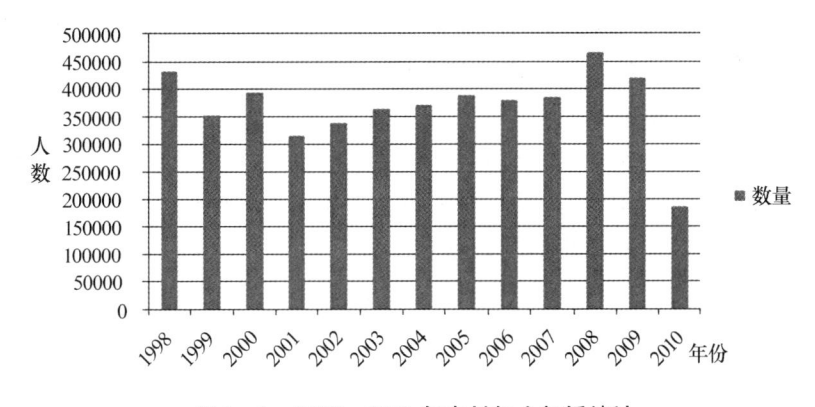

图1-1　1998—2010年农村妇女初婚统计

最保守的推算，80%的妇女结婚从夫居，到2014年就会有460万妇女人地分离。

人地分离的妇女处境十分尴尬，她们的集体成员身份会出现撕裂：一方面常住婆家，已经属于婆家村庄的集体成员，却没有作为集体成员的最基本的资源——土地；一方面地在女方家，又不能在那里居住和耕种并获得收益，土地处于有名无实的境地。空间距离的阻隔，出现了政策设计中难以料到的情况：妇女的承包权、经营权与收益权出现了脱节，妇女无法使用属于自己的承包地进行耕种，也无法得到收益。理论上，妇女拥有长期的土地使用权，但实际上没有保障，她们时刻面临两种风险：其一，从家庭来看，个人的土地财产随时有可能被父权家长占有并转让，因为户主拥有签字流转的权利。其二，娘家的村集体将出嫁女看作外村人。此外，村集体还拥有资源分配的权力，一旦到了征地拆迁土地迅速升值的时候，极易通过村民多数表决将其承包地的补偿转化为村集体的利益。

（二）新媳妇两头落空

当女性结婚之后，无论是外嫁他村还是要求留在娘家村，都会遭到村集体成员的强烈排斥：按照父权制规则，女儿只要结婚，便不再是本村集体成员，也就不能享有本村村民待遇。至于女儿是否愿意居住到婆家村、户口能否迁移到丈夫所在地、能否在丈夫村庄分得土地，已经与本村无关。与本村相关的只有一件事，就是不能让妇女将自己村里的土地带走，一定要将土地收回来。

这种现象比比皆是，中央党校妇女研究中心 2014 年 7 月在 21 个省和直辖市对土地权益受到损害的 1126 位农村妇女做问卷调查，发现 52.85% 的妇女因结婚失去原村庄的土地承包权。婚后自愿将户口留在本村，但土地被收回的新媳妇 238 人，占 21.14%；配偶是非农业户口或军人，户口无法迁出，土地被收回的 119 人，占 10.57%；其他 15.44% 情况不明。

河北滦南县农业人口 40 万，2011 年 4 月在县委的领导下，农工委在土地确权之前对于县内婚姻流动的妇女进行调查，有 832 位妇女两头得不到土地，属于地地道道的失地妇女，她们是农民，依靠土地为生，却没有属于自己的土地。

对于杜绝妇女土地承包两头落空的现象，《中华人民共和国农村土地承包法》（以下简称《农村土地承包法》）中已经做了明确的规定："第六条：农村土地承包，妇女与男子享有平等的权利。承包中

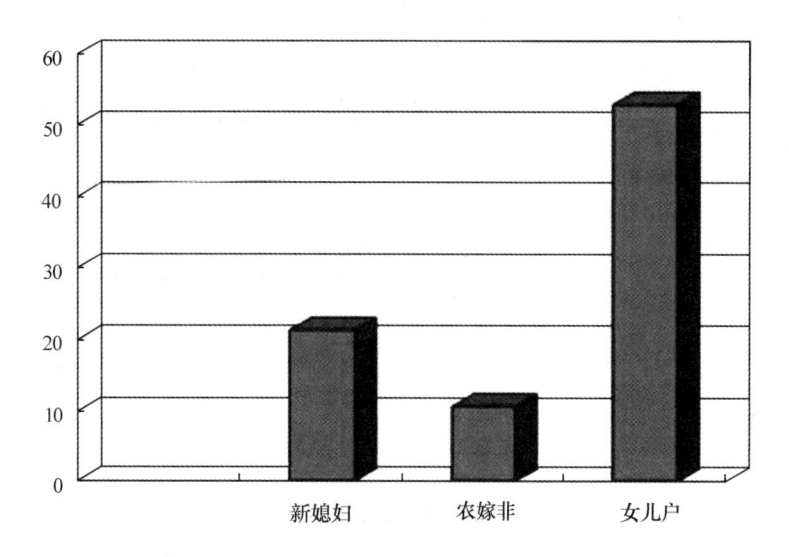

图 1-2　全国 1126 位农村妇女土地权益受损

应当保护妇女的合法权益，任何组织和个人不得剥夺、侵害妇女应当享有的土地承包经营权。……第三十条：承包期内，妇女结婚，在新居住地未取得承包地的，发包方不得收回其原承包地；妇女离婚或者丧偶，仍在原居住地生活或者不在原居住地生活但在新居住地未取得承包地的，发包方不得收回其原承包地。"

应当说，《农村土地承包法》有一定的性别敏感，针对妇女婚姻状况采取了具体的措施。这一措施触动了父权制，为地方政府与法院提供了保障妇女权益的法律依据。但是，它遭遇到两大障碍：其一，阻力大，遭遇了盘根错节的集体父权制，需要一个坚强有力的执行机构。其二，缺乏罚则，对于违法行为没有纠正和处罚措施，缺乏对政府不作为的考核评估机制。对于基层政府来说，违法没有成本，还可以利用父权规则捞取实际利益。

（三）非农化的公务人员两头吃

当大量的农村妇女作为农民两头落空失去土地的时候，却出现了非农化的公务人员两头吃的现象：一些人既有国家公务人员的身份，同时还有一块属于自己的土地。

2015年7月，课题组对广东韶关29个村庄进行了调查，其中14个村庄已经非农化的公务人员依然在村里保留土地，几乎占了调查村庄的一半。

表1-3　　　　　　　　公务人员保留土地情况调查

村庄（个）	公务人员享受待遇村庄（个）	村庄比例（%）
29	14	48.28

无独有偶，2014年浙江玉环县开展群众路线教育，发现该县至少有557名公职人员在村里获得分红款564万元。

这种现象是否具有普遍性？带着这一问题，2012年，我们在中央党校硕士生和博士生中做过一个调查，一共发放问卷105份，回收96份，回收率91.4%。其中，来自城市的学生占36.4%，来自农村的学生占63.6%。在来自农村的学生中，家乡有本人责任田和耕地的占58%，在家乡没有责任田和耕地的占42%（见图1-3）。

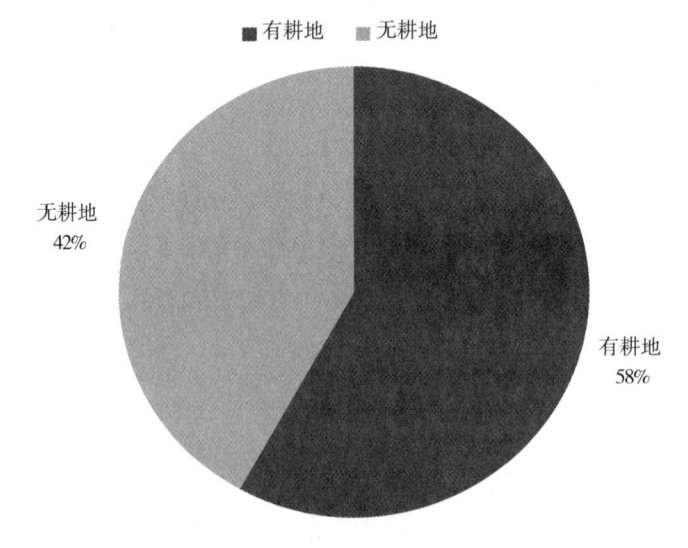

图1-3　中央党校研究生占有耕地调查数据

这些研究生与本科生不尽相同,毕业之后90%都是在体制内就业,户籍进入所在城市,或者是国家公务人员,或者是事业单位人员,有着稳定的工作与收入,享有医疗等社会保障。但是,他们原有的承包地并没有伴随他们非农身份的变化而被收回。于是,出现了一种极为不公的现象,不再是农民身份,却依然保留承包地。可以说,随着时间的推移,其目标渐渐偏离了土地承包制度目标设计的初衷,非但不利于农村稳定和农业发展,而且会加剧农村土地资源的分配不公,引发农村的土地纠纷与矛盾。

三 土地确权与性别分层

建立土地承包经营权登记制度,自2004年《中华人民共和国农村土地承包经营权证管理办法》颁布以来,该项规定分别在2007年颁布的《中华人民共和国物权法》,2008年、2009年、2010年以及2012年的中央1号文件中一以贯之加以强调。从2012年以来,中央要求各地要用5年时间完成土地确权登记。

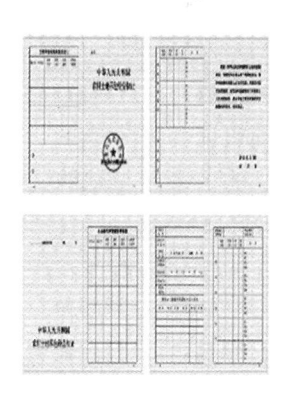

图1-4 农村土地承包经营权证

在土地承包经营权登记制度中,能否解决上述分配不公的问题?2014年7—8月,我们在四川眉山、河北滦南、黑龙江哈尔滨开展了土地确权专题调研,发现土地经营权登记制度并不涉及对应有承包地经营权进行确权，只是根据已有承包地进行确认登记。换句话说，有地才有证，没地就没证，地在哪儿证在哪儿。于是，针对农村不同的人群，出现了迥然不同的结果。

（一）农村妇女土地登记颁证出现三种情况

第一，"两头不得（地）"的婚嫁妇女，将会在土地确权登记中永远失去土地。调查发现，本轮确权登记并不涉及为这些土地权益受到侵犯的农民重新确权，而是按照既有分配方案进行登记颁证。没有承包地的村民，不会考虑确权登记。在家庭共有人中，要么不会计入她们的名字，要么在她们的名字后标注"无承包地"。对于"两头不得（地）"的婚嫁妇女，她们所面临的困境是：土地权益已经被剥夺了，土地确权登记时不能重新确权。土地确权颁证以后，不仅失去了土地承包经营权，还失去了土地承包经营权证。使得由于政策执行不到位而带来的不合法的权利剥夺，进一步得到法律证书的认定。

第二，对于人地分离的妇女，家庭的土地确权证与妇女的土地确权证是分离的，属于妇女本人的承包地确权证归于以父亲为户主的原有父系家庭中。人地分离会导致"性别困境"，即土地登记证的"户"与户口本不一致。户籍登记本来属于一个家庭，而在土地承包证上却被拆分成两户。我们发现不少这种情况：丈夫和妻子本来是一个家庭，确权证却被分成两半，一半是丈夫与孩子共有一个确权证，一半是妻子的名字却与她的父母在一起。在人地分离的情况下，随着土地制度改革的深化，妇女对属于自己的承包地如何获得补偿？如何进行承包地的转让、抵押和担保？作为父母户中的一个家庭成员如何分割属于自己的那部分权利？调查发现：家长一般不会考虑给出嫁女儿分配家庭资源，女儿被视为"嫁出去的姑娘，泼出去的水"，不再属于家庭成员。

第三，家庭的土地确权证与妇女的土地确权证并不分离，但大多数地区登记证上只有男性户主的名字，即属于妇女个体的承包地确权证归于以丈夫为户主的现有父系家庭中。对于"人地合一"的情况，我们调查发现，户主99%都是男性家长，女性家长及其子女的名字都消失不见。无论是征地补偿金的发放还是土地的转让、抵押，都需要户主签名确认,男性家长的权利不言而喻,女性家长及其子女的权利很容易被忽视、被侵犯。调查中发现,征地补偿款往往是直接发放给户主,由户主决定在户内如何分配。结果,导致了很多意料不到的纠纷和矛盾,有的男性家长将所有的资金拿去赌博,妻子阻拦还导致家庭暴力。

(二) 土地确权证出现公务人员和已故家庭成员的名字

1. 土地确权证出现公务人员的名字

当地农经人员告诉我们,前几年从村干部中招了一批合同制干部,现在已有两位担任镇党委书记,他们已经成为政府官员,至今村里还保留他们的承包地。几乎每个村都有类似的现象,有的村少则十几个,多则三四十个。先是出去上大学、上研究生,随后当了公办教师、公务员,现在村里仍然保留他们的承包地。

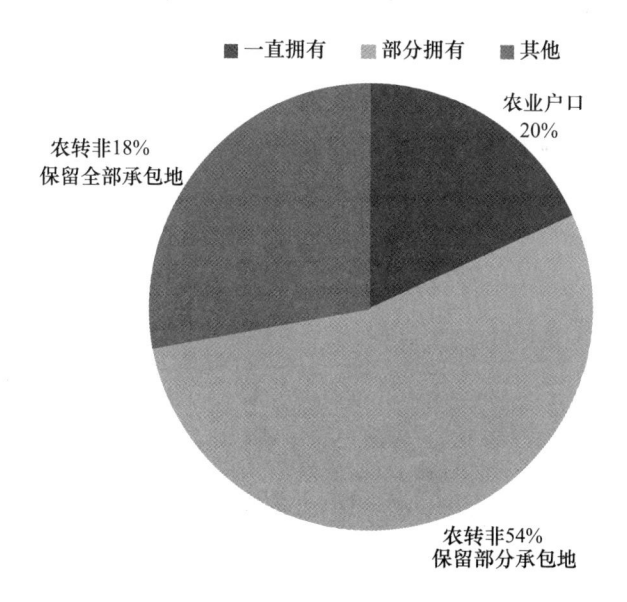

图1-5 在校大学生土地政策基本情况调查

2014年7月,我们在云南师范大学与杭州电子科技大学的在校大学生中做了一项关于土地政策基本情况的调查,调查共发放2000份问卷,共收回有效问卷1651份,有效回收率82.55%。数据显示,来自农村的学生占54%,城镇学生占24%,城市学生占22%。其中,非农户口占40%,农业户口占60%。农业户口的学生中有20%一直拥有承包地,农转非的学生18%几乎保留全部承包地,54%保留部分承包地。同样也出现了承包地并未因非农身份的变化而被收回或重新分配的情况。

调查发现,已经转变身份的国家公务人员依然拥有承包地,这类情况大量存在,在一个村庄可以达到十几人到几十人。以我们调查的河北A村、B村为例:A村总人口为601人,自2005年土地不再进行调整之后,领取毕业证的大学生62人,现已经成为公办教师的15人。B村有4人从农民身份转为公务人员,36人进入国家企业工作。

2. 土地确权登记证上出现已故家庭成员的名字

在河北滦南县、四川夹江县的土地确权证上,有的户主已经注明死亡,身份证号被注销,却依然登记在"承包户代表"一栏(见图1-6)。

发包方全称	滦南县安各庄镇王洪林村一组		
承包方代表姓名	王自强		
身份证号	死亡		
承包方式	家庭		
土地承包合同编号	42		
承包期限	1999.9.30 □ 2099.10.1		
承包方住址	滦南县安各庄镇王洪林村一组		
邮政编码	063503		
承包方承包经营共有人情况			
姓名	与户主关系	身份证号	备注
黄素香	夫妻	130224194610166822	
王宝英	次女	130224198202075826	迁出
王程氏	母亲		死亡

图1-6 户主的身份证号已注销

也有的将死亡的户主姓名写在"家庭共有人"一栏。根据要求，登记办证时，家庭成员的年龄都在20岁以上，20岁以下年轻人的名字要么不出现在证件中，要么注明无地。工作人员的解释是，尊重当事人当前无地的事实，不会根据实际需求重新调整土地。

按照这种做法进行登记，我国将有多少已故的农民的名字会出现在土地承包登记证上呢？我们根据第六次人口普查提供的数据，进行了2009年11月—2010年10月为期一年的全国农村死亡人口统计，这一年全国农村死亡人口数为474万。

如前所述，1998年之前出生的农村人口在死亡后基本没有被收回土地，根据1998年之前出生的死亡人口数，就可以推知普查期间（一年时间）全国农村死亡人口未收回土地的人口数据，一年时间之内未收回土地的死亡人数为474万左右，相当于2014年初婚的农村妇女人口数479万。

（三）加剧了农村土地分配不公

无论是《农村土地承包法》还是《中华人民共和国土地管理法》，论及集体所有制土地用益权时，都有两个限制词——"农村"和"农民"。只有农民才有权获得土地用益物权。从农村流动出来的非农人员（包括公务员、国家教师和国家企业员工），其身份已经从农民转变为公务人员，户口已经在小城镇、县市落户，而且有了一份稳定的收入和城市社会保障。从社会公平的角度，就应该退出承包地，由村集体收回，缓解农村土地资源的紧张与不足。不应该在土地确权中继续为其颁发承包经营权证，赋予他们以更多的土地财产权，如土地流转、抵押和融资权等。

与此相反，新生儿、婚嫁的农村妇女身为农民却没有属于自己的承包地。在农村，男工女耕的情况十分普遍。男性青壮年劳动力到城市打工的多，具有半市民化的特点。女性婚后多数留在农村，不仅要照顾老人小孩，支撑起一个家，还要种地种菜经营土地，是地地道道的农民。农业女性化已经成为我国农业的普遍现象。常年种地的农村妇女，婚嫁后被村组干部收回自己的承包地，成为土地分配不公的突出问题。国家发放土地补助金的目的是激发农民种地的积极性，然而种地的农民却得不到，得到的却不种地。调查中，不少"两头不得"的农村妇女哀叹：

> 过去，城市不要我们，说我们是农民，不能在城市落户；现在，农村不要我们，不承认我们的村民资格，承包地和宅基地统统不给。作为社会主义新农村的妇女，我们觉得一点地位也没有，不是矮人三分而是矮人十分。法律上政策上写的是男女平等，可是，我们什么也得不到。

这种法律政策的问题如果不及时纠正，不仅影响农村妇女的基本生活，还会动摇农村妇女对于国家政策的信任，消解农民对于土地承包的积极性，更不利于农村土地承包政策的长期稳定。

第二章　宅基地使用权与性别分层

一　宅基地的两权分离

宅基地，是指农村的农户或个人用作宅基地而占有、利用本集体所有的土地。宅基地包括建了房屋的土地，建过房屋但已无上盖物或不能居住的土地，以及准备建房用的规划地。宅基地属于基本的生活资料。农村宅基地归生产队集体所有，农民只保留宅基地使用权，称为两权分离，比起耕地的两权分离要早20年。

1962年9月27日党的八届十中全会正式通过并颁布了《农村人民公社工作条例修正草案》（简称《人民公社六十条》），明确将宅基地的所有权列为生产队所有。该草案第二十一条规定："生产队范围内的土地，都归生产队所有。生产队所有的土地，包括社员的自留地、自留山、宅基地等等，一律不准出租和买卖。"自此以后，农村宅基地的性质发生了变化，由私有变为集体所有。社员建房需要向生产队申请宅基地。1963年3月20日发布的《中共中央关于各地对社员宅基地问题作一些补充规定的通知》规定："社员需建新房又没有宅基地时，由本户申请，经社员大会讨论同意，由生产队统一规划，帮助解决。"这一通知明确提出，社员可以申请取得宅基地的使用权。

1982年《宪法》第十条第二款规定："农村和城市郊区的土地，除由法律规定属于国家所有的以外，属于集体所有；宅基地和自留地、自留山，也属集于体所有。"宅基地集体所有以宪法的形式被确认。我国农村采取免费分配宅基地，自行在宅基地建房的方式解决新增人口的居住问题。分配宅基地的原则是一户一宅，这在1999年《国务院办公厅关于加强土地转让管理严禁炒卖土地的通知》中明文规定，在农村，村民一户只能拥有一处宅基地，如果出售、出租已经拥有的住房再申请宅基地的，相关部门不予批准。在宅基地的使用权上，基本上未涉及性别问题，没有歧视性规定，也没有倡导性别平等的规定。

（一）宅基地的使用权与性别区隔

农村宅基地的使用权可以分为两个阶段：第一阶段是20世纪六七十年代，在宅基地使用中，是以男性农民申请为主，但对女性申请没有限制。第二阶段是1980年至今，对于女性申请宅基地进行种种限制。

第一阶段，我国绝大多数村庄是按照千百年男娶女嫁的规则安排住房的。所以，村庄90%以上是男性申请宅基地。不过，这种规则也会遇到一些无解的难题：儿子多，家境贫寒，娶媳妇的压力太重；有的只有女儿的家庭，一旦外嫁，父母养老又成为问题，这样，就需要招女婿，男子结婚从妻居，女性就可能成为户主，申请宅基地建房。此时，绝大多数村庄不予限制，允许女儿申请宅基地，在娘家村结婚落户。

允许女儿申请宅基地，允许男到女家，在湖北宜昌一带、陕西略阳县、河北定州等地，渐渐形成一种具有弹性的婚居模式。

> 河北定州从20世纪70年代倡导男到女家，凡是反对的力量都要戴帽游街，至今已经有了10万上门女婿。
>
> 在江西宜黄县梅湾村，连续两位上门女婿当上了村支部书记，带动了不少家庭女儿女婿为父母养老送终，在（促进）宅基地和集体资源分配的男女平等中发挥积极作用。
>
> 陕西略阳、湖北宜昌已经形成了婚居模式多样化的亚文化圈，男到女家达到20%以上，宅基地分配男女都一样。[1]

---

[1] 注：2005—2008年，笔者到河北定州、陕西略阳及湖北宜昌进行实地调查，获得调查资料和数据。

不过，从全国来看，这种亚文化圈尚为少数，大多数村落依然保留着男娶女嫁的单一婚居模式。男到女家只是传统婚居模式的一种必要补充，从妻居尚未成为主流乡村文化形态。就是在这种婚居模式中，农村进入20世纪80年代改革开放的新阶段。

第二阶段，乡村社会严格限制男到女家，不断强化男娶女嫁的婚居模式。

1980年农村土地家庭联产承包以来，一方面，农民自主经营的生产积极性提高；另一方面，农村各村之间的差距渐渐拉大。有些城郊村和城中村迅速富裕起来，对于周边村庄的村民很有吸引力。很多女儿不愿意嫁出去，很想招上门女婿。一个村里就有四五十个乃至上百个女儿招婿上门。此外，还有一些嫁城女，受到户籍的限制，本人户籍只能留在娘家村。凡此种种，对于历史上形成的婚嫁模式构成不小的冲击。对于这些妇女来说，从小在村里生、村里长，结婚留在娘家顺理成章。而在这些村庄的干部看来，又是儿子娶媳妇，又是出嫁女留在村里招婿，村里只进不出就会挤占村庄的资源包括宅基地，使得人多地少的矛盾尖锐起来，集体资源毕竟是有限的。应当说，问题的提出无疑是必要的，可是在解决问题的思路上却倾向于维护传统的男娶女嫁，而不是从性别平等中寻找办法。于是，不少村庄推出一些限制性措施：有儿子的女儿不能招婿上门，纯女户只能有一个招婿。这些措施都是力推女儿外嫁，而对于儿子娶妻没有任何限制，哪怕严重违反计划生育政策，生了8个儿子照样申请宅基地娶妻生子。在村庄申请宅基地的运作中，一户一宅的政策实际演化为只有男性（儿子）结婚成家算作一户，获得一宅。而女性（女儿）结婚只能从夫居（到丈夫的村庄居住），不能单独立户，也就不能作为一户获得集体分配的宅基地。在这里，可以看到国家政策与村庄规则之间的冲突，前者没有性别歧视，后者充满了性别排斥。而且，这种性别排斥是在最基层，在直接掌握着村庄资源的干部手中，可以直接将规则转变为行动，从而将宅基地的性别分层立即转变为现实。

（二）宅基地分配的三种类型

在不同村庄根据分配的时间不同，宅基地可以分为三类。

第一类，儿子一出生就可以获得宅基地。湖北洪湖市（县）柏枝村生了儿子可以免费得到两份宅基地。一位妇女说，家里的老大是个姐姐，她出生时，爹爹难过地说，完了，家里的两份宅基地没啦！

第二类，18岁的男孩可以分配宅基地。

第三类，儿子结婚时可以申请宅基地。

总而言之，儿子享有宅基地分配的种种特权，女儿申请宅基地受到种种限制。2016年，我们在安徽、湖北和广西的6个县发放问卷，询问宅基地是否只分男孩，回答"是"和"大多数是"的村庄高达一半，其中最高的是湖北黄梅县64.32%和安徽埇桥区60.78%，最低的是广西宁明县39.85%和安徽长丰县43.63%，居中的是湖北嘉鱼县44.68%和广西宾阳县51.74%（见图2-1）。

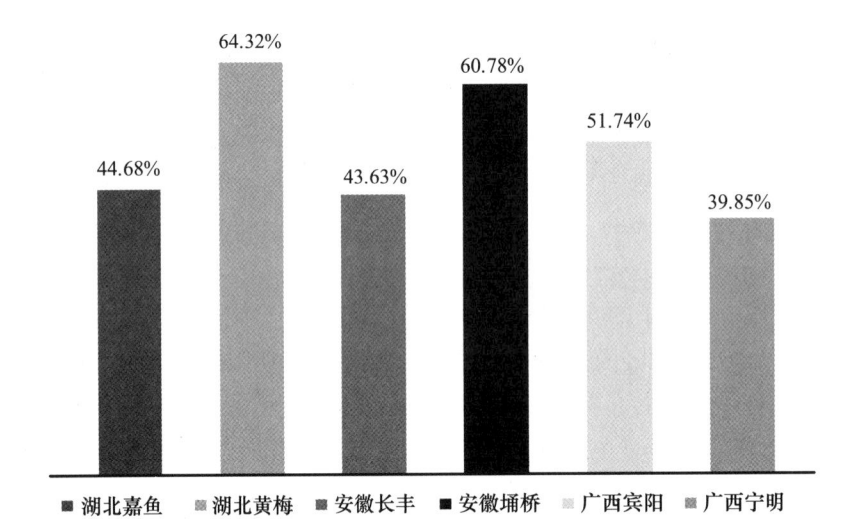

图2-1 宅基地分配以男性为主

可以说，半数被调查对象所在的村庄，在宅基地分配时有性别选择，遵循的规则是分男不分女。

有的地方更为严重，2005年我们在河南A县调查，结果是河南A县194个村宅基地全部分给男孩，女孩均不得宅基地，即便是独女户也只能继承父母的房产。由此可见：获得宅基地已经成为男性农民的特有权利，而不是男女农民的平等权利。

(三) 女儿结婚如何解决住处

在 20 世纪八九十年代，女儿结婚要想留在村里，有两条路径。

第一种是花钱购买宅基地。一些村庄对女儿购买宅基地明码标价，有的规定 600 元，有的规定上千元不等。同样是结婚申请宅基地，对待儿子与女儿做法不同：儿子是免费，女儿是自费。不同的做法意味着女儿的身份发生了变化，她不再是娘家村的人，成为娘家村的"外来人"。而儿子结婚没有这种变化，他们永远是村里的村民，是地地道道的世居者，可以无偿获得宅基地的使用权。而女儿作为"外来人"，就要花钱购买宅基地。从宅基地分配的变化中，可以看到乡土社会的性别歧视。对于村庄来说，女儿要购买宅基地，是一石三鸟：其一，女儿已经丧失了集体成员资格；其二，对女儿留在娘家村进行限制；其三，通过向女儿出售宅基地还可以增加集体收入。

第二种是娘家提供住处。女儿要想留在村里，要有十分开明的父母和兄弟，而且父母的住房宽裕，有条件让女儿一家居住。一旦儿子结婚、父母驱赶，女儿招婿就会陷入走投无路的困境。

> 我 1985 年出生，是一个农村女，从出生到现在一直住在出生地东江县 ST 村，家中有一个弟弟。我从小患肝病，没有及时医治，成为慢性活动性病毒性肝炎，现在靠每日不可间断服抗病毒药维持生命，弟弟从事建筑业跟随工地施工常年不着家，家中父母已渐老迈，需要劳动力，加之我自身身体健康原因，一致商定由我招上门女婿。婚后老公与我和我父母在水塘村共同居住生活多年至今，生育一个女儿，女儿户口随我落在水塘村。我老公也是农业户口，婚后多次向村里申请入赘迁入户口，遭到村委会的拒绝，理由是有儿子的女儿结婚要外嫁，不能招上门女婿，更不可能得到宅基地，我们只能和父母住在一起。
>
> 现在我弟弟工作回东江，要在家里结婚。家中只有占地两间的三层半住房，弟媳表示我们一家必须搬走，否则不结婚要分手。我父母明确表示所有房产归弟弟所有，并要求我们马上搬

离。家里爸妈两边亲戚轮番上阵催促我们必须腾房离开,大姨大姑动之以情、晓之以理,劝说女儿就该多替自己妈妈想一想,更有激进的堂嫂面对面指着鼻尖直言:只要结婚了,父母就不再是父母,只是亲戚关系了。对这个我从小到大的家而言,如今我只能算是客人,弟媳要进门,我们母女俩必须走人。哪怕我当初是招婿入赘的,哪怕我们娘俩只占用了我从小到大的小小闺房,哪怕我们娘俩只睡在我睡了30多年的小旧床上。

我曾经大逆不道地想过为什么我的父母不能给我一个健康的身体?为什么当初不把我掐死在襁褓之中?为什么当初家里缺劳力时让我招婿,现在弟弟回来就赶我们走?如今身上的疼痛、世情的冷漠、内心的绝望,种种的苦难还要在我的女儿身上重演吗?抱膝冷坐墙角到深夜凌晨,我患上了严重的抑郁症,有过多少次双手伸向甜睡中的女儿,我想了断她的生命,带她一起离开这个没有活路的人间……

这是一位"80后"农村妇女的亲身经历。作为"80后",在城市里往往是独生子女,是父母手心上的宝贝。而作为农村女孩,往往会有一个兄弟。人们常说,一儿一女一枝花。计生干部也说,只要生一儿一女,男女平等就实现了。然而正因为有兄弟,这位姐姐不能招婿在娘家住,得不到村里的宅基地,面临着被赶出家门的困境。

二 新农村建设与性别差距拉大

2005年10月,党的十六届五中全会通过的《"十一五"规划纲要建议》,提出社会主义新农村建设这一重大历史任务,提出要按照"生产发展、生活宽裕、乡风文明、村容整洁、管理民主"的要求,扎实推进社会主义新农村建设。党的十六届六中全会通过的《中共中央关于构建社会主义和谐社会若干重要问题的决定》做出"全面开展城市社区建设,积极推进农村社区建设,健全新型社区管理和服务体制,把社区建设成为管理有序、服务完善、文明祥和的社会生活共同体"的重要部署。党的十七大和十七届三中全会都对新型农村社区建设工作做了进一步的要求和指示。

随着新农村建设的推进，全国各地对于农村社区的规划改建也一波一波展开。建设活动涉及宅基地的划拨和统一规划建房。与此同时，在经济发达的沿海地区的村庄，已经搞起了工商企业，集体经济积累了一定的物质财富，建起了高楼大厦乃至别墅，农民住进了宽敞明亮的楼房。农村生活水平大幅度提升，宅基地的含金量大幅提升，男女农民的性别差距是否有缩小的趋向？

2000年后，发达地区的农村宅基地含金量大幅提升。在沿海一带，耕地上建成一个个商铺，开办了一个个企业，农民已经成为精明能干的商人。在这里，宅基地特别值钱，据估算，在浙江沿海一带农村，一块120平方米的宅基地，建成楼房要花费50万元，一层可以作商铺，上面可以住人，多功能使用。卖出去的价格150万元，净赚100万元。对于农民来说，家家户户划拨宅基地，就是一本百万利的好事，犹如天上掉馅饼。

在这里，宅基地的分配因村庄而异，并无统一标准，被称为一村一策。在纷繁复杂的规则中，也有一些共性，通常有多个因素同时起作用，即性别+婚姻+人口+年龄。其中，性别因素在不同人群中普遍起主导作用。

（一）离异的男女村民

各村通常都有离异的男女村民，在分配宅基地时，不少村对离异男女是差别对待的。

通常，男性的宅基地不会受到影响。例如，有的村会按照离婚前的人口来计算，可以分得120平方米左右，而离异的妇女无论是否带孩子，都要打折扣，少则减少一半，多则只有十分之一。浙江义乌市一位离异妇女带着儿子，只可以分到男村民一半的宅基地。离异的妇女往往两边不靠，对于婆家村来说，与本村的男性解除婚约，意味着丧失本村村民资格，不是本村人；对于娘家村来说，属于待嫁女，早晚要嫁出去。于是，有的村给离异妇女提出苛刻的要求，要离婚8年才能申请宅基地，或者年龄到了45岁才有资格申请宅基地，更多村庄根本不考虑离异妇女。

(二) 20 岁的青年男女立户标准

在一些村庄，20 岁已经达到立户年龄，有资格分配宅基地。村里假设男孩会娶妻生子，给男性种种优惠待遇。

例如，某村规定，年满 20 周岁的男子可以在规定的时间内单独立户，1 人安置 90 平方米，已婚的安置 108 平方米。在这里，根本不考虑男性的法定结婚年龄是 22 岁，对于违法结婚非但不禁止，反而鼓励支持。其实，女性的法定结婚年龄比男性早两年，20 岁已经达到法定结婚年龄。但是，只要是未婚，只能作为父系家庭中的一口人，享有 30 平方米面积。同为 20 岁的男女村民，男性安置面积是女性的 3 倍。

(三) 家庭成员的分配标准

在家庭中，母亲仅作为家庭成员，而不是家庭财产的共有人，更不可能成为独立立户的户主；儿子和女儿的地位是完全不同的，如果有儿子，女儿就意味着要外嫁，儿子作为未成年人可以增加 18 平方米面积，达到 54 平方米，作为女儿和母亲只能各自拥有 36 平方米。

新农村建设具有双重性，一方面是生活水平大幅度提升，农村人城市化的趋向十分明显；另一方面是性别分层日益严重，家庭成员的男女受到严苛的区别对待，农村妇女整体上失语。

三 住房分配与性别差距

新农村的变化之一，是富裕的村庄停止分配宅基地，直接建起楼房甚至别墅，分配给村民居住。这样做的好处是，可以大量减少土地的使用，向高空要面积。对于已经脱离农业的农民，可以享有卫生干净的厕所、整洁明亮的厨房，以及宽敞舒适的单元房。而且，农户减少了盖房子的辛劳与麻烦。可以说，是农民生活方式上的一次飞跃。这种变化还会发生在农改居之中，农村征地拆迁，涉及一些村落的转移，农民原有的住房全部拆除，政府根据村民要求选址盖起新楼，村民迁到新居成为居民。这种分配方式不是市场手段，而是带有很强的福利性质，福利的享有通常又与传统的性别规范紧密联系。

图 2-2 新农村建起的新住宅

（一）相同的楼房不同的对待

不少地方政府在建房中采取按照人口分配面积的办法，通常是一个人免费分得一定的房屋面积。例如，河南某县规定的标准是每个人可以免费获得 40 平方米，不分男女。村干部特别明白其中的含金量，相当于每个农民分得 10 万元，简直是得来全不费工夫。村委会立即开会商量，讨论的结果，所有的出嫁女无论户口是否在村里，都不允许参加分配。也有的村干部询问：本村的男性结婚离婚再结婚，导致两个媳妇在村里，按照人口只能考虑现有的家庭人口，离异的妇女还能不能享有村民待遇？在这里，离异的妇女成为村庄多余的成员，随时会被从集体中抛出去。很有意思的是，那些户籍在村里的士兵、大学生和劳教人员则永远是世居者，是村里一口人。

这种男女有别的做法，还体现在超出面积的购买价格上。

如果是男性面积超出，需要花钱购买，大约在 1000 元以内。而出嫁女则需要花费 2000—3000 元。女性的弱势地位并非天然如此，而是持续性剥夺权利的结果。

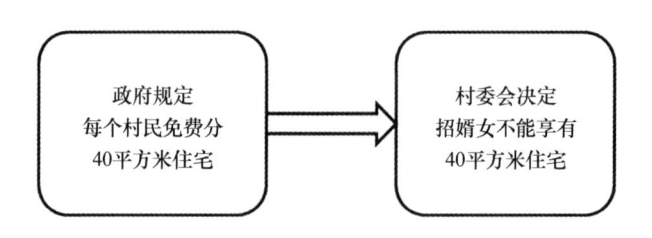

图 2-3 从政府规定到村庄男女有别

（二）不同的楼房不同的对待

2000 年左右，我国涌现出一批经济强村，资产高达上亿元，建起了一座座别墅，别墅往往占地面积大，外观设计独特，是一家一户独居，有停放汽车的车库，有几层楼的空间。

湖北洪湖市 HL 村，工业化程度特别高，2014 年农工商企业有 19 家，集体经济收入可观，现在要给每户盖一套免费别墅。这个村过去很穷，不少男子跑出去当上门女婿，现在看到村里富了，又把户口重新迁回来，照样可以参加分配住房，但是 HL 村的女儿和女婿在村里无论生活多少年都没份。一位上门女婿说："1986 年因 HL 村企业招工上班，1990 年和 HL 村的姑娘结婚，1991 年生一个儿子。来到 HL 村 30 年，全村人把我们全家当外地人看。"

图 2-4 儿子住别墅，女儿住鸳鸯楼

不过，有的村也允许女儿留下来，给她们建起了鸳鸯楼。北京韩村河以搞建筑闻名于市区，1990年末，专门为70多名女儿户建起一排排鸳鸯楼。村干部说，凡是要求留村的女儿户都可以得到一套单元楼，但不能住别墅。同时，她们的丈夫户口不能迁进来，不能享有韩村河的福利待遇。

村庄越富裕，父权制的规则就越加强化，男女的性别分层越加严重。这已经成为经济强村的普遍特点。不过，这种做法并不影响村干部的声誉，这些村的干部往往获得大量的称号和头衔，有的成为优秀村干部，有的成为省市人大代表。

四 征地拆迁中流离失所的妇女

2012年，在河南的一个村庄开展培训，培训者问：作为农民最大的梦想是什么？村民答：住进高楼大厦，客厅卧室一应俱全，像城里人一样生活。这种梦想最快地实现路径有两条：一是推进城镇化，大规模征地拆迁，统一规划建楼房；二是在村庄内部进行旧村改造。无论哪一种路径，都离不开"拆"与"建"，都要经历一个破旧立新的过程，将旧房子拆掉，住一段周转房，然后入住新房。对于大多数村民来说，这是一个充满希望的过程。而对于一批被视为"另类"的妇女，却往往是踏上一条不归路，旧房拆除了，却没有新的居所，流离失所，无家可归。"另类"妇女可以分为四类。

（一）农嫁城妇女

农嫁城妇女指的是从农村嫁给城市户籍男子的妇女。这类妇女通常会受到双重限制。第一重限制是农村户口转为城市户口的限制。我国1958年就建立了农业户口与非农户口（城市户口）的户籍制度，限制农民进入城市。这种限制在改革开放以后有所松动，但农村人要迁入城市仍困难重重。正因为如此，农嫁城妇女很难迁入城市生活，户籍及相关福利都留在农村。第二重限制是农村村民资格被取消带来的限制。从农村习俗来看，女儿一旦结婚就被视为不再属于本村之民，村庄会取消对她们的利益和福利分配。

苏秦，西宁市城西区SJHW村村民，1969年出生。1988年与西宁市的一位小伙结婚，丈夫是西宁市居民户口，自己是农村户口，受当时户籍政策的影响，苏秦结婚后户口仍留在本村。一年后，女儿出生，当时西宁市规定，父母双方户口不在一地的，新生儿户口随母亲落下，这样苏秦女儿的户口也落在SJHW村。1982年西宁农村家庭联产承包责任制推行后，苏秦的父亲也承包了几亩地，承包合同是30年不变。苏秦结婚后，父亲从自己承包的土地中分给苏琴一亩两分地，供他们夫妻二人耕种。同时，父亲将家中的一块宅基地分给了苏秦，苏秦与丈夫在分到的宅基地上建了一栋两层小楼约143平方米，一家三口居住。

2006年，西宁市推行城镇化的过程中，开始进行海湖新区项目的开发建设，苏家河湾村的土地被全部征用。按照当时海湖新区建设占地给出的各种补偿待遇，被拆迁的房屋按照住宅面积以560元/平方米的价格补偿，并且按照人口一人可分得50平方米的新房，新房超出部分的面积则由村民按照2200元/平方米的价格自行购买。同时，由于新房未建好，给村民按照每人每月400元的标准补贴房租。按照村里给出的规定，苏秦应当获得的补偿为143平方米×560元=8.008万元，过渡费400元×2人×72月=5.76万元，以及自己跟女儿应分得的新房100平方米。而苏秦实际上得到的补贴却与其他村民相距甚远。村里只给了苏秦房屋拆迁补偿费，其他的补偿一概没有。当苏秦找到村委问缘由时，村委给出的答复是：村里在1999年进行了土地调整，苏秦的土地在1999年已经被收回了，所以苏秦不能享受耕地补偿款以及新房等各种补贴。1999年调整的土地，自己2006年才知道，苏秦表示不理解，而且当时自己父亲承包的土地合同是30年不变的，怎么说调整就调整了呢？自己在1999年到2006年，村里征收的人头税、土地使用水电费都是如数上交的，为什么在海湖新区开发时，被告知自己早在1999年就已经没有土地了呢？

在笔者后来的采访中发现，这种情况不是只有苏秦一个，SJHW村其他100多位出嫁女（结婚后依然留在娘家村的妇女）也有同样的遭遇。与此同时，周边的村庄在征地补偿中同样一次次将出嫁女排除在外。

（二）离异妇女

离异妇女在农村总体比例有限，但有增加的趋势。这类妇女大多数是遵循男娶女嫁的规则，嫁到丈夫所在的村庄，作为丈夫的妻子，她们的村民身份与资格都是毋庸置疑的，可以得到所有的村民待遇。但是，一旦与丈夫离异，情况就会发生逆转。离婚对妇女来说，是一个非常重要的转折点。

离异的两个原因值得关注：其一，与生育女孩有关。因为不能生男孩传宗接代，男方要离婚，以便通过再婚完成生子的愿望。其二，男方有了新欢，先离婚再结婚。离异后的男子结婚率极高，由此出现一个男人与两个女性这一现象增多。从传统的观念来看，只要妇女离异，就意味着自动终结了与村集体的关系，住房分配与离异妇女无关。由此，离异妇女常常陷入不予分房的困境，成为居无定所的流浪者。

> 白力，女，44岁，西宁市城东区WJ庄人。白力于1993年从河南省嫁入青海省西宁市城东区WJ庄，其户口随之经WJ庄村委会同意落入WJ庄村，2001年因生育两个女儿，与丈夫关系紧张，最终，丈夫另寻新欢，婚姻结束。离婚后，大女儿判给前夫，白力抚养小女儿，白力一直没有改嫁，户口依然在WJ庄村。2006年开始，火车站建设征地，WJ庄村的耕地和宅基地先后被征走。2008年分配第一期安置新房，村民每人分得20平方米住宅楼，小女儿和白力均未分得，后在白力不断争取下，北京的记者为她写了文章登了报，村里感受到压力，找白力谈话后，给她的小女儿分了20平方米住宅楼。2013年6月下旬，WJ庄村委会又占其宅基地，在未达成协议的情况下，将房屋强拆。WJ庄房屋集体拆迁后，村民每家在分得安置房3套以后，还在原地建第二期安置新村，村里每人享有40平方米住宅楼，10—15平方米商铺，而白力和小女儿应该享有80平方米住宅楼，20—30平方

米商铺,现在只分得小女儿的 40 平方米住宅楼,10—15 平方米商铺,白力一平方米未得到。

(三) 招婿妇女

这类妇女为了满足父母养老的需要,主动挑起养老的担子,招婿养老。应当说,这样的女儿、女婿特别符合中国传统文化宣传的孝道。但是,到了村集体分配住房时,问题就出来了。在村干部看来,有儿子的家庭,女儿不能留村,不能享有分房资格。于是,女儿、女婿就被打入"另册"。到处张贴的标语"生男生女都一样,女儿儿子都养老",就成了一句地地道道的空话。

> 案例:招婿养老的错
> 爸爸妈妈的身体不好,辛辛苦苦抚养一儿一女。玉兰从小就是一个懂事的孩子,对于生病的妈妈特别体贴,她告诉妈妈,永远不会离开家。玉兰找了一个上门女婿,和自己一起照顾爹娘。那时,在爹娘的宅基地证上,还有玉兰的名字和按照人口分得的一块地。家里的住房宽敞,玉兰一家和父母住在一起。2008 年村里征地拆迁,重新计算人口时,玉兰的名字没了,更不要说女婿和孩子。弟弟到了 25 岁可以单独给 90 平方米,尽管他连对象都没有,父母有 54 平方米的住房。玉兰一家连 1 平方米的面积都没有。玉兰去问村委会:"我的面积呢?"村委会说:"你结婚了就没有啦,除非嫁给本村人。"玉兰不解,为父母养老不奖反罚,连立足之地都没啦,为什么?

(四) 丧偶妇女

丧偶妇女指的是农村出嫁到男方家、丈夫意外死亡的妇女。如果这类妇女已经有了成年儿子,且年龄到了奶奶辈,家庭地位就会稳定下来,不会出现住房分配被忽视的问题。但是,如果孩子尚未长大,妇女的年龄比较年轻,有再婚的可能性,若遇拆迁分配住房,一些村庄就会让她签订招婿养子的协议,目的是要将前夫的后代抚养长大,同时,孩子的姓氏不能改姓。否则,就不能享有分房权。

案例：丧偶妇女之痛

我生活在河南农村，婚后生了两个男孩，老公在煤窑打工，我在家里干农活，操持家务，日子平稳踏实，还过得去。可是，突然飞来横祸。一天下午，老公下井的煤矿塌方，人被砸在矿里，我听到消息立即赶到煤矿，人被救出来已经不行了。当时，我觉得天都塌下来了，要不是为了两个儿子，就随老公去了。没想到更痛心的事情还在后头。2009年，村里搞新农村建设，拆了旧房盖新房，分房前，村里对我的村民资格提出质疑，说我还年轻，如果改嫁，这套房就白给啦。除非我招婿养子，就还算村里人。村组干部争来吵去，最后竟然做出一个决定：让我和婆家人签订招婿养子协议，作为分房条件。我无论如何也想不通，失去丈夫已经让我痛不欲生，村干部为什么还逼着我签招夫协议？这不仅不公道，简直不人道。可是，连婆家的亲人都认同村里的决定，我真是伤心透了，不知道该到哪里去说理。

在这里，可以看到丧偶妇女的尴尬处境：如果将夫家利益放在首位，招婿养子或招婿养老，就能得到婆家村庄的保护，允许她继续享有村民待遇；如果改嫁他人，就与出嫁妇女同等对待。

以上四类妇女一旦被打入另类，房屋的分配就成为泡影。她们本来有宅基地、有房产，一夜之间就变得一无所有，连居住地也失去了，成为无家可归的村民。要想生活下去，只有两条路：第一，出资按照市场价格购买房产。一位妇女告诉我们，村里的福利小区，每平方米2300元，购买100平方米，就需要20多万元。对于生活水平一般的农民是一笔不小的开支。第二，租房居住。不少妇女租着最便宜的住房。一位妇女说，她们每月花100元租一间房子，是要拆除的危房，每天提心吊胆地住着，老担心房子随时会塌下来。还有一位妇女一家三口住了一间十几平方米的旧房，用一块布挡在中间，一半睡觉用，一半开店铺做点小生意糊口，日子特别艰辛。

采访中，妇女们感慨地说，征地拆迁之后，家里的兄弟姐妹贫富差距拉大了，兄弟的房子宽敞明亮，姐妹却失去了立足之地。一位妇女说，我们一点也不反对城镇化，不反对新农村建设，不明白的是妇女被划分为另类，男女平等不是我们的国策吗？为什么妇女在农村就可以不被当回事？我们就应当成为城镇化的牺牲品吗？

第三章 集体收益分配

集体收益分配是影响农村性别分层的重要因素之一。这里所说的集体收益分配指的是资金，包括三个方面：第一，征地补偿款。在这里，土地置换为资金指的是作为生产资料的耕地被征用后获得的经济补偿。第二，集体经济的股份分红。一些经济发达的村庄完成了从农业社会向工业社会的转型，不再从事农业劳动，以工商业为主，创建起集体经济股份合作社，搞起股份分红。第三，社会福利分配。2003年农村建起社会保障制度，农民开始享有社会保险和低保制度，不少农村社区也增加了花样繁多的集体福利。在这里，都涉及集体收益分配，男女村民是如何进行分配的呢？我们从性别角度进行调查分析。

一 征地补偿款的分配

征地补偿款可以说是农村集体收益中占比最大的一块蛋糕。征地补偿款是城镇化带来的硕果之一。

（一）我国城镇化的三个阶段

第一阶段，1949年以来到改革开放之前，我国对城镇化实行严格的控制。1950年以来，我国确立了优先发展重工业的方针，实行了严格的户籍制度和城乡二元结构体制。户籍制度的实行使得我国的人口流动被限制在极为狭小的范围内，除了城市招工、升学、解决两地分居等情况，农民进城完全受到限制。

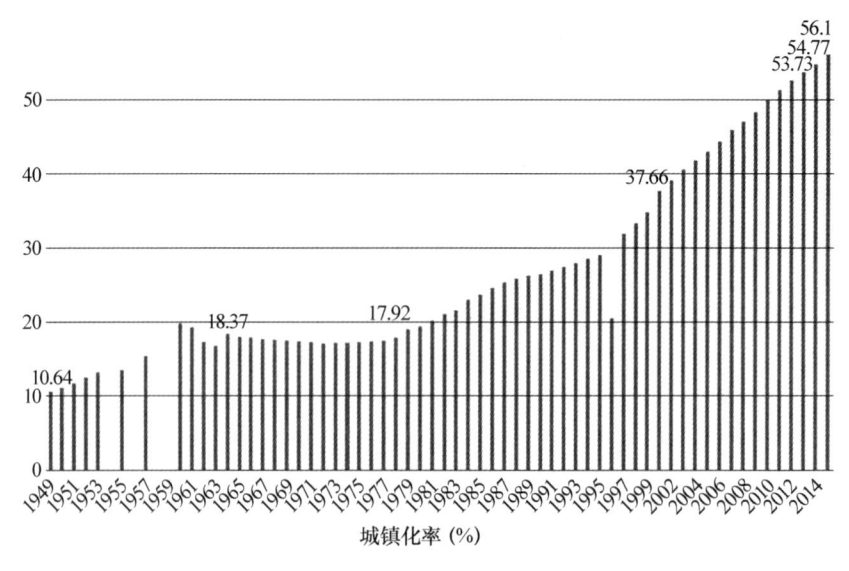

图 3-1 我国 1949 年以来城镇化率的变化

第二阶段，是城镇化的发展期，从 20 世纪 70 年代末到 90 年代初，中央政府是城镇化的积极推动者。1980 年的全国城市规划工作会议确定了"控制大城市规模，合理发展中等城市，积极发展小城镇的方针"。1984 年 1 月 1 日，《中共中央关于一九八四年农村工作的通知》提出"允许务工、经商、办服务业的农民自理口粮到集镇落户"。这一政策放宽了对城乡人口流动的限制，对城镇化的发展起了很大作用。

第三阶段，是城镇化的高速发展期。在 1992 年明确经济体制改革的市场化取向之后，农村发展和小城镇建设在国民经济发展所扮演的角色越来越重要，政府用政策引导农村的城镇化显得尤为重要。1994 年 9 月，建设部、国家计委、国家体改委、国家科委、农业部、民政部等多部委联合发布《关于加强小城镇建设的若干意见》，这是我国第一个关于小城镇健康发展的指导性文件，是政府引导城镇化的开端。从 1990 年以来，城镇化进入快速发展期，几乎每年以一个百分点的速度增长。

图 3-2　拔地而起的小城镇住房

不少新型城镇拔地而起，高速公路织成纵横交错的交通网，高架铁路横穿全国各地。大量的农村耕地被征用，为了避免城镇化导致农民贫困化，国家在征地过程中对农民的耕地予以征地补偿。征地补偿款的额度，对于绝大多数农民来说，是几辈子不敢想的，也是辛勤一生的劳作得不到的，可以说是农民十分关注的涉及千家万户的大事。

征地补偿的运作过程十分具有中国特色。在不少其他国家，开发商与村民直接打交道，政府并不直接介入，而是充当出现问题之后的仲裁者。在我国，地方政府是关键角色，一方面要与开发商商议如何开发土地，建立哪些楼堂馆所，城镇如何布局。另一方面负责征地拆迁，进行村民的安置工作，将征地补偿款交给村委会或者是村民小组。所以，村委会直接面对的不是开发商，而是政府。由于一村一策甚至是一组一策，征地补偿款的分配就更为复杂。随着集体蛋糕的份额迅速增大，父权制的规则不断强化，政府渐渐将更多的集体分配权交给村委会，在征地拆迁过程中，一些村委会越来越赤裸裸地剥夺出嫁女及其家庭的征地权益，妇女土地权益成为尖锐的社会矛盾。

（二）剥夺征地补偿款的方式

第一，根据土地面积进行补偿。政府的耕地补偿往往依据土地面积,发给补偿款。可以说,有耕地就有补偿,成为一个铁律。根据这一铁律,凡是有承包地的出嫁女,自然就可以得到补偿款,与村里的儿子户不应有任何区别。但一些村庄采取偷梁换柱的方式,硬是将出嫁女的承包地收走,使得出嫁女无法得到征地补偿款。

> 西宁市 SJHW 村,有 860 户,3000 人,约 180 名出嫁女,找的都是外地的丈夫。土地承包到户的时候,每人分得 8 分地,主要是种植蔬菜。到了 2006 年,政府开始征地,耕地全部征走,征地补偿标准是每亩地 8.3 万元。还有青苗费补贴、公共面积均摊等,每人分得十几万元。出嫁女没有得到一分钱,村里的理由是,1999 年土地二轮承包时,出嫁女的耕地已经收回,所以得不到征地补偿费。这些出嫁女十分不解:一直种着蔬菜,怎么耕地说没就没了呢!

第二,根据户籍人口进行分配。有一些村庄,特别是南方农村,耕地承包不久又被收归到集体,或者压根儿就没有家庭联产承包,集体土地依然是集体使用、集体所有。一旦出现征地,只能按照户籍人口来分配补偿款。户籍就成为是否分配征地补偿款的依据。在农村,出嫁女天然拥有娘家村的户籍。她们出生在村里,从小在父母身边生活,由此获得村里的户籍。即便是结婚留在村里,户籍也没有发生任何改变。有些村庄为了剥夺这些出嫁女的收益分配权,采取取消户籍的做法。这种做法从不少出嫁女的访谈中得到印证。

> 一位湖北 HL 村的出嫁女说,她所在的村紧挨洪湖市区,土地性质为国有土地,地价很高。分配征地补偿款时,每户至少分到 20 万元,可出嫁女一分钱都得不到,因为她们的户口被村干部取消了。丈夫的户口又不许落户,如果非要落户,就要签约:放弃村里所有福利待遇。这种取消出嫁女户籍的做法,在全国具有一定的代表性。

2000 年 3000 名广西南宁出嫁女给自治区妇联主席写信,谈到村里将出嫁女的户籍取消,村干部气势汹汹地说:"这是外公和舅舅的世界，没有你们出嫁女的份！"

在调查中经常听到签约的说法，这种签约不是契约关系，不是以双方自愿为基础，而是以一方妥协、一方强制为条件。这种"霸王条款"成为剥夺弱势人群权益的撒手锏。

第三，根据多数村民表决进行资格认定。重大事务要经过村民代表会议表决通过，是村民自治的体现，对此《村民委员会组织法》做了翔实的规定。这种运作从2000年随着《村民委员会组织法》的实施逐渐推展开来，其标志是基层政府要求村委会提交村民多数人同意的签名名单。应当说，这对于村民约束村干部的权力是必要的。但是，这里有一个概念被不知不觉偷换了，重大事务换成妇女的村民资格，前者涉及公共事务，如分配方案、财务公开；而后者则关系到村民个人的基本权利：个人的基本生存权和财产权。结果，不少村庄对于征地拆迁中的矛盾，常常引入多数决，多数人同意就保留村民资格，多数人反对就取消村民资格。妇女的征地补偿款等权益就这样被多数人决定。

> 胡可，1978年生人，女，湖南铁皮村旺塘组成员，经村民小组同意有一份承包地，丈夫的户口落户。2012年，湘潭市征收旺塘组土地。同年6月，旺塘组收到征地补偿款1819万元。如何进行分配？同年7月，依据《村民委员会组织法》，旺塘组委会召开户主会议，会议最终形成《旺塘组土地征地收款分配户主会议记录》，户代表表决"外嫁女胡可一家三口不参与分配"，将胡可一家的村民资格取消掉。

在这里，村民表决时，遵循着一个潜规则，与自身利益无关就支持，一旦侵占自身利益就反对。多数决议使胡可一家在一夜之间变成无家可归的流浪者。

（三）征地补偿款分配导致的后果

征地补偿款分配的男女差别对待，通常有两种结果。

其一是男有女无。男有女无，即儿子户可以一夜暴富，女儿户则一贫如洗。征地补偿的后果将两性差距迅速拉大，曾经有房有地的女儿户，现在一无所有，她们被城镇化的车轮碾压之后抛了出去，从集体成员一下子被打成另类。用她们自己的话说，自己不知道是哪儿的人，出现了身份认同上的困惑，更重要的是她们一直挣扎在贫困线上。一位 SJHW 村的妇女讲道："耕地征走以后，失去收入来源，基本靠打工生活。"出嫁女受年龄和学历等多种因素限制，只能做保洁员之类的工作，收入低且非常不稳定。一位出嫁女说："钱也没有，房子也没有，日子没有办法继续过下去，一半以上的出嫁女都离婚了。"

其二是男多女少。男多女少即在补偿款的发放上男性比例高、女性比例低。一些村庄承认妇女的村民资格，但是，分配补偿款的额度不同。这常常出于出嫁女的反抗，是村委会的妥协和让步。不过，这种妥协和让步是有限的。有的妇女获得征地补偿款的 20%，最多的达到 30%。如果不同意就一分钱没有。势单力薄的出嫁女明明知道是不平等条约，也不得不接受。

> 洪湖市 WJD 村地理位置优越，在城镇化进程中，村里的土地先后被征用许多，村集体得到大笔征地补偿款。一开始分配时，出嫁女及其家人全部被排斥在外。出嫁女不断上访争取权益，村委会感受到来自政府的压力，才同意给出嫁女 20% 的征地补偿款。其结果是，如果每位村民可以得到 3 万元补偿款，那么出嫁女的家庭每位成员就可以得到 6000 元。如果按照一家五口人计算，男性村民一家可以得到 15 万元，出嫁女一家只得到 3 万元。仅征地补偿款一项，就抵消了国家利益导向机制对女儿户的所有奖励。

为了扭转重男轻女的局面，国家计划生育部门对符合条件的家庭予以 2000 元的奖励，加上其他费用，总计是 6000 元左右的补偿。而征地补偿款的收入，对于儿子户来说，一次可以得到 15 万元，远远高出计划生育补偿的额度。拆迁补偿分配对于生男偏好无疑是一种高额奖励。

二　股份分红

(一) 农村集体股份合作经济的出现

改革开放以来，大多数农村实行土地联产承包，集体土地山林等资产几乎都分到农户手里，原先的集体经济消失殆尽。但是，有一部分村庄（大多在南方地区）始终没有分地，还有的村庄分地后又收回。村庄利用集体资产，建起厂房楼房，或出租或经营，在乡村搞起工商业，建起股份经济合作组织，出现了效益可观的经营性资产，集体经济如火如荼。这种农村集体多种股份合作经济的做法得到中央高度肯定。

十五届三中全会做出的《中共中央关于农业和农村工作若干重大问题的决定》指出："农民采用多种多样的股份合作制形式兴办经济实体，是改革中的新事物，要积极扶持，正确引导，逐步完善。以农民的劳动联合和农民的资本联合为主的集体经济，更应鼓励发展。"十六届三中全会做出的《中共中央关于完善社会主义市场经济体制若干问题的决定》指出："农村集体经济组织要推进制度创新，增强服务功能。"十七届三中全会、十八届三中全会也都作出鼓励农村发展合作经济的条款。

2010年前后，围绕破解城乡二元结构、深化农村经济体制改革，完善集体经济的有效实现形式，南方农村率先进行集体资产的清产核资，明晰农村集体资产产权主体，实现资产所有股份化，收益分配分红化，股权流动规范化，监督约束法制化。这一改革推进了集体土地资产与经营性资产的分离，推进了社会成员与经济成员的分离，有利于创新村级集体资产管理体制和运行机制，深化农村集体资产产权制度改革以及分配制度改革。

股份可以设置为集体股和人口股。例如，深圳的农村设立40%的集体股，用来发展经济，60%的人口股分给个人。人口股的配置又可以分为基本股（10股）和特定股（2—9股），也可以每人1股。南方试点地区，清人分类搞得十分细致。例如，正在校就读大中专学业的本社社员；正在服兵役的本社社员；正在劳教和服有期徒刑的本社社员；户口已落入本社的纯女户家庭的一个入赘女婿及其子女等。还有的分为14类受益人和7类非受益人，不同年龄配置的股份也不同。一旦受益人享有股份，就成为股民，可以享有股份分红。试点村可以建立股份合作公司，股民推举股东理事会，选举董事长，可以建章立制，形成民主管理监督机制，有效发展公司经济。而一旦成为非受益人，就与集体经济完全分离，不能成为集体资产产权的主体，只是集体收益的局外人和旁观者。股份分红与征地补偿款不同，征地补偿款是一次性的，而股份分红则是持续的，只要经济效益好，就可以持续地从集体经济分配中受益。

所以，作为村民能否成为受益人十分重要。那么，如何成为受益人呢？调查发现，南方试点村大多依据"待遇"确认，有的叫村民待遇，也有的叫社员待遇，即合作经济的成员待遇。

男性 → 享有村民待遇 → 股份受益人

女性 → 不享有村民待遇 → 非股份受益人

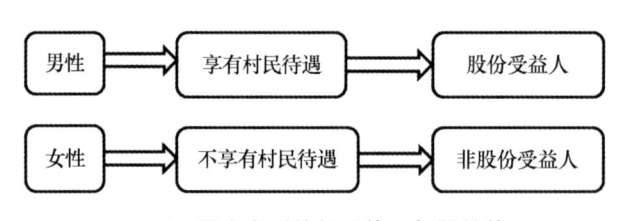

图3-3 男女有别的村民待遇与股份待遇

这里的逻辑是，你如果曾经享有村民待遇，就可以成为股份的受益人。如果你不曾享有村民待遇，就不能成为股份受益人。例如，浙江某试点村DJC的农村集体资产产权制度规则的表述是，享受股权的对象是基准日前享有本村福利待遇的且有本村农业户籍的社员。湖北BJ村享受股权的对象，是有本村户籍并享受村民待遇的村民。

耐人寻味的是，几乎没有试点村在集体经济改革中涉及村民资格，村民资格更像一个隐匿的话题，隐藏在村民待遇的后面。现在村民待遇却成为一个令人关注的话题浮出水面。深究起来，村民待遇是村民资格的结果，村民资格是村民待遇的原因，村民资格作为原因消失不见了，村民待遇作为结果却凸显出来。原因和结果是倒置的，这种倒置的后果之一，导致忽视村民资格的合法性与公正性。

本来，农村股份合作经济组织的建立，是农村农业经济向工商经济转变的重要标志,是适应工业社会的要求出现的一种经济组织形式,以多劳多得为分配原则,性别的因素应当弱化。而事实上,股民的确认却延续了农耕社会的传统,男女有别,亲疏有别,性别与婚姻依然作为基本的清人分类的标准。

(二) 对女性及其家人进行严格的限制

我们先看看对女性及其家人的做法,大体分为三种。

第一,将女性及其家人从受益人中完全排斥。如有的村庄规定下列人员无村民资格:嫁出的女性成员及生育的子女;丧偶再嫁的女性;离异的女性。在这里,对女性设置了苛刻的条件,不要说女性离异就等于自动丧失成员资格,连丧偶这种难以抵御的风险都成为排斥女性的理由。

> BJ村的夏英,1940年生人,1958年嫁到该村,夫妻二人生活了40年,有5个女儿。当她68岁时,丈夫去世。她与市里一位退休职工结婚,但一直居住在村里,户口也在村里。她强调,村里的义务都承担了,应当享有村民同等待遇,可是村干部就是不同意她享有股民待遇。

第二,对农村女性进行分类对待。江浙一带的农村搞股份合作经济组织时,采取的措施五花八门,不同的经济组织采取不同办法。有的允许农嫁城的妇女享受分红,而城嫁农的妇女不能享受分红。有的村规定出嫁女不享有股权,在基准日前离婚的农嫁女给予股权。

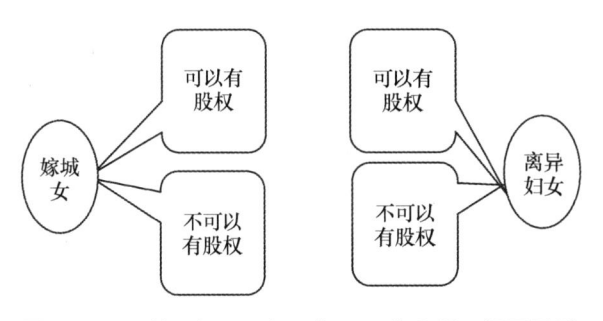

图3-4 一村一规、一组一规、五花八门、相互矛盾

2011年股改以来，为了拿到股权证，MIX村有30多对夫妻（从妻居）离婚了，还有的姑娘想结婚，可迟迟不敢领结婚证，导致缺乏合法手续的非法婚姻。为了永久剥夺出嫁女的股权，村集体还推出一项专门针对出嫁女的经济配送的规定："户口在本村的农嫁女于2013年9月30日前办理户口迁移手续与本社签订不享受福利待遇的协议，本社一次性经济配送2万元。"

第三，女性招婿的子女不能享有。在深圳地区，不少妇女抵制男女差别对待的做法，组织起来上访维权，当地政府采取积极措施，要求各个股份合作经济组织提交申请时，必须明确规定男女平等的分配条款，否则不予审批。应当说，政府的积极干预产生了效果。不少村庄不得不修改股份分配的标准，取消了对妇女的排斥性条款，但是规定了对农嫁女子女的限制，将农嫁女子女打入另类，在她们身上始终保留着性别歧视的印记。

对男性及其家人予以保障，乃至增加种种优惠待遇。浙江省乐清市DJ村是集体资产产权制度改革的试点村。2003年，集体资产总值达到4亿多元，2008年集体经济收入约1800万元，村民人均收入3万元，是远近闻名的富村。2012年成立改制小组，提出改革实施方案，实行静态的管理，一旦确认股份之后，实行"生不增，死不减，进不增，出不减"，股份可以内部转让，可以子女继承，但不可以退股兑现。该村设置每人一股，男性到了20岁要补一股，等于是两股。

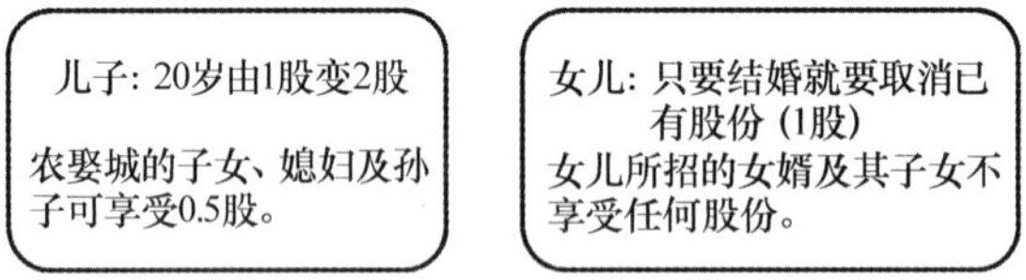

> 儿子：20岁由1股变2股
> 农娶城的子女、媳妇及孙子可享受0.5股。

> 女儿：只要结婚就要取消已有股份（1股）
> 女儿所招的女婿及其子女不享受任何股份。

图3-5 享受股份，男女有别

同样是结婚，男女的命运截然不同，农嫁女不享有股份，农娶城的社员及子女、媳妇、孙女，户籍不在村里，可以每人补0.5股。这种股份配置制度，大大强化了生男偏好，一定得要儿子，哪怕罚款也要生，因为有了儿子，就有了集体资源的保障。这种保障不仅是男性自身，还包括妻子以及子孙后代。在这里，经济发达并未弱化重男轻女，反而通过股份分红强化到极致。

需要指出的是，这些股份合作经济组织几乎都是当地政府树立的典范，对于未来的经验推广具有示范作用。那么，这将意味着男女有别的股份分红在更大的范围内得到复制和肯定。

三 农村福利分配

农村福利分配可以分为两类。

第一，国家建立起来的农村社会保障。2000年到2010年，是农村社会建设的起步阶段。此时不仅免除了实行上千年的农业费税，而且建立了覆盖整个乡村的社会保障制度；2003年重新建立新型农村医疗，触动了大病致贫和乡村卫生医疗的匮乏问题；2007年首次在农村推行最低生活保障制度，专门为农村贫困家庭提供救助；2009年首次推行农村养老保险制度，政府为每位农村参保人员提供基础养老金。由此，在一定程度上打破了社会保障和社会救助的城乡二元格局，有利于保障农民的基本医疗和基本生活。

第二，农村集体福利。即由村集体提供的社区福利，有两种形式：其一，经济条件好的村集体，常常为村民缴纳社会保险；其二，村集体可以提供种类繁多的福利，如老年补助、教育补助及外出旅游等。村集体收益越好，村集体干部办事越公道，集体福利就会越多，村民越是成为集体收益的受益人。这些村集体往往受到周边村民的羡慕，也常常得到当地政府的关注和推崇，成为农村社会保障的标杆和楷模。然而，当这些村庄备受青睐的时候，却往往遮蔽了性别问题。下面我们分类进行具体分析。

（一）社会保险与社会保障

2003年是一个值得记忆的年头，社会保障由城市推及农村，农村开始实施医疗保险，此后渐渐推进农村养老保险。政府要为农民提供一定比例的资金，与此同时，村集体和村民也要缴纳一定比例的资金，解决农民的看病和养老问题。社会保险在农村推行的程度与村庄的集体经济水平相关联。在观察农村时，不可回避的是村庄之间的分化，一大部分村庄已经没有集体经营性资产了，也就谈不上集体福利，所有的社会保险都由农户自己来交。还有一些村庄集体资产如日中天，不仅可以缴纳集体的部分，甚至可以缴纳个人的部分。

> 浙江嘉县的QH村，在征地过程中逐渐修建起菜市场、汽车修理厂、十几层高的办公楼等，价值已达十几个亿，是该村村集体的重要资产，而这些不动产的出租收入也成为村集体经济收入的主要来源。像菜市场就有几百个摊位，每个摊位每年可出租3万—8万元，整个菜市场一年的摊位出租收入高达上千万元。从1987年起，QH村每个月给村民发放几十元的养老保险金，以后逐渐递增。及至2013年，养老保险金已达到每人每月700元。

有经济实力的村庄为村民缴纳保险金，可谓一举两得，一方面体现了集体经济的优越性，减轻了个人和家庭的压力；另一方面提高了当地农村社会保险的参保率，得到当地政府的肯定。永嘉县QH村多次被评为先进党支部、治安综合治理先进单位和创建治安安全示范村，也是永嘉县第一个创办村民养老保险补贴的文明村。

图3-6 养老保险，男女有别

然而，在这个拥有350人的村民养老保险补助文明村，有两个群体并不享有补助：一是出嫁女及其子女80多人；二是嫁入该村的媳妇及其子女50多人，她们因为丈夫已经转入城镇，而丧失村民资格，养老保险补助均被排除在外。

这种做法几乎是先进村的普遍现象。有些村庄如DJ村还将医疗保险纳入其中，无论是村民的医疗保险还是村民的养老保险，都由村集体支付。对于60岁以上的老人，村里每个月给其发放1000元的养老金，而该村出嫁女的户口未迁出，且长期生活居住在此，却得不到养老保险补助。

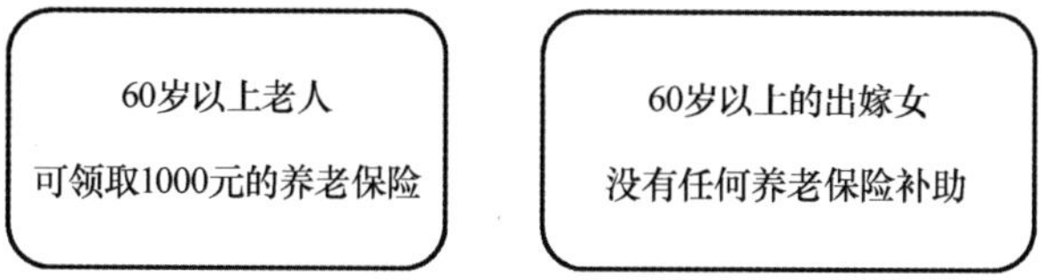

> 60岁以上老人
> 可领取1000元的养老保险

> 60岁以上的出嫁女
> 没有任何养老保险补助

图3-7　养老金同样排斥出嫁女

湖北省洪湖市BJ村，以前主要以水产养殖为主，现今已经成为地地道道的城中村，土地被大量征收，四周都变成了城市。为了给村民社会保障，村干部积极协调各种关系，让村民一步到位享受城市居民的社会保险。为了鼓励家家户户缴纳养老保险，提出每户可以有一人享受12000元的补助。可是，出嫁女所在的家庭不能享受也不能购买养老保险。迫于无奈，出嫁女及家人只能找关系把户口转到一些单位上挂靠，通过这些单位购买城镇居民养老保险，不过转户口花费很多，保险的钱还要自己出。出嫁女家庭由于当时没有那么多钱可以交，现在每个月拿到手里的养老金比其他村民少，其他村民每个月可以拿到1400多元，而她们只能拿到440多元。两性之间的鸿沟持续拉大。

在这里可以看出，出嫁女及其家人的权利被剥夺不是一次性的，而是逐渐的，从青年一直到老年，一点点失去，性别的印记如影随形始终伴随着她们。

（二）低保救助及其他国家福利

2007年，最低生活保障制度（亦称低保救助）在农村全面推开。低保救助是针对贫困人口和家庭，由政府提供资金保障其贫困者的基本生活和生存权利，使贫困户可以有尊严地生活。农村低保救助并不动用村集体资金,但需要村集体确认贫困户的身份并向乡镇政府申报。

低保救助的关键是确定贫困户,贫困户确认准确,就可以体现这一制度的公平合理,否则,会导致严重的分配不公与救助对象错位,贫困户得不到救助,得到救助的并不贫困。在低保救助中,一类显性的问题是,人情保、关系保和轮流保,导致不应该享受低保救助的家庭享受低保救助。这类问题已经被关注到,重点是如何设法解决。此外,还有一类隐性的问题极少被关注,就是出嫁女和离异媳妇的贫困救助问题。后者有两种表现形式。

第一种是杨改兰式的贫困。这类家庭没有按照从夫居的婚姻形式到男方村落户,被村民视为"倒插门",女方无经济来源,男方的经济收入过低,工作极不稳定,整个家庭在贫困线上苦苦挣扎,却得不到低保救助。甘肃农村杨改兰就属于这种情况,结婚留在娘家招婿上门,28 岁已有 4 个孩子需要抚养,经济压力非常大,丈夫的收入很不稳定,家里住的是全村唯一的土坯房。而村集体在评定低保户时,又将他们家过去的低保救助取消了,杨改兰最终走投无路陷入绝望,杀死 4 个孩子然后自杀,酿成全家死亡的惨烈悲剧。

第二种与城镇化进程及出嫁女的身份有关。村庄拆迁之前,这些出嫁女住在父母家,有房子居住,有土地耕种,生活无忧,谈不上富裕,但也可以维持基本的生活。征地拆迁之后,她们不仅得不到征地补偿,无处居住,还找不到活儿做。西宁市 SJHW 村的农嫁女年龄不等,有的已经四五十岁了,文化程度低,又无任何技能,找不到工作,全家的生活一下子陷入困境。当采访者问道:"是否可以申请低保救助?"有了低保救助就可以保障她们的基本生活,这些出嫁女摇摇头说:"没有低保救助,村集体不会管我们。"

这种现象绝非个例,在全国不同地区均有发生。

农嫁女的贫困成为低保救助中的一个隐性问题。之所以说是隐性问题,即表面上看不出来,因为村集体根本不承认她们的集体成员资格,实际上,她们的村民资格已经受到排斥,那么低保救助自然与其无关。然而,这些出嫁女又无处可去,她们的户口在这里,她们的生活在这里,她们的低保救助也只能在这里。不能享有低保救助,低保政策实际上是失效的，最低生活保障制度不能发挥其应有的效力。此外，低保救助是一个完整的救助链，享有低保救助，子女的义务教育还会有相应的补贴，看病也会提供相应的医疗救助。可以说，是贫困家庭的福音。因此，需要将农嫁女的低保救助显性化，使其成为低保政策的目标群体。否则，农嫁女的贫困化就会加重。

除了低保救助，国家还有一些优惠政策，如计划生育的优惠政策，独生子女可以得到计划生育奖励，孩子考高中和大学可以适当加分。此外，在村庄安置新房时，可以奖励一人份的面积，有的村一人份是25平方米，有的是50平方米。这些优惠政策，符合条件的农嫁女也享受不到。

在采访中，湖北、浙江和青海的出嫁女都会讲到村民义务，在她们看来，义务与权利是对等的，在村里尽了义务就应当得到相应的权利。可是，事实上，农嫁女往往只有义务却没有权利。BJ村的农嫁女说："我们相应国家号召，只生一个孩子，生了女孩也没有再要，村里应当给我们奖励，不但没奖励，反而连村民资格都没了，这不是变相鼓励违反计划生育政策吗？"

（三）名目繁多的村庄福利

经济富裕起来的村庄，搞起了各式各样的集体福利，以至于这里的村民令周边村羡慕不已。不过，这些村庄的集体福利分配是内外有别的，甚至对于村民的子女也有不同的待遇。

1. 免费安装家用设施

湖北省洪湖市HL村是当地政府树起来的红旗村，集体福利成为该村的一大亮点。家家户户安装液化气管道，免费安装有线电视。不过，农嫁女的家庭就要掏钱才能安装。一位上门女婿说，处处感到自己的家庭是外村人，福利越多，这种被排斥的感觉越强烈。

2. 集体出资旅游

西宁市WJ庄搞起集体出资旅游，每两年外出旅游一趟。新闻登上了报纸的头条，支部书记也不断接受采访，一时间成为带领农村致富奔小康的带头人。不过，记者没有看到的是，400多位出嫁女及其子女是不能参加旅游的。出嫁女说，WJ庄是男子汉的天堂，是出嫁女的地狱。

　　这种做法在深圳出现得更早，深圳2004年已经消灭农村了，是我国城镇化进程最快的地区，原有的村委会几乎全部改为居委会，集体福利特别丰富，集体外出旅游成为居民的一种生活方式，不过，旅游是不允许农嫁女及其孩子去的。住在一起生活的孩子们完全区别对待，一位妇女说："我的女儿才5岁，什么福利都没有。她问我：'为什么叔叔家的孩子可以去旅游，我就不可以去？'我不知道该怎么对孩子说，我不愿意让她幼小的心灵就感受到性别歧视的苦痛。"然而，这却是孩子面对的现实。对于农嫁女的排斥正延续到下一代身上。

　　3. 子女教育两种待遇

　　江苏YL村是全国闻名的先进村。在实施九年义务教育之前，村里给每位适龄小学生和初中生免除了学费、学杂费等。同时为鼓励孩子上学读书，加大智力投资，给每个学生每年1000—5000元的助学金，给考上重点院校的学生5000—10000元的奖学金。但是这些待遇，出嫁女家的孩子是不能享受的。

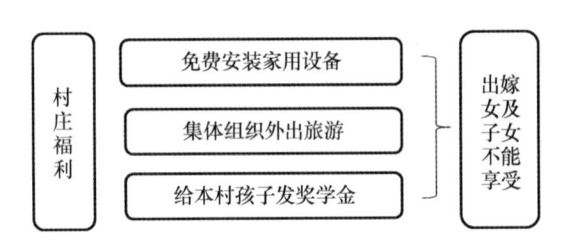

图3-8　村民福利种类繁多，统统排斥出嫁女及其子女

　　HL村为鼓励村里的孩子读书出台了很多奖励政策。凡是考取国家重点一本院校的，一次性奖励10000元；考取非国家重点一本院校的，一次性奖励3000元；考取二本的，一次性奖励2000元。同时在实施九年义务教育之前，村里的孩子读书的学费、学杂费等费用全部由村集体承担。但是这些政策出嫁女家的孩子却不能享受，同时他们还要缴纳比较高的"借读费"。

　　通过教育和旅游的案例，可以看到性别分层的持续性已经从上一代人延续到下一代人，使得孩子幼小的心灵体会到性别歧视，强化了性别分配不公的烙印。

我国乡村社会的性别分层,从空间展开来看,几乎涉及乡村稀缺土地资源的各个层面:生产资料,土地承包长期不变,以及颁发土地确权证;生活资料,家家户户拥有的宅基地使用权,新农村建设的房屋分配,以及征地中失去宅基地的居无定所;集体经济的分配,征地补偿款分配,股份分红以及村庄福利分配。从时间延伸的纵轴来看,性别分层是在城镇化的背景下展开的,体现为两种文明的冲突:一种是工业文明,一种是农业文明。值得玩味的是,工业社会在乡村社会迅速发展,农业用地大量减少,农民持续外出打工,不少城郊村改为居委会,而农业文明的规则依然具有顽强的生命力,可以决定农村妇女的村民资格,可以决定农村经济分配的性别规则。

马克思、恩格斯一生致力于无产阶级的解放事业,与此同时也注意到阶级与性别的议题相互交织。在母权制向父权制转变过程中,丧失继承权是妇女最大的失败。进而提出妇女的解放与阶级的解放,要依靠建立公有制。我国在农村建立集体所有制来取代土地私有制,面对的问题是,集体所有制并不能解决妇女土地权益受损的问题,需要探索的是,在所有制之外是什么因素导致性别分层加剧。

—

第二单元
父权家庭与土地制度的性别安排

从乡村性别分层的表现形式来看，村庄集体经济的分配依据是性别+婚姻，男娶女嫁起着举足轻重的作用。这一依据不同于国家政府规定的依据"户籍"确认成员资格，户籍强调的是成员的出生地，出生地与父母紧密相关，这是工业社会确定成员资格的标准之一：子女依据父母确定身份。例如，父母是哪个民族，子女就自然属于哪个民族；父母属于哪个地域，子女就属于哪个地域。为什么在乡村不是依据出生地而是男娶女嫁的婚姻居住地？需要追溯到农耕社会的家庭父权制和集体父权制，才能找到问题的根源。

第四章　农耕社会：父权制家庭、村落与土地

一　家庭与父系家庭

家庭是一种特殊的社会生活组织形式，是亲子构成的生育社群，亲子指它的结构，生育指它的功能。亲子是双系的，兼指父母双方，子女限于同配偶所生的孩子[①]。人类的繁衍、生命的更替都离不开家庭。家庭最早是由婚姻关系、血缘关系组成的社会生活的基本单位，是成员之间最亲密的群体[②]，通常被人们视为不分彼此的生活共同体与情感共同体，是温情亲情与爱情的港湾。

当我们深入到家庭内部，就会发现这是一种美好的想象，其实，家庭内部充满了等级和尊卑，表现之一就是父权制，即按照父子进行姓氏、权力与财富的传承，家庭内部存在着性别分工与男女差别，存在着亲疏远近的差序格局，具有三个突出特点。

（一）父姓制

家庭通常都是有姓氏的，姓氏常常标志着家庭的所属和来源，通过姓氏来寻找和确认父系家族祖先。家庭的建立是男女婚配的结果，男女来自不同的家庭，绝大多数父母的姓氏是不同的，子女的姓氏是跟随父亲还是母亲呢？对此，周代的父姓制有着严格的规定：子女一定随父姓，而不能随母姓。

---

① 费孝通：《乡土中国》，人民出版社2015年版，第45页。
② 刘达临：《家庭社会学漫谈》，山东人民出版社1983年版，第12页。

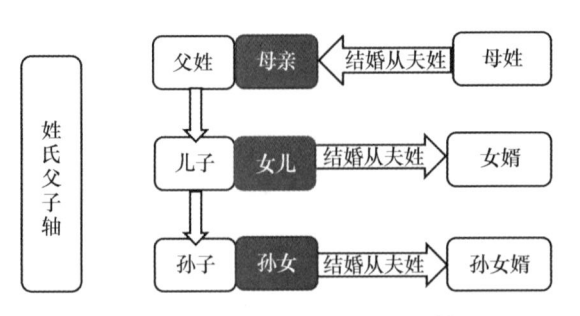

图 4-1 父姓制强化姓氏父子轴

这一规则有两个意义。

其一，子女是属于父系家庭的，而不属于母系家庭，男女双方家庭的亲疏远近可以通过姓氏+称谓进行区别。父亲家庭的成员都属于自己人，称为"祖父""祖母""孙子""孙女"，母亲家庭成员属于亲戚和外人，称为"外祖父""外祖母""外孙子""外孙女"。在这里，男性中心的家庭关系通过姓氏制度得以确认。

其二，儿子与女儿对于传宗接代的意义是不同的。儿子可以传承父亲的姓氏，女儿不可以传承父亲的姓氏。父姓制强调家庭的父子轴，世系的链条是依靠父子相传，由父亲传给儿子，儿子传给孙子，既不是兄弟相传，更不是女儿传承。在这里，父姓制特别讲究姓氏的传承。程朱理学强调，不孝有三，无后为大，这个"后"专门指儿子，儿子结婚生子，成了父亲，可以传承姓氏。尽管，女儿一出生随

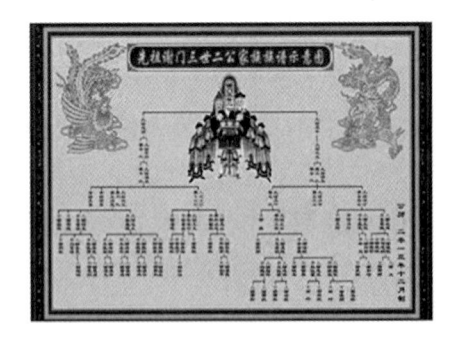

图 4-2 父系家谱

父姓，但不属于"后"，因为女性不能传承姓氏，也不能延续香火。父姓制的确立使得传宗接代必须依靠儿子，男性在家庭中的地位得到确立与凸显，而女性的地位受到贬低则直线下降。

与父姓制相呼应的是父系家谱和族谱，父系家谱指的是按照父亲直系亲属编排的谱系，父系家族则是按照家族编写的谱系。家谱和族谱都需要标明姓氏，如杜氏家谱、王氏族谱。家谱和族谱能否续写下去，取决于是否有儿子，有了儿子就可以续写家谱，形成绵延不绝的家族链条。如若只有女儿，家谱就要终绝。续写家谱的需要，就会强化父姓制，强化男孩的意义和功能。在家谱中，儿子、孙子都会记录其中，有名有姓，乃至在历史上的功绩也要有所记录。女儿是不进家谱的，因为从父权制角度看来，她嫁出之后就由内变成外，不属于原家庭成员了。女性一结婚，一定要在父姓前加上丈夫的姓，标明是丈夫家的人了，通常的写法是夫姓+父姓，没有名字。王家小姐嫁给张家，就称"张王氏"，父系家庭的家谱，抹去了母系血脉，使得父亲的血脉凸显出来。这种家谱即便到了今天，依然可以通过名人故居得

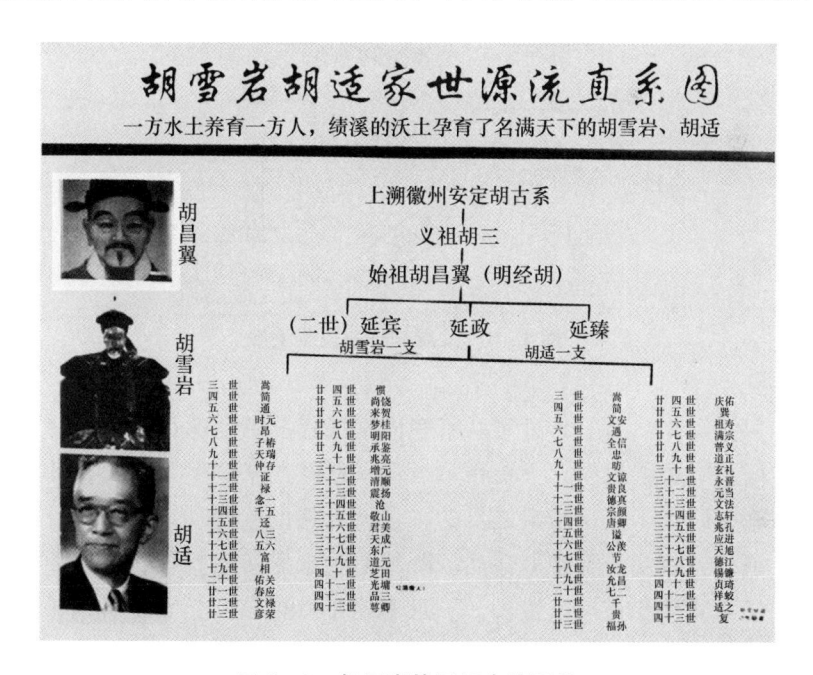

图4-3 胡雪岩故居纪念馆图片

以呈现。2018年春节，笔者来到安徽胡适和胡雪岩故居，在纪念馆依然可以看到胡氏族谱。

李银河认为，在西方国家，只有贵族世家才保留传宗接代的信念，而在中国，百家姓的每一家似乎都把传宗接代视为义不容辞的重大责任。因此，有的学者说，传宗接代是中国人的最大宗教信仰①。

父姓规则是父权制的核心，由此，确立了父子（男性）在家庭中的中心地位，男性属于自己人，而女性则是外人。其他规则都是依据这一规则制定的。

（二）父居制

家庭里的子女结婚联姻之后住到哪里？父居制有着严格的规定，儿子结婚必须以父亲居所为居所，女儿结婚必须嫁出去从夫居，即男娶女嫁。

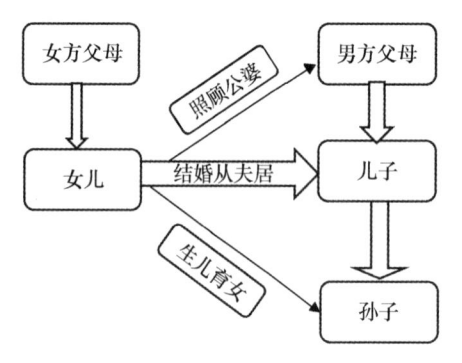

图4-4　父居制——男娶女嫁

为何如此？第一，为父系家庭传宗接代。婚姻的目的，是"结两姓之好，上可继祖先，下可传后代"，为男方家庭生儿育女，使得父系家庭有后代。这是结婚之目的，强调女性的生育功能，至于什么夫妻之情、男欢女爱都是奢侈品。既然是为夫家传宗接代，自然要在夫家居住，儿孙要在夫家生长。一旦不能生育男孩，妇女是可以被丈夫

---

① 李银河：《生育与村落文化》，文化艺术出版社2003年版，第121页。

休回娘家的。第二，为男方父母养老送终，相夫教子，这是女性结婚的另一个功能。在家庭职能上，男女是有性别分工的，男性主外，要养家糊口，种地，经商，做官；女性主内，生育儿女，操持家务，侍奉姑舅（公婆），照顾子女。要做到这些，女性结婚必须从夫居。

妇女从夫居，婚后必须遵从"利内则福，利外则祸"的原则，这里的"内"指的是男方家庭，"外"指的是女方家庭。一旦男女双方家庭的利益发生冲突，要首先考虑利内，倘若将利外放在首位，将女方父母放在第一位，就会带来祸害。在这里，再次看到两性家庭关系的差序格局。

按照从夫居的规则，儿女结婚的意义截然不同，儿子到了结婚年龄，是娶媳妇过门，终身厮守着自己的父母，承担着传宗接代的责任，聚拢着家庭和家族，祖祖辈辈住在一起；而女儿必须离开亲生父母，来到一个属于丈夫的陌生家庭居住生活，女儿在空间上发生移动，脱离自己父母的家庭，进入丈夫父母的家庭。在这里，需要指出的是，从夫居绝不仅仅是空间位置的移动，而是女性家庭身份的转移，即脱离亲生父母家庭，进入丈夫所在的家庭。其中的一个重要标志就是将丈夫的姓氏加在父姓前面，如张王氏，标志着王家的女儿进入张家，成为张家的人了，不再是王家的人。从周代开始，实行同姓不婚的外婚制，女儿外嫁就成为婚姻制度中的重要内容，一代一代延续下来。

父居制与父姓制一样，是超越阶级与等级的。换句话说，无论任何阶级和阶层，都要遵从父姓和父居制，绝不能因为是达官贵人就改变父权制的规则。作为皇室公主甚至为了缓解民族矛盾去"和亲"，从夫居的跨度更大，在国与国之间联姻，到语言不通、生活方式迥异的国度从夫居。如西汉的公主刘细君远嫁乌孙国王猎骄靡，乌孙是个相当落后的民族，细君生长在文明程度较高的中原，又是汉宗室之女，自幼就受到良好的教育和文化熏陶。她远嫁到乌孙，要学习乌孙的语言，接受乌孙民族的习俗。国王猎骄靡年事已高，按乌孙国习俗，国王下令让他的孙子岑陬娶细君为妻，细君不肯从命，上书汉朝天子，希冀能得到亲人的支持。汉天子的回答是："从其国俗，吾欲与乌孙共灭胡。"细君无奈，为了汉帝征服匈奴的大业，她只得再次

成为岑陬的妻子。细君最后老死乌孙,终生不曾归汉。留下一首悲愁歌:

> 吾家嫁我兮天一方,远托异国兮乌孙王。
> 穹庐为室兮毡为墙,以肉为食兮酪为浆。
> 常思汉土兮心内伤,愿为黄鹄兮归故乡。

为什么当代农村将女儿结婚视为出嫁女,一定要逼迫女儿结婚从夫居,可以从家庭父居制找到源头。

(三) 父系制

父系制即父权家庭权力和财富的交接与继承制度。在农耕社会,家庭积累的财富是如何传承的?父系制规定,只能由儿子继承,女儿没有继承权。为什么传男不传女?按照父权制的逻辑,因为只有儿子才是父系家庭的自己人,应当拥有继承权,女儿作为外嫁之人已经被取消娘家财产继承资格。正是由于权力与财富的男性继承制度,才使得父姓制有了坚实的基础,使得父姓制与父系继承制度相得益彰。也使得女性在家庭内部失去经济地位和主导地位,终身成为男性的依附品。

家庭继承权包括至少两项内容:一是财产继承,二是权力继承。先看权力继承,这是在皇室家庭内部完成的,属于皇权世袭制度。皇权继承的排他性极强。首先,在皇室家庭内部先将公主全部排斥掉,只能在皇子中做选择。其次,在生了皇子的女人中排出嫡庶。再次,在嫡妻的儿子中排出长幼,通常嫡长子有继承王位的优先权,或者由皇帝立太子。在王位继承中,常常出现兄弟之间的厮杀。公主无论多么拥有政治才华,与皇权绝对无缘。只男不女的皇权继承制度,是一项根深蒂固的性别政治制度。

中国父系制比起欧洲父系制更为长久、更为坚固、更为彻底。英国王朝从1066年开始建立,权力的世系是先男后女,儿子继承王位有优先权,王位继承实行先男后女的原则,没有儿子的话女儿也可以继承王位。由此出现了制度性的女王以及女性继承人,1558年出现

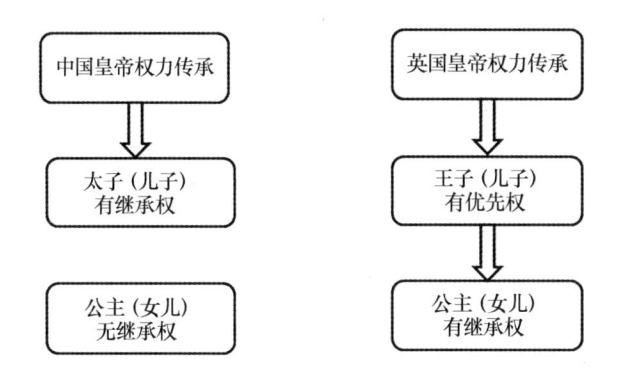

图 4-5　中国皇室权力继承制度与英国皇室权力继承制度

了第一位女王即伊丽莎白一世,她以公主的身份继承王位。

而在东方国家特别在中国,只男不女的权力继承是不允许挑战的,女性绝不可以继承皇位。父权与皇权相结合在我国农耕社会长达2700多年。有人会说,中国唐朝不是出现第一个女王武则天吗?但是,需要澄清的是,武则天并不是作为公主继承王位,而是作为皇后克服重重阻力走向王位的,依靠的是皇帝高宗的势力以及皇太后的身份。武则天在唐朝终于自立为王,成为华夏历史上第一个也是唯一一个女皇帝,可以说,极具反叛性。但即便如此,她在立太子时,也未曾改变只立太子的规则。

再看家庭的财富继承,在平民百姓的家庭中,没有权力的交接,只有财富的继承。家庭的财富有哪些呢?房屋、家产、技艺、现金等,父权制规则,家产只能传给儿子,不能传给女儿。在娘家,女儿没有属于自己的财产,更不可能获得财产继承权。如果娘家经济条件差,儿子娶不起媳妇,还常常借姑娘出嫁牟取彩礼,女儿演化成为一种特殊的财产,在婆家、娘家之间进行交换。如果娘家经济条件好,也会在女儿结婚时带去嫁妆。那么,这部分家产如何处理呢?父权制的规则是,婚后财产交给丈夫保管与处置。这种规定一直延续到民国时期,1931年《民法》规定,妻子的财产应交给丈夫统一管理。在父权制家庭,女性没有财产权,也没有财产管理权,在经济上完全处于依赖男性的受支配地位。

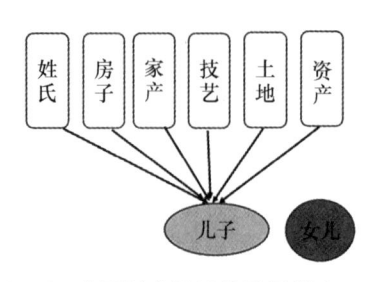

图 4-6　中国财产继承的性别制度 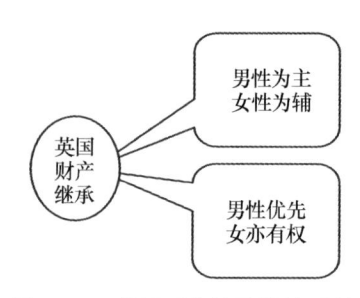　　图 4-7　英国财产继承的性别制度

中国家庭财产的男有女无，与西方父权制比起来，更为严酷和彻底。父权制是一种超越国度的普遍现象，但程度不尽相同。在英国中世纪，尽管女性的家庭财产权受到种种限制，但仍然有一定的自主权。英国男性继承在中世纪占主导地位，但在没有男性继承人时，女儿会优先于死者的兄弟和侄子等继承财产。这种情况在我国乡村是难以想象的，一旦家庭没有儿子，往往要通过过继侄子解决财产继承的问题，女儿是完全被排除在外的。英国中世纪，妇女一旦守寡，可以得到丈夫地产的三分之一，但各地惯例并不一致，有的地方妇女能得到二分之一，甚至全部的家庭地产。例如在埃姆雷堡等地区，寡妇可终生持有整个地产。在斯塔福德郡的恩顿地区，寡妇有权享有地产的三分之二。在苏赛克斯的克斯提普地区，寡妇享有丈夫的一半地产[①]。而在中国，寡妇是没有继承权的，只能依靠儿子生活。

父姓、父居、父系三位一体，相互依赖，相互支撑，成为中国农耕社会家庭父权制的"铁三角"。在这里，以男性为中心的父子相承是家庭更替的轴心，由此分为家庭的内与外，儿子为内，女儿为外，姓氏的父系传承是父子轴的标志；父居制是传宗接代的路径，通过女性结婚从夫居，实现女性身份的转变，为男方家庭生儿育女、繁衍后代，为公婆家人养老送终；父系制完成权力与财富的交接，通过儿子传承使得香火延续，使得女性终身依赖男性。

中国家庭父权制从周代到 20 世纪 30 年代苏维埃共和国宪法的颁布之前，它不仅仅是规定与条文，而是成为乡村社会根深蒂固的生活

---

① 王向梅：《中世纪英国农村妇女研究》，中国社会科学出版社 2013 年版，第 55 页。

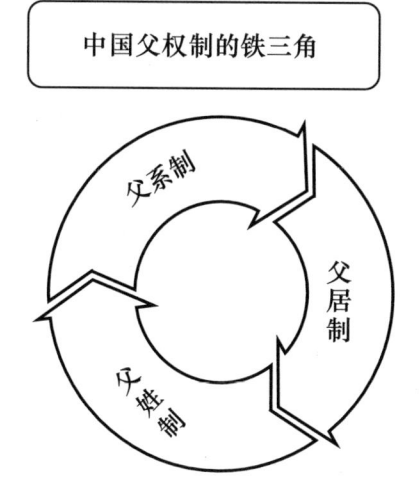

图 4-8 中国家庭父权制结构

方式和行为方式，成为一种"天性"和"基因"，活在血液里、空气中，无处不在地发挥作用。

二 村落与父系家族

村落是村民的居住地和生活地，典型形态是自然村。农业与游牧业不同，游牧民族可以逐水草而居，不断迁徙移动；农业收益直接取自土地，土地的固定性决定了村落的稳定性。以农为生的人，似乎是附着在土地上的，一代一代在乡村里生活，世代定居是常态，迁移常常是不得已而为之。

（一）村落：父系家族居住方式

聚村而居，是乡土中国的特点之一。费孝通发现，同样是种地为生，美国的乡下大多是一户人家自成一个单位，很少有屋檐相接的邻居。而中国农民则是住在村落里，鸡犬之声相闻，更多是邻里关系和亲属关系。

在乡土中国，村落与父系家族密不可分，所谓的父系家族即是按照父系血缘居住与生活的初级社会组织，家族的张力很大，可以小至一个家庭，大到几百口人的大家族。有的村落是单一姓氏的大家族，所有的人都是同一祖先，在村落一代一代生儿育女，繁衍后代，传承姓氏家产，出现了"王家村""石家庄"等以姓氏命名的村庄；有的村落是杂姓居多，几个姓氏的家族同在一个自然村，陈忠实所写的《白鹿原》，就是黄土高原上白、鹿两大家族形成的村落。村落的规模不等，少则几户乃至十几户人家，多则上百户人家上千口人。这些家族都是以男性为中心结成亲属关系，钩织成家族亲属网，通常在这个亲属网的顶端是曾祖父母，其次是祖父母，再次是父母、叔伯、堂叔伯，第四辈是儿子兄弟姐妹和堂兄弟姐妹，第五辈是孙子孙女和堂孙子女。

在这个亲属网里，所有的父辈都是世居者，有着血缘关系，祖祖辈辈都生活在同一村落，所有的母亲都是娶进来的，从原来母亲的家族分离出来，通过婚姻进入丈夫的家族。

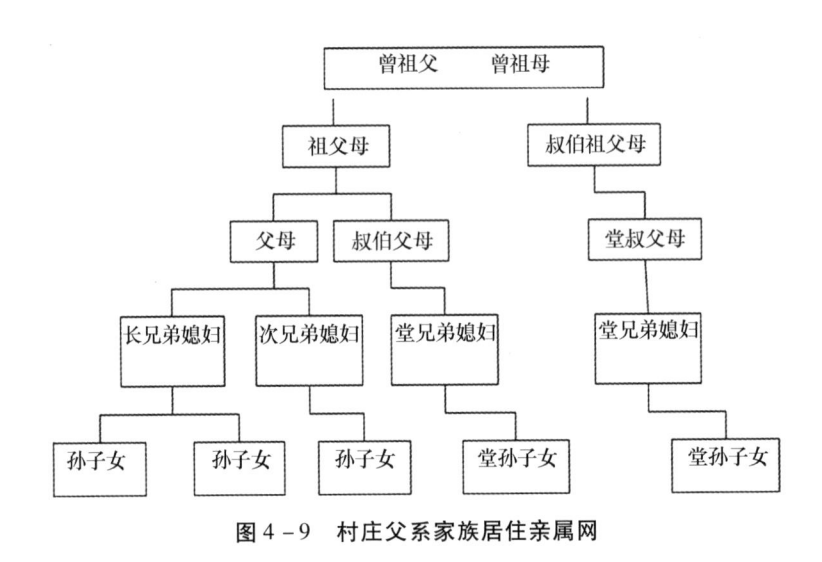

图 4-9 村庄父系家族居住亲属网

家族聚村而居，对外可以抵御外部势力的入侵，在南方有不少的围屋，将整个村落围成一个封闭的空间，设立了高高的围墙，保障村落的安全。北方村落很少设置围墙，但居住仍十分紧密，以便遇到各种危险时可以团结互助。在《白鹿原》里，黑娃的媳妇田小娥被驱赶到远离村落的窑洞里，大大增加了生存的风险和危险性。

家族聚村而居，对内可以对家庭形成支持与帮助力量，天灾人祸、生老病死、婚丧嫁娶，都需要动用家族的力量予以支持与帮助。许多家族在三代、四代以内经济上的联系非常紧密，一起吃饭，一起居住，甚至花销和上学都由家族来决定。有的叔伯大爷终身未娶，就要依靠家族的亲属予以照顾乃至养老送终。

父系村落的住房方式与母系村落不同，后者以女性长者为尊，老祖母的地位最高，从遗址来看，是圆形的房子围成一圈，中间是老祖母的房子，家产通常是统一管理，没有分家一说。

客家围屋　　　　　　　　山西的王家大院
图 4-10　乡村居住村落

父系家族的居住方式更为多样：可以是南方一带的联排房子、客家的围屋，房子有着不同的功能；也可以是北方的家族大院，如山西的王家大院、常家大院等；还可以是依山而建的一排排窑洞。儿子结婚一定需要父母提供住房，而女儿结婚属于外嫁，父母不需要提供住房。房屋最能见出贫富差距，在村落里，富有的家族会置办房产和地产，修建讲究的住宅，有卧室，有书房，有粮仓，有花园；购房买地是家族兴盛的标志。贫穷的人家，父母两代人十几口挤在一间屋子里，屋子具有多功能，既要睡觉吃饭，还要养牲口做饭。

正如费孝通所说，乡土社会是一个熟人社会，村落的儿女生于斯长于斯，年长者看着孩子们长大，在孩子眼中周围的叔婶大伯是从小就看惯的。不过，这个熟人社会实际上是对于儿孙而言，因为他们是终身不离开生长的村落的，即便是结婚，也是要把媳妇娶进来。亲子的血缘关系是一根牢固的纽带，使之紧紧纽结在一起，一生一世不分离。而家族中的女儿则不同，她们只是父母家族的临时居住者，到了十几岁就要遵循父母之命、媒妁之言，离开从小生长的家族和村落。婚姻使得女性的家族血缘关系出现撕裂，通过婚姻进到陌生的丈夫家族生活，由结婚前的母女和兄妹的血缘关系，转变为结婚后的姻亲关系，通过丈夫与丈夫家族发生联系，形成婆媳关系、叔嫂关系、妯娌关系。生于此，死于彼，从一个村落嫁到另一个村落是女儿们的共同命运。

　　费孝通对于家族的单向性有着清晰的认识。他说，家族是从家庭基层基础上推出来的，沿亲属差序向外扩展，但在结构上扩大的路线却有限制，中国的家的扩大是单向的，只包括父亲这一方面：除了少数例外，家不能同时包括媳妇和女婿。在父系原则下，女婿和结婚的女儿都是外人。在父系方面可以扩大到很远，五代同堂的家，可以包括五代之内所有父系方面的亲属[1]。

（二）祠堂与村落习惯

　　祠堂，也叫家庙，是家族成员祭祀祖先亡灵的场所。

　　祠堂通常由族人募捐修建，建在族人居住的村落中。祠堂的正中间摆放着祖先的牌位，牌位前可以点香、敬香。讲究的祠堂还会摆放精心装饰的族谱，在墙壁上记载着祖先的功德和事迹，挂着条幅。通常，表彰的都是男性，有的战功卓著，有的官位显赫，有的文采飞扬，女性能够得到表彰的寥寥无几，只有一种情况，丈夫去世不再嫁，将儿子养育成人，使得族人香火得以延续。祠堂的一个重要功能就是祭祖，对于家族来说，祭祖是一件十分神圣、庄重的大事，由德高望重的男性长者或族长主持，只允许作为一户之主的男性参与，妇女儿童是不允许进祠堂的。

---

[1] 费孝通：《乡土中国》，人民出版社2015年版，第46页。

图 4-11　乡村里的旧式祠堂

许烺光将祖先崇拜视为中国的国教："中国人的祖先崇拜是与西方有限的现实完全不同的体系。它是中国人人间世界与神灵世界的主要联系……关于祖宗崇拜，中国人至少有三种假设。第一，所有活着的人的幸运或不幸都应归因于祖先。第二个假设，所有已故的祖先，与其他神仙一样，有着和活着的人毫无差别的需求，第三个假设是已故的祖先仍能像生前一样，继续帮助他们在人家的亲属，正如他们活着的后代仍能帮助他们一样。"[1]

祠堂还是族人制定族规、行使族法的议事场所。从宋代开始乡村自治，乡绅族长召集乡民制定乡约，规范乡民的行为。陈忠实的小说《白鹿原》记载了这段历史。当时的白鹿原赌博、抽大烟成风，为了遏制这种风气，朱先生和族长白嘉轩当着祠堂里祖先们的灵位，带着众人立下乡约，"德业相劝，德谓见善必行，闻过必改，能修治其身，能修其家，能事父兄，能教子弟，能御童仆，能敬长上，能睦亲邻，能择交游"。凡是继续赌博的，在祠堂里施以族法予以惩罚，或棍打，或鞭笞。惩罚时，男子都要围在祠堂观看，以此起到警示作用。妇女几乎不在公共场所抛头露面，只有受到处罚才能进入祠堂，田小娥因遭诬陷同样在祠堂遭到族法的处罚。在家族主导的村落里，妇女几乎在社会事务上是沉默的大多数，她们几乎不发表任何意见，受到家族和男性的管制。

---

[1] ［美］许烺光：《美国人与中国人——两种生活方式比较》，彭凯平、刘文静等译，华夏出版社1989年版，第234—235页。

```
祭祀父系祖宗              族人聚会议事
测算生辰八字              推行惩恶扬善
举办生子庆典              强化男女有别
```

图 4-12　祠堂功能

祠堂与族人的人生大事紧密联系。

第一件大事就是结婚。结婚对于家族来说非常重要，是不同家族的联姻，也是家族人丁延续的开始，上可祭祖先，下可传后代。正因为如此，男性家长一定要到祠堂祭拜祖先，得到祖先的保佑，还要根据易经算出男女的阴阳八字。然后，才能按照家族的规矩，举办男娶女嫁的盛大婚礼，将媳妇迎娶到男方家庭之中。

传统的婚礼仪式有"六礼"，即纳采、问名、纳吉、请期、纳征、亲迎。这些婚礼仪式在于割断女儿与娘家的联系，如：夫家来女方家庭迎娶，标志着女到男家；男方家预备新房，新娘换鞋子，象征立场的转移；改口礼标志着身份和名分的夫家再构；洞房新床撒花生、桂圆、枣，象征着要为夫家早生贵子。婚礼仪式不仅要昭示乡民新人结婚，更昭示女儿家庭身份的转移和重新确认。

男娶女嫁的婚居模式得到农耕社会的普遍遵从，而招婿上门却被视为不正常。在民间社会，上门女婿被称为"倒插门"，本来门要正着插，怎么偏偏倒着插门，不正常嘛！由于招婿上门违反传统习俗，普遍不被人们接受和认可，婚礼搞得冷冷清清，使得上门女婿大有矮人三分之感。

第二件大事就是生儿子。生了儿子一定要搞各种各样的庆典，如河南登封一带的"送米面"、广西宾阳的"舞龙灯"。其中，与祠堂发生联系的就是广东梅州一带的"挂灯"。通常是在正月，凡是生了儿子的家庭都要在祠堂里挂上一个灯笼，写上儿子的名字，以此告知祖先，族人有后了。

第三件大事是为死者送终。死亡是人生的终点，常言道，"人死如灯灭"，其实，死亡又远远没有那么简单，涉及谁来送终，怎么送葬，以及安葬在哪里。从葬礼来看，又是家族的一次大聚会，凡是有亲属关系的家庭都要出席葬礼，不过亲属内部又会按照差序格局进行排列，长子长孙排在最前面，女儿女婿排在最后面，拿照片摔老盆打幡的一定是男性，媳妇女儿是万万不能的。亡者要进入族人的墓地，要有严格的限制，父系一方可以进入，代表着对自己人的认可。女儿和女婿不允许进祖坟，如果招婿没有改姓也不能进祖坟。

家族比起家庭是一个更大的系统，涉及家族的政治控制、生存空间、宗教信仰和各种禁忌。家族与家庭的结构是同构的，而且家族比起家庭织起了更为稠密的、范围更广的网，对于家族实行无孔不入的管控，长此以往，阶级等级与男女有别渐渐成为集体无意识，成为第二天性，成为人们举手投足之间的习惯，不需要刻意学习模仿，几乎成为从来如此理所当然的集体记忆。

三　土地、阶级与性别的关系

土地是农耕社会赖以生存的根基，即便是家族中有一定的商业实力，也绝不会丢弃土地。土地与男性的关系十分密切，汉字"男"字就是由"田"和"力"组成的，有力气在田里干活即为男。每到农历七月初七，有牛郎织女的传说，男性放牛耕种田地，妇女纺纱织布。似乎妇女与土地比较远，男性是土地的主力军。

其实，农业劳动是离不开妇女的，特别是贫穷的家庭，依靠土地生活的家庭，男女参与农业劳动是一个不争的事实。对此，《诗经》有记载，《诗经·七月》中描述道：在度过饥寒交迫的隆冬之后，农夫被农官驱赶下田耕种，早春偕妻子搬出里居到井田结庐耕作："同我妇子，馌彼南亩，田畯至喜。"农事毕，冬将至，回到村里，修房屋，抵御风寒饥饿，发出"穹窒熏鼠，塞向墐户。嗟我妇子，曰为改岁，入此室处"的慨叹！农妇与农夫为"夫妇一体"，到公田耕作。公田是王公贵族的大田，是周王分封给诸侯百官作为俸禄的耕地，往往是农民去义务耕种。而后再去耕种私田，这是小块农夫租种的土地。有诗为证，《诗经·小雅·大田》："有渰萋萋，兴雨祈祈。雨我公田，遂及我私。"农民耕作公田其收获全部归封邑贵族所有。

(一) 农耕社会的土地制度

在北魏时期,开始实行均田制,妇女在经济上还有一定地位,可以参加土地的分配。北魏太和九年(485),北魏孝文帝依照汉人李安世之议,颁布均田令,宣布按人口数来分配田地。

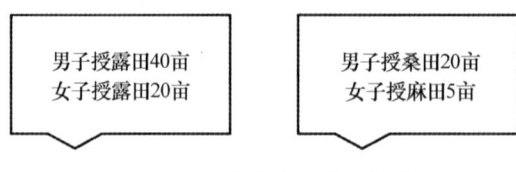

```
男子授露田40亩          男子授桑田20亩
女子授露田20亩          女子授麻田5亩
```

图4-13 北魏土地分配标准

(1) 凡15岁以上的男子,每人授给种植谷物的露田40亩,女子20亩。露田都是无主荒地,因考虑休耕轮作,故授田时一般按休耕周期加一两倍,也称"倍田"。拥有奴婢和耕牛的人,可以额外获得土地,奴婢同普通农民一样授田,人数不限,土地归主人;丁牛(4岁以上)每头授露田30亩,一户限4头。所授之田不准买卖,年老身死,还田给官府。

(2) 初授田者,男子每人另授桑田20亩,限3年内种上规定的桑、枣、榆等树。桑田可作为世业田,终身不还,可以世袭,但限制买卖。在不宜种桑的地区,男子每人另授麻田10亩,女子5亩,奴婢同样授田,按露田法授田是要归还的。新定居的民户还可分到少量的宅田,每3口一亩,奴婢5口一亩,宅田也属世业。

(3) 若是残疾的,11岁以上及残废者各授丁男一半之田,年过70的不还所授,寡妇守志,虽免课亦授妇田。在这一土地制度中,无论其地位、阶层、性别、残疾、年龄,都可以分得田地。不过,阶层与性别有区别,奴婢是5口一亩,女子的田地是男子的一半。

不过,均田制的目的并不是保障妇女土地权益,官府最关心的是按照人头征收税赋,解决土地荒芜无人耕种和财政税赋严重不足的问题。

在农耕社会的绝大部分时期,无论是周代的井田制、北魏的均田制，还是宋代以来的土地私有制，土地分配通常实行双轨制：一轨是按照权力等级分配。土地分封奖赏给达官贵人，凡是立下战功，或者为皇权做出贡献的，可以得到大量的土地。这些土地往往由农夫耕种，土地的使用权与收益权是分离的。许多贵族可以豢养大量奴婢，这些人没有人身自由，可以被主人驱使。另一轨，根据阶级与男丁进行分配。在唐代往往只分给男丁，所谓的"丁"在历史上指的是成年男子，按唐朝的法律，根据年龄大小在户籍档案上注明"黄小中丁老"，男女 3 岁以下为"黄"，15 岁以下为"小"，20 岁以下为"中"，男性居民 21 岁以上为"丁"，60 岁为"老"。成丁即意味着要承担赋役，是作为劳动力看待的。女性与孩童不是劳动力，属于人口即是吃饭的口。土地分男不分女，这就导致妇女在经济上的依附，妇女在农业劳动中的贡献被掩盖起来。

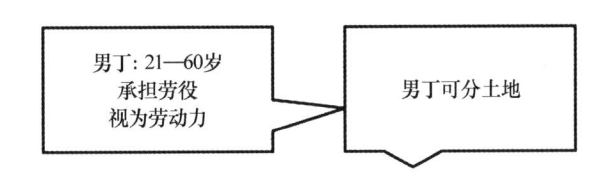

图 4-14 唐朝土地分配方式

（二）妇女在农业劳动中的作用

其实，妇女在农业系统中发挥了不可小视的作用。在河南周山村的村史采集中发现，这里的周氏祖先至今已经有 22 代 500 多年的历史，"那会儿周山主要以种地为主，种的粮食有玉米、小麦、红薯、棉花、豆子，主要是小麦、玉米和红薯。周山缺雨水，十年九旱，靠天吃饭。耕地都在半山坡上，靠的是肩挑手提。最开始是背、挑，后来用木头轱辘的小车推，再后来木头轱辘变为胶皮轱辘，又变为充气轱辘。以前周山庄也没路，没有路也要上地驮粪，没有牲口，都是妇女在前头拉，男劳力在后头推"①。

林耀华在 20 世纪 30 年代撰写了一部家族研究的书籍，叫作《金

---

① 梁军团队调查：《周山村村史》，未公开发表，2016 年。

翼——中国家族制度的社会学研究》,翔实地记录了福建一带的黄、张两个家族的历史和性别分工。这两个家族有着姻亲关系,生活殷实,有自己的田地,有做买卖的店铺,有实力供给儿子读书,几十口人在一起生活,"男女老幼总在一起干活,像一个整体。妇女在干农活中与男子一样的重要,家里依靠妇女积肥、准备种子、晾晒粮食,这是农业系统中不可或缺的环节。除此之外女人们还要做饭,喂家禽家畜,还要洗衣服。从事纺纱做鞋的工作。用大麻纺线,管理家务,收拾房间,洗衣做衣,做鞋子,都是女人来做的"[1]。

但是,妇女在经济上的贡献往往是不被承认的,表现在两方面:一是分配制度将其排斥在外,二是在家族中没有财产继承权。任凭妇女在家庭中贡献再大,依然被视为依赖男子生存,男子可以任意休妻。

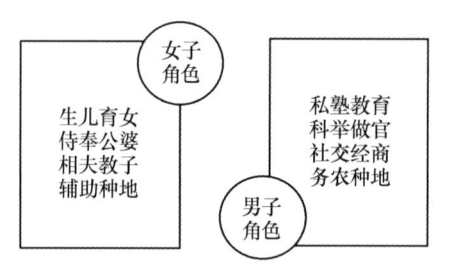

图 4-15 农耕社会男女的性别分工图

从以上的分析可以看到女性在家族统治和乡村社会中与男性分隔为两大领域:男性属于公共领域,特别是达官贵人的男性,可以进入政治、经济、教育和社会各个领域,正如马克斯·韦伯所说,社会地位来源于三大要素:权力、财富、声望。[2] 而这三大要素全部掌握在贵族以及男性手里。女性属于私人领域,即家庭与家族,即便在家庭家族中,依然是被支配者、被奴役者,可以随时被丈夫解除婚姻。

---

[1] 林耀华:《金翼——中国家族制度的社会学研究》,商务印书馆 2015 年版,第 84 页。
[2] 刘少杰主编:《国外社会学理论》,高等教育出版社 2006 年版,第 102 页。

第五章　土地变革与集体化时期

1928年，中国共产党在井冈山建立根据地，不分男女老少，一律推行"耕者有其田"。随着根据地的扩大，以及中国共产党最终成为执政党，土地革命不断扩大，一直到1952年推向全中国。这是中国历史上一次深刻的阶级与性别的土地制度变革。

一　土地革命与妇女地权

这一土地制度的变革，到了20世纪30年代，瑞金根据地已经形成试点，而且与政治制度衔接到一起。《中华苏维埃共和国宪法大纲》第十七条规定，在苏维埃政权内的工人、农民、红军、士兵及一切劳苦民众和他们的家属，不分男女、种族、宗教，在苏维埃法律面前一律平等，皆为苏维埃共和国的公民。凡上述苏维埃公民在16岁以上皆享有苏维埃的选举权和被选举权。第十一条规定，中华苏维埃政权以保证彻底地实行妇女解放为目的，承认婚姻自由，实行各种保护妇女的办法，使妇女能够从事实上逐渐得到脱离家务束缚的物质基础，而参加全社会经济的、政治的、文化的生活。

（一）土地分配的两个标准

此时的土地分配有两个基本标准：一是阶级标准，即依靠贫农等劳苦大众，联合中农，限制富农，彻底剥夺地主阶级。从字面看来也是均田制，但不像北魏搞双轨制，不再搞分封制。在这个意义上，对于土地富豪的家族实力是一种极大地削弱。二是按人口平均分配土地，而不是对性别、对老幼差别对待，最大限度地做到"耕者有其田"。

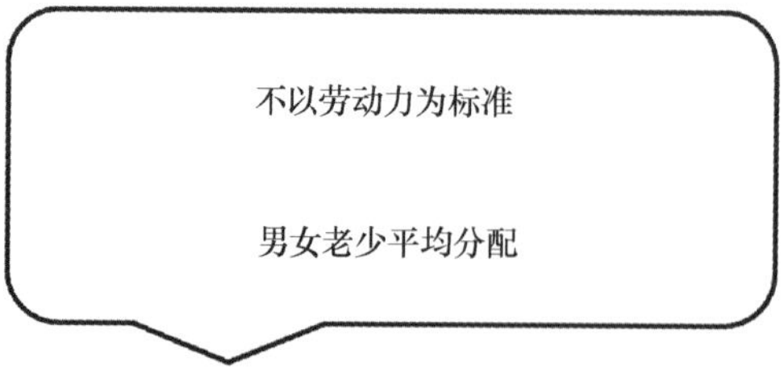

> 不以劳动力为标准
>
> 男女老少平均分配

图 5-1 革命根据地时期的土地分配标准

1928年12月,毛泽东主持制定的《井冈山土地法》,以及1929年4月的《兴国土地法》,都规定了以人口为标准,男女老幼,平均分配。1930年2月召开的红四军前委赣西特委等联席会议,再次肯定要按人口平均分配的原则。在苏维埃土地法中特别强调,依乡村总数目对男女老少实行平均分配。1931年2月中共苏区中央局发表了九号通告,明确提出必须使广大农民在革命中取得他们热望的土地所有权。1932年,在苏维埃政府发布的文告中明确宣布,土地一经分配,土地使用权所有权通通归农民。农民分得的土地归其私有,有权转租买卖。1933年5月,中共苏维埃政府通过的决议对土地进行登记,并发放盖有土地红章的耕田证、耕山证、耕塘证。在各户土地证上妇女的名字被郑重写上,保障她们拥有自己的土地所有权。

(二) 遭遇反对与合力支持

这一土地制度在向全国推广时遇到了很大阻碍,这一阻碍并不是来自地主富农,因为这些人或者逃跑,或者管制,根本没有发言权,而是来自农民协会(以下简称"农协")和农民干部,来自根深蒂固的父权制观念。一些农协的干部对于土地分配给妇女非常抵触,他们提出分配土地不要计算妇女人口,妇女劳力分一半地就够了,主张男女差别对待。土地也不要分给快出嫁的姑娘,她们嫁出去就不是娘家人了。更不要分给离婚后尚未改嫁的、过独立生活的妇女土地,仍然用男主女从的观念看待离异妇女。此时的土地是私有的，可以买卖，就是说妇女可以处理因为婚嫁带来的与土地分离的问题。对此，农协不赞成妇女出嫁带地，反对给寡妇发土地证，要求土地证上只写上儿子的名字。农协认为，自古以来没有老娘们儿领土地照的，土地证上不要写妇女的名字。由于父权制观念作祟，农协中产生了强烈的排斥妇女土地权益的倾向，土地分配不分男女老少的政策，执行起来相当困难。①

此时，出现两股力量与农协对抗。

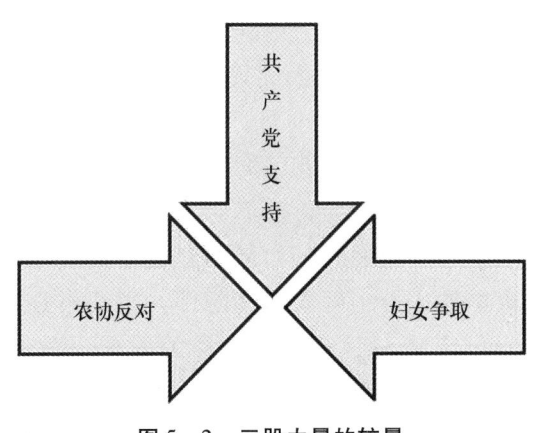

图 5-2 三股力量的较量

一股力量是已经觉悟了的妇女会。这是在共产党领导下形成的一支进步力量，她们已经有了妇女土地权的观念，一直与农协中的保守力量博弈与抗争。其中，黑龙江、松江省的妇女博弈的效果最明显，她们受乡土社会的影响弱一些，她们认为农协提出不计算妇女的人口就是侵犯了妇女的土地权，于是据理力争，经过反复的说服工作，最终否定了农协的决定。在这里，妇女会想出很多办法，如松江省拉林县的妇女，把妇女的地权问题、分地问题、写地照问题一一提到贫雇农大会上讨论，让妇女直接发出自己的声音。周成店村农会坚持，十

---

① 顾秀莲主编：《20 世纪中国妇女运动史》上卷，中国妇女出版社 2008 年版，第 554 页。

七八岁快出嫁的姑娘不能分地,坐在会场里的妇女抗议说:我们也是人,不给地吃啥?吃人家的吗?土地分配与经济独立,与妇女获得人的尊严发生了联系。在妇女会力争之下,农协的决议被推翻。厢黄旗有人说,妇女劳力若分给一半儿就够了,不能和男子一样,妇女站起来反对说,共产党都有规定,你们为啥少给。有的屯坚持不给寡妇分地,最终因妇女的一致反对而作罢①。由此可见,妇女土地权与农民土地权并不完全一致,需要妇女提出诉求争取自己的权利。

另一股力量就是中国共产党。中国共产党内的妇女领袖积极呼应农村妇女的诉求,其代表人物就是邓颖超。1945年在中共第七次全国代表大会上,邓颖超当选为中共中央候补委员,任中央妇委副书记,1947年3月任中共中央妇委代理书记。邓颖超一直不遗余力地推进妇女土地权益。1948年9月,邓颖超在解放区妇女工作会上的讲话中明确提出,要将保护农民的土地权与妇女的土地权统一起来,"要保护全体农民土地权利益下,一样地保护妇女的利益。在涉及妇女单独的土地照问题时,如果妇女要结婚出嫁或改嫁,并有这个觉悟,要求单独一份,可以有个附件,我们不必提倡和鼓励每个妇女一定有一份土地,但她要求这样的时候,我们必须批准"。邓颖超的积极态度与主张,有效地影响了中国共产党在解放区的土地政策走向。

(三)妇女地权与户为单位

中国共产党在解放区的土地政策,不仅仅一般地规定男女老少分田地的原则,而是针对妇女土地权采取具体措施。1948年11月,太行区党委专门下发关于处理妇女地权问题的通知强调,妇女与男人享有同等权利,在土改中不分男女老少,均获得一份土地,全家分得土地,为全家男女共有;寡妇改嫁时可自由处理其家庭中应分的一份土地。离婚后尚未改嫁的妇女,以及父母死亡,但因兄弟不和不能共同生活的未婚妇女都应分一份土地。

---

① 参见区梦觉《回忆东北解放战争中的妇女工作》,载陈沂主编《辽沈决战》下,第453页。

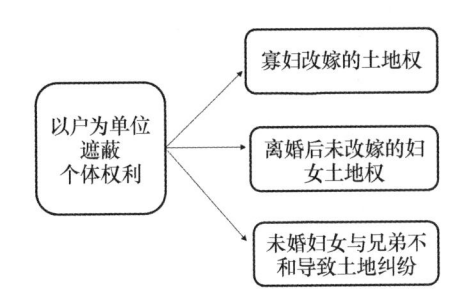

图5-3 以户为单位的性别陷阱

此时的土地分配依然是以户为单位，可以说，这是多年封建社会的土地管理办法，这种管理办法在没有清除家庭父权制之前，漏洞颇多，很容易导致妇女在家庭中失去土地，丧失应有的财产继承权。

为了解决以户为单位分配土地的过程中损害妇女利益的问题，中共中央做出许多切合实际的规定。1948年年底，中共中央在"四八决定"[①]中强调，要由政府明令保障妇女的土地权，在以家庭为单位发土地证件时，需在土地证上注明男女均有同等的土地权。家庭成员有民主处理财产之权，必要时还可单独另发土地证给妇女。为了确保妇女土地所有权，华北、华东、西北各解放区的行政委员会分别发出关于颁发土地所有证的指示，提出土地改革后分给个人所有的土地，均发给土地证，以户为单位确定各阶层一切男女老少人口的地权，保障其不受侵犯。以后遇有土地转移、买卖、分家、嫁娶等情形准予分离或换取土地证。

到了1949年以后，中国共产党成为执政党，土地革命运动随之推向全国，以没收大地主的土地与房屋分给无地无房农民为手段，实行"耕者有其田、居者有其屋"。1950年6月颁布的《土地改革法》第一条规定："废除地主阶级封建剥削的土地所有制，实行农民的土地所有制。"第十条规定："所有没收和征收得来的土地，统一地、公平合理地分配给无地少地的贫苦农民所有。"第三十条规定："土

[①] 指的是1948年12月中央制定的《中国共产党中央委员会关于目前解放区农村妇女工作的决定》，因制定于1948年亦称"四八决定"。

地改革完成后，由人民政府发给土地所有证，并承认一切土地所有者有自由经营、买卖及出租其土地的权利。"土改完成后，农民土地所有制建立起来，大部分地区的农民领取了政府颁布的土地所有证。

一直到1952年，贫雇农等劳苦大众实现了"耕者有其田"，妇女和男子一样分得土地，许许多多一辈子没有自己名字的妇女，为自己起名字并工工整整地写在土地证上。这是土地制度上的深刻变革，冲击着几千年的父权财产继承制度，开启了一个乡村社会的新时代。

二 新《婚姻法》的颁布及其意义

值得关注的是，土地制度革命与婚姻家庭规则的调整，几乎是同步展开的。婚姻家庭规则的调整目标是婚姻自由和男女平等，这对于根深蒂固的家庭父权制构成了不可低估的挑战。

（一）新《婚姻法》颁布与婚姻自由

继瑞金苏维埃婚姻法制定之后，1950年4月13日经中央人民政府委员会第七次会议审议通过了《中华人民共和国婚姻法》（以下简称《婚姻法》），4月30日毛泽东主席签署命令予以公布，这是中华人民共和国成立后制定的第一部基本法律，1950年5月1日起施行。

《婚姻法》共设八章二十七条，涉及的第一个核心内容就是婚姻自由。婚姻自由有两方面的意义。

其一，从家族父辈的决定权转移到下一辈来决定。婚姻作为家庭家族的大事，往往遵从父母之命、媒妁之言，从家族家庭利益加以权衡，子女只能服从而不能做主，否则子女就是大逆不道。而新《婚姻法》则明确禁止父辈的包办强迫婚姻，禁止童养媳，禁止买卖婚姻，主张婚姻自由。

其二，婚姻自由包括结婚自由与离婚自由，必须由婚姻当事人自己决定。历史上休妻是男性单方面的特权，女性只能遵从，不能主动提出离婚。汉代《大戴礼记》提出的"七出"就是古代男性休妻的标准理由，"七出"指的是：无子、淫佚、不事姑舅、口舌、盗窃、妒忌、恶疾。《婚姻法》将离婚的权利同样给了女性，在《婚姻法》

里表述为男女双方，规定结婚需男女双方本人完全自愿，"不许任何一方对他方加以强迫或任何第三者加以干涉。男女双方自愿离婚的，准予离婚。男女一方要求离婚的，由区人民政府和司法机关进行调解，调解无效时准予离婚，离婚后双方自愿复婚时，政府不加限制准许登记恢复婚姻关系"。由此，婚姻自由在法律上体现了男女双方的平等权利。

婚姻自由在执行过程中遇到出乎预料的困难。一些妇女要求离婚，受到干部阻止，一些干部将《婚姻法》理解成离婚法。他们认为，很多婚妇是男方家花钱买来的，受虐待的妇女离婚就得给男方粮食或金钱，男方家才不致人财两空，而对妇女受虐待的遭遇置若罔闻。另一方面妇女提出离婚，受到婆家的抵制，以至于因妇女提出离婚而遭杀害的案件时有发生。据不完全统计，仅中南地区在《婚姻法》颁布一年中，因婚姻问题被杀或自杀的妇女就一万多名。在山东省因婚姻不能自主，受家庭虐待而自杀的妇女有1245人[①]。山东省苍山县21岁的青年妇女潘氏，7岁时做了童养媳经常挨打受骂，被残酷虐待。1951年2月潘氏到区政府要求离婚，随后潘氏遭到丈夫的痛打又被公公婆婆捆起来，用钢条抽打致死[②]。由此可见，妇女离婚与父权制家庭的冲突是多么尖锐，几乎到了你死我活的地步。

（二）夫妻关系开始从主从关系走向地位平等

农耕社会特别讲究男主女从，妇女"既嫁从夫"，就是要求出嫁为人妻的妇女随从、服从、跟从丈夫。"从夫"从女子出嫁就开始了，迎娶的仪式是"男率女，女从男，夫妇之义从此始"；母亲叮嘱女儿"无违夫子"。到夫家，按照丈夫的辈分、名分得到亲属称谓（如子媳、妯娌、婶、嫂等）。妻子视丈夫为"天"，"天命不可逃，夫命不可违"，必须顺从、敬重丈夫，夫唱妇随。像汉代孟光对丈夫梁鸿"举案齐眉"，被赞为"相敬如宾"。妻妇还需代丈夫行孝侍奉公婆，还要

---

① 吴权衡：《保障妇女的婚姻自由》，《人民日报》1951年9月1日。
② 顾秀莲主编：《20世纪中国妇女运动史》中卷，中国妇女出版社2008年版，第27页。

为丈夫生儿育女;"相夫教子"从宋代以来成为妇女最重要的职责。"从夫"还有对丈夫忠诚不贰,保持贞洁,丈夫死后不事二夫,甚至殉夫。《婚姻法》主张男女权利平等,在家庭中地位平等。提倡夫妻互敬互爱、互相帮助、和睦相处、团结劳动,将夫妻互相扶养,生产抚育子女,视为男女双方共同的责任。平等与互助取代了主从和单方面的照顾。法律上的规定反映出两性关系的变化方向。

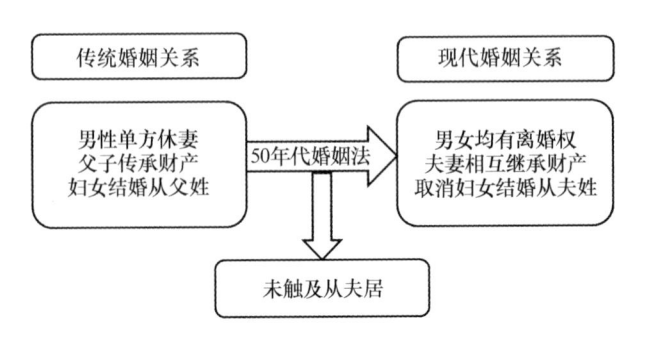

图 5-4 主从关系走向平等的趋势

(三) 明确了夫妻之间的继承关系

家庭内部的财产继承调整为从父子继承转向夫妻优先继承。《礼记·郊特牲》中规定:"妇人,从人者也:幼从父兄,嫁从夫。"这里的"从"就是"从其教令",也就是凡事由父、夫、子做主的意思。对于寡妇来说,"从子"就是"从夫"的延伸,她不但要守节不嫁,还要含辛茹苦地抚养儿子长大,对作为一家之长的儿子遵从,重大事情由儿子做主。这一切在《婚姻法》中做了重新规定,男女双方对于家庭财产有平等的所有权与处理权,夫妻有互相继承遗产的权利。在改变男主女从方面,《婚姻法》又做出一项规定,夫妻有各自使用自己姓名的权利,《婚姻法》在结婚年龄上规定男 20 岁、女 18 岁始得结婚,结婚需男女双方亲自到所在地人民政府登记。由于婚姻登记制度的实施,强制性改变了妇女结婚随夫姓的做法,由此,妇女有了自己的名字,不再是张王氏、赵李氏,结束了中国妇女没有自己名字的历史,从夫姓的制度得到彻底改变。

然而，需要指出的是，在土地分配中一再涉及的婚姻居住地，在《婚姻法》中一直没有涉及，就是说阶级的革命没有触及从夫居这一父权制的根基。

三 土地集体所有制的建立

我国农村的集体所有制包括耕地和宅基地两项内容。耕地制度的变化，主要产生于1953年到1956年，此前，农村耕地是私有制，家家户户有土地证；此后，土地逐渐收归集体所有。宅基地的集体所有几乎推迟了10年，1962年之后宅基地的所有权归集体，宅基地使用权归家庭。由此，农村进入由国家控制的农村集体经济所有制时期。与此同时，妇女开始全面进入农村经济和社会生活，但是，父权制的宅基地分配和婚居模式变化十分有限。

（一）耕地的集体所有制过程

集体经济所有制的建立，是从组建农业合作社开始的，先是组织初级合作社，进而发展到高级合作社。初级合作社亦称土地合作社，简称初级社，它建立在生产资料私有制基础上，社员将土地作价入股，统一经营；耕畜与大中型农机具等生产资料归社统一使用；社员参加社内劳动。高级农业生产合作社简称高级社。它实现了土地等主要生产资料的公有和社员个人消费品的按劳分配。社员私有的土地无代价地转为集体所有；社员私有的耕畜、大中型农机具则按合理价格由社收买，作为集体财产。

中国共产党领导农民组织农业社，是在中华人民共和国建立以后。1950年只有19个农业生产合作社，其中初级社18个、高级社1个。1951年年底发展到130个，其中初级社129个、高级社1个。两年后，到1953年12月16日中国共产党中央发布《关于农业生产合作社决议》的时候，农业生产合作社已经发展到1.5万多个，其中初级社1.5万个、高级社15个。1954年，农业社发展到11.4万多个，其中初级社11.4万个、高级社200个。

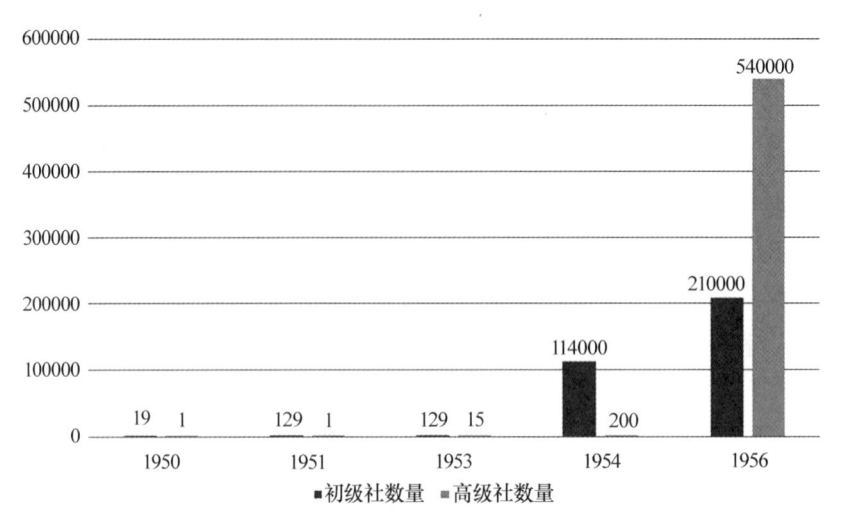

图 5-5 初级社和高级社的发展数量

资料来源：顾秀莲主编：《20 世纪中国妇女运动史》，中国妇女出版社 2008 年版，第 82 页。

1955 年 7 月以后，依靠政府的强制力量，农业生产合作社迅速发展，大量的初级社转为高级社，许多互助组和农民直接并入高级社。到 1956 年年底，农业生产合作社发展到 75 万个，其中初级社 21 万个、高级社 54 万个。参加高级社的农户占全国总农户的 88%，标志着中国农村在生产资料所有制方面的社会主义改造基本完成。集体所有制的建立带来一系列变化。

（二）土地所有权与工分制

私有制转变为集体所有制，这在中国土地制度历史上是开先河的。此前，中国历史上也有公有制，那是皇权所有，叫作普天之下莫非王土。土地集体所有制的建立，使得家族经济失去了存活的土壤，没有了耕地，也就失去成为大地主的可能性，家族经济势力失去生存的空间。与此同时，农民在土地改革中获得的土地证迅速成为过去时，妇女土地权问题，如婚姻对妇女土地的影响，尚未展开就随之结束。此时，不再存在妇女土地权引起的纠纷。

农民与生产资料——土地出现了分离。当土地归集体所有之后，农民与土地分离开来，作为劳动力加入合作社成为社员，社员只是参加集体生产劳动，依据劳动计算工分。社员与土地处于游离状态，妇女结婚出嫁只是个人变换集体经济组织，从一个集体转到另一个集体，继续劳动计算工分，并不牵扯到土地。所以，在集体经济所有制时期，不存在妇女土地权益的矛盾。

（三）农村妇女高比例进入农业生产领域

如果说在历史上妇女始终是农业的辅助劳动力，那么到了1958年，农村妇女绝大多数都参与了生产劳动，成为农业主要劳动力之一。

农村妇女大规模参加农业生产，首先要以户为单位加入农业合作社。据统计，1956年山东全省96.15%的农户参加了农业合作社，其中84.21%的农户参加了高级社。在这些农户中，妇女参加生产劳动的出勤率达到60%—80%。1955年河南省参加农业生产合作社的农户中有75%—90%的妇女参加了各种农业活动，还有一批妇女担任了合作社的技术员、会计、记工员。截至1956年5月底，全国加入农业合作社的农户已经达到1.1亿多户，占全国总农户的91.2%，其中有1.2亿以上的妇女参加了农业合作社[①]。

图5-6　农村妇女参加农业生产劳动

[①] 顾秀莲主编：《20世纪中国妇女运动史》中卷，中国妇女出版社2008年版，第84页。

妇女与男子同样在大田里劳作，在劳动中反映出来的突出问题，是男女劳动不能同工同酬，工分的计算不是依据每个人的劳动量，而是划分为男女，普遍规定为男高女低。周山村的妇女回忆说："解放前，地里的活儿以男劳力为主，妇女做点小活儿（摘棉花、割麦、掰蜀黍）。从互助组转初级社，妇女就开始下地；1958年人民公社，妇女更成了主要劳动力。可是，男劳力干一天10个工分，女的只给7分，不公平，妇女们其实一点也不少干。而且，妇女回家还要做饭洗衣照顾一家人。"①

四 宅基地的两权分离与分配原则

值得关注的是，耕地与宅基地的所有制改变是不同步的。1956年当耕地和大型农具归集体之后，同年6月全国人大通过的《高级农业生产合作社示范章程》对宅基地等作出规定："社员原有的坟地、房屋地基不入社。社员新修房屋需用的地基和需用的坟地由合作社统筹解决，在必要的时候，合作社可以申请乡人民委员会协助解决。"②就是说，在农业合作化过程中，农民的房屋和宅基地所有权没有改变，仍然归农民个人所有。不过，这种情况并未持续多久，就迅速出现了变化。

（一）宅基地的两权分离

1962年之后，农村宅基地开始出现两权分离，所有权归生产队集体所有，农民只保留宅基地使用权，国家承认农民对宅基地的长期占有和使用。农民的宅基地所有权无偿地被集体抽走，而没有进行相应的补偿。由此，宅基地的获得也发生改变，不再是家庭家族内部分配，而是由集体经济组织予以分配，这是宅基地分配主体的一个重大改变。

---

① 引自于河南社区教育研究中心2015年到周山村调查的村史资料。
② 《高级农业生产合作社示范章程》，载中国人大网·文献资料数据库：http://www.npc.gov.cn/wxzl/wxzl/2000-12/10/content_4304.htm。

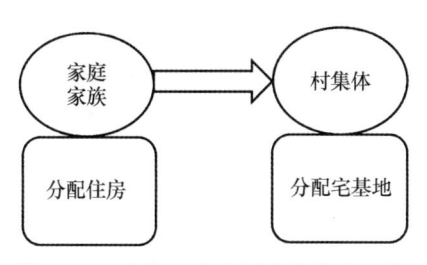

图 5-7　宅基地的分配主体发生变化

很有意思的是，这一分配并未像土地分配那样，政府特别强调妇女宅基地权，也未大张旗鼓地进行宣传和倡导，而是一股脑儿地将分配权交给了社员大会。1963年3月20日发布的《中共中央关于各地对社员宅基地问题作一些补充规定的通知》规定："社员需建新房又没有宅基地时，由本户申请，经社员大会讨论同意，由生产队统一规划，帮助解决。社员不能借口修建房屋，以随便扩大墙院、扩大宅基地来侵占集体耕地，已经扩大侵占的必须退出。"由此，集体经济组织拥有了宅基地的分配权。这是一项十分重要的权力，但是，中央政府以及地方政府并未就如何保障社员的该项权利，特别是农村妇女如何保障其权利做出明确规定。于是，各个地区各个集体经济组织各行其是，基本上对于男性社员的申请无一例外可以批准，因为把男性作为世居者；对于妇女申请采取两种做法。

（二）集体经济组织的两种做法

一种是变革传统，不分男女结婚都可以申请宅基地。无论是河南有名的南街村，还是江西的梅湾村；无论是江苏南部的农村，还是长江流域的宜昌地区，都出现了允许男到女家的现象。愿意在女方家居住，就由女方家庭向生产队提出申请，生产队同意后分发宅基地，个人可以建新房。这意味着女儿女婿也可以为父母养老，极大地冲击着父权制的根基。

在江西的梅湾村，在20世纪70年代就出现招郎上门的气象，到了2007年，在138家中，就有49户招郎上门，占36%。为了保障上门女婿为女方父母养老，很多家庭与女婿签订契约。

图 5-8　梅湾村上门女婿手持家庭契约

　　从 20 世纪 90 年代以来，先后有两个上门女婿担任了梅湾村党支部书记，上门女婿开始参政议政，制定村庄分配规则。不过，要看到这种亚文化对于全国来说，属于九牛一毛，凤毛麟角，不足以形成对父权制的全盘冲击。

　　另一种是遵循传统，即依据男娶女嫁的婚嫁模式分配宅基地。在广东的佛山地区，儿子结婚申请宅基地天经地义，社员大会无阻碍地通过，而妇女提出招婿上门的请求，则立即遭到村干部的拒绝：妇女结婚就得嫁出去，怎么能申请宅基地？妇女要想打破单一的从夫居，过不了社员大会这一关。妇女想结婚留下来，只能依靠自己家解决住处，与集体宅基地分配无关。妇女遭遇到的宅基地解决难，往往得不到大多数村民的认可，从集体分配转为家庭私事。无论妇女为集体作出多大贡献，也不能动摇妇女从夫居的老规矩。对于从夫居的认同常常是自觉的，而且是不被察觉的。

　　山西大寨大队 1963 年经历了一场严重的自然灾害，为了生产自救，生产大队组织了青年突击队，年仅 14 岁的郭凤莲担任女子突击队队长，后来叫铁姑娘队队长，带领 22 岁以下的年轻女性在石头上担石挑土，可谓风生水起，名震全国。1969 年，郭凤莲和城里的工人恋爱，遭到村书记陈永贵的反对，在村书记看来，铁姑娘要扎根农村，不能跑到城里去，最后做主强迫郭凤莲嫁给村里一位年轻退伍军人。在这里，陈永贵秉持着一种十分古老的观念，姑娘结婚就等于出嫁，就等于离开农村，男娶女嫁天经地义。根本都不敢想打破传统：能不能男到女家？能不能将城里人迎娶到农村？对于从夫居的自觉认同，本身就成为改变从夫居的一道无形屏障。

周山村的宅基地，即便在"文化大革命"时期，也是只分男不分女，只要是男孩，到了结婚立户的时候，都可以分一处宅基地，女儿必须出嫁，宅基地没份。于是，在农村呈现出的是两种平行的轨迹：一条轨迹是，妇女参与经济了，参与社会生活了，从家庭走向社会；一条轨迹是，绝大多数村庄的从夫居结构几乎没有发生变化，依然按照历史传统的轨迹运行。这就是大多数农村面临的现实，妇女在经济上战天斗地，在婚居模式上依然如故。

（三）社会主义集体化与父权制的关系

社会主义集体化阶段可以分为两个阶段：第一阶段是1953年至1966年，即集体化建立和巩固时期，这一阶段乡村社会的风俗和习惯，依然保留着旧有的风俗，如有祠堂、有家谱。不过，也有旧瓶装新酒的现象。例如，祠堂的功能在扩展，有的老祠堂开办了扫盲班，在新型合作医疗时，建起卫生所。第二阶段是1966年到1976年。此时，在全国范围包括乡村搞起破旧立新的移风易俗风暴，可以说，第一次从文化层面触动了千百年形成的民风民俗。

砸祠堂烧家谱，是乡村社会中一次摧枯拉朽式的文化扫荡。它主要的手段是摧毁和破坏，烧毁了传承父系的家谱族谱，砸烂了祭拜祖先的宗族祠堂，但是却没有击中父权制的要害，即父姓制。

此外，婚丧嫁娶的乡村风俗也出现极大的变化，旧式的繁文缛节和铺张浪费消失了，婚俗变得节俭了，还带有主流意识形态的色彩。农村的老人们谈起当年的婚礼，最大的感受是节俭，没有经济压力。过去，接新媳妇要抬花轿，现在新郎要走路去接。过去，娘家要有大量的陪嫁，现在陪送的是《毛主席语录》，以及农用工具，强调劳动观念。但是，男娶女嫁的婚居模式依然如故。妇女作为嫁出去的女儿、泼出去的水，没有改变。

从20世纪70年代开始，国外的女性主义学者从人类学和社会学的视角审视中国社会主义革命和妇女解放的关系时，深刻地指出，在中国社会主义制度下尚存着父权制。诺玛·戴蒙德在分析集体化家族与中国农村妇女的地位时，首先提出不能把中国妇女仍然处于从属地位，归咎于传统封建意识残余，而应从中国农村社会组织结构上找原因，她指出农村集体化组织形式未能改变传统的家族权力结构，尤其是女嫁男方的婚姻形式继续存在，这是父权制在中国社会主义制度下再生的重要原因。1983年问世的基·安·约翰逊的《中国妇女家庭与农民革命》，菲利斯·安多斯的《未完成的中国妇女解放》，以及朱迪斯·斯泰西的《中国的父权制与社会主义革命》都认为中国革命没有打破父权的家庭制度。[①] 父权制的延续，又给土地承包剥夺妇女村民资格以及一系列妇女权益埋下了隐患。

---

① 金一虹：《父权的式微》，四川人民出版社2000年版，第340页。

第三单元
社会与国家的消极互动

城镇化进程中的性别分层加剧,从根本上说,源于社会与国家的消极互动。从社会一端来看,乡村社会依然保留着家庭父权制,在性别文化上依然认同女性的依附性与从属性,在家庭与社区集体分配层面,排斥男女具有同等合法资格并享有同等分配权利。从国家一端来看,政府在性别问题上不敏感,进而在管理职责上缺位,未能履行依法纠错的职责;司法部门不受理相关投诉,司法防线不能发挥应有的作用;立法部门不能及时回应社会性别需求,制定相应的立法规定。

第六章　社会一端：集体父权制的成因与运作

1980年以来，中国进入改革开放新的历史阶段，农村率先搞起土地联产承包，随后拓展到城市企业。此时，市场渐渐出现，利益得到承认，社会逐步兴起，村民走向自治。与此同时，集体父权制渐渐抬头，传统文化习俗日益兴盛，家庭父权制渐渐演变为集体父权制，村组制定的性别分层的运作机制基本形成。

一　乡村经济与文化的双重转向

农村土地联产承包制的确立，标志着乡村发展的方向发生改变，从强调土地的社会公平——男女老少平均享有，转向注重经济效益。这一转变，对于我国的乡村社会的走向、性别分层的扩大产生重大影响。

（一）政府的拉力遭到严重削弱

应当看到，20世纪80年代的土地承包制度的改革，更为重视土地的经济属性，渐渐忽视土地的社会属性。土地至少有两种属性：一种是社会属性，一种是经济属性。所谓土地的社会属性，指的就是强调其阶级、性别、年龄之间的公平性。马克思主义关注无产阶级的命运，中国共产党进行土地革命实行不分男女老少的均田制，中华人民共和国建立土地集体所有制，都是强调其均有与共享。所谓的经济属性，注重的是挖掘土地的经济效益，调动人们参与生产的积极性和主动性，创造更多的财富。

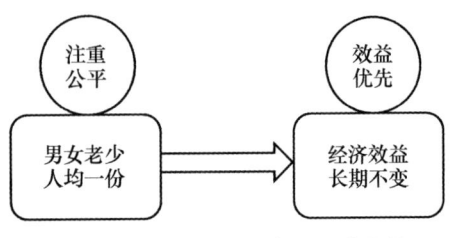

图 6-1 从社会价值走向经济价值

20世纪50年代以后的集体所有制——人民公社——生产大队，主要关注土地的公平性，忽略土地的经济价值，忽视如何发挥农民的积极性。1980年，在农村率先推进土地承包的经济体制改革，一个重要的目标就是纠正过去的偏颇，将土地交还给农民，发掘土地的经济价值，充分调动家家户户的生产积极性。注重土地的经济效益，几乎成为1980年以来的主流价值。家庭土地承包后，中央提出的土地承包15年不变，以及承包期延长到30年不变，都是基于稳定农民对土地长期投入的考虑，如果土地频繁调整，就会导致生产者的短期行为，同样是基于经济效益形成的政策思路。此外，在设计未来农业的蓝图时，即从一家一户的小农经济走向现代农业，走向规模化专业化，目的自然是要获得更大的经济效益。为了经济上的回报，中央提出所有权归集体，承包权归农户，经营权归生产者个人，土地可以流转给生产者大户。经济的价值要不要考虑？当然要，集体化时期不考虑效率，严重挫伤农民积极性，使得国民经济几近崩溃。但是，不能顾此失彼，在强调土地的经济价值的同时，不能忽视土地的公平性，需要兼顾家庭成员个体的土地权。顾此失彼的结果是，政府一味强调经济效益，就会忽视家庭内部的利益公平分配，削弱性别平等。

这种削弱表现在两个方面：一是政府不能针对现实生活中女性的经济诉求予以及时回应，制定有效可行的政策，遏制性别不平等的现象，不能像早期分地时旗帜鲜明地维护妇女土地权益，容易向父权制作出妥协与让步。二是将涉及集体资源的分配权彻底交给村集体或村委会，将20世纪60年代宅基地分配的做法推及当下分配的各个方面，要求村干部根据村民自治的规定来决定村集体资源的分配，无限制地扩大了村集体的权力。在这里,决策者无视乡村社会父权制的存在,无视民间社会对于女性身份的排斥,无视父权制的主干结构尚未改变,即妇女从夫居依然是乡村社会的生活方式。

(二) 父权制文化重新复活

1980年9月,第五届全国人大第三次会议通过了修改的《婚姻法》,其中两项内容引人注目。一是规定了婚居自由。第八条规定,登记结婚后,根据男女双方约定,女方可以成为男方家庭的成员,男方也可以成为女方家庭的成员。二是规定了姓氏的自主选择。第十六条规定,子女可以随父姓,也可以随母姓。这可以说是继1950年《婚姻法》的男女平等继承财产之后,对男娶女嫁的婚居模式和父姓制的根本性颠覆。由强制性的单一规定,走向双向的自主选择,可以说是对父权制的彻底挑战,对于家庭与婚姻关系的调整具有深远意义。

不过,遗憾的是,新修订的《婚姻法》没有大力进行社会倡导,它的精神、它的内涵、它的意义只是搁置在书架上,而没有在社会上广泛传播。父权制建构的文化并没有改变,随着改革开放,社会环境的宽松,渐渐复活并活跃在乡村社会之中。

1. 修祠堂重新盛行

20世纪90年代以后,在我国华北华南华东一带出现了大量的新祠堂。

图6-2 南方农村依然保留的祠堂

不少大姓都争先恐后修建祠堂，很多祠堂都是家族内部成员按照财务公开透明的原则集资修建的，不少退休村干部找人谋划设计，有些将废弃的小学校改为祠堂，有些在村庄空地上建起祠堂。祠堂形式各异，有的仿古，庄重严肃；有的张扬，富丽堂皇，金光灿灿。2016年，我们在湖北的黄梅和嘉鱼县、安徽的长丰县和广西的宾阳县等6个县，针对祠堂修建做了调查，发现祠堂修建在各个县的村庄比例均超过60%。

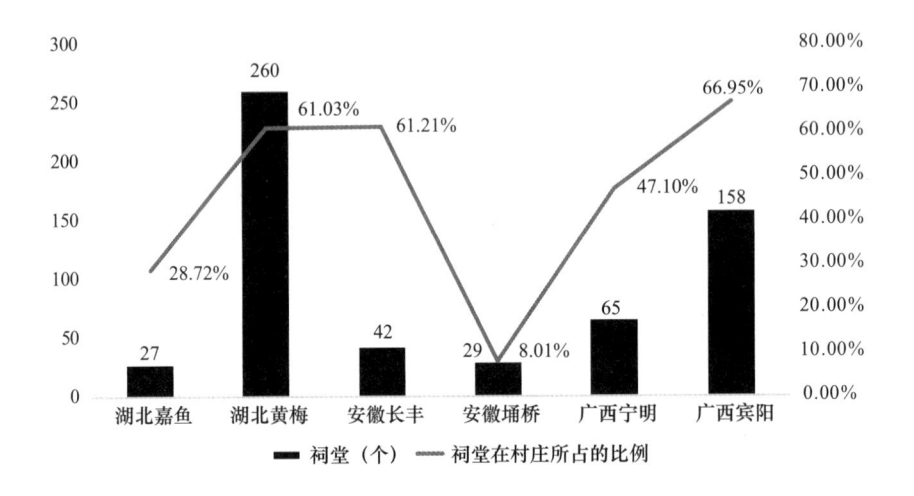

图6-3 在南部六县农村祠堂修建情况

祠堂的出现说明，乡村的家族有一定的凝聚力，同时，祠堂也强化了父系祖宗的重要性，没有儿子就没有办法形成父系，所以，儿子是繁衍必需的。此外，男女对祠堂这个公共空间的占有和使用是非常不同的，如除夕晚上男人可以使用祠堂，但女人就不可以。大年初一的时候，男孩可以作为祠堂活动的重要主体，而女孩就不可以。祠堂的这种排斥，不仅区分性别差异，更突出男性的主体地位。

在湖北、安徽和广西，不少家庭都摆有神龛。神龛指的是家中摆放祖先的牌位。这种方式花钱少，还可以经常祭拜祖先。在黄梅县等汉族地区，神龛放在一进门的厅房里，在宁明县壮族地区则放在楼上最高的地方，用来祭拜祖先。这里的祖先全部都是父系祖先，在各种节日祭拜祖先已经成为风俗。

图6-4 广西宁明县村民家庭中的神龛

2. 续家谱和族谱

在弘扬中国传统优秀文化的氛围下，家谱族谱成为新时尚被推崇。这成为歧视女性的又一个标志性行为。在广西宾阳县的南街社区和新模村，女儿是不能写进家谱的，因为女儿要嫁出去，没有儿子的才把女儿写进族谱。有的媳妇可写进族谱，因为媳妇为男性添丁生子、延续香火。湖北项目地的村民介绍，虽然有的家谱从清末就陆陆续续有女儿加入，但女儿只有本人的名字和基本情况介绍，而没有对其子女的介绍。更重要的是，女儿的名字即便写进去，也无法延续，因为女儿不能传姓氏，即便《婚姻法》上有规定，也不被民众接受。

在6个县的调查中，绝大多数的村民都认为孩子要跟父姓，因为女方娘家会有兄弟家的孩子，即便孩子跟随母亲姓氏，也不被认为是舅父家族的后代。子女随父姓的认同度在所有选项中认同度最高，基本都在90%。

即使是上门女婿中，也有少数孩子随父亲的姓氏。一位纯女户的女性家长对自己女儿的希望是，"无论男女，也没有想过随自己家姓，

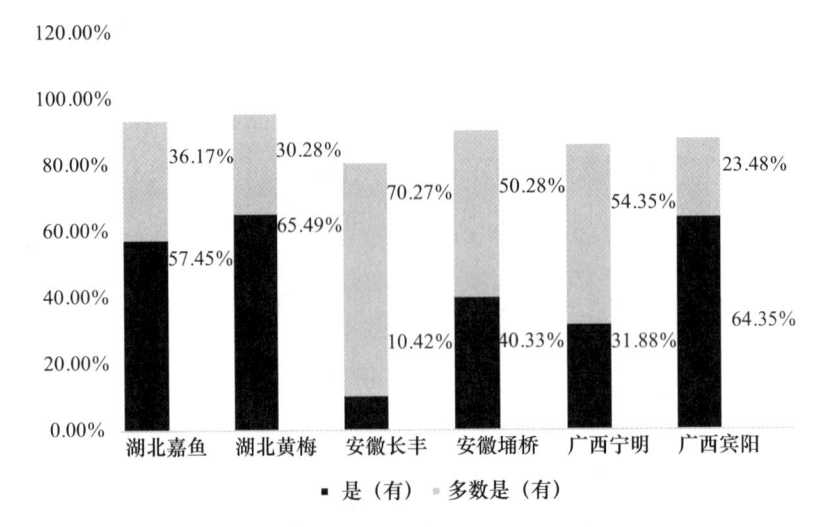

图 6-5 子女只随父姓认同度

毕竟一直以来都是随父亲姓的，别人家的孩子娶自己女儿也是希望孩子随父亲姓，进行传宗接代，不太想闹出更多矛盾"。在广西走访的村庄中，不论是壮族还是汉族，村民都认为孩子要跟随父姓。

3. 妇女从夫居被普遍认可

各个地区的婚礼仪式细节上差别不小，但是男娶女嫁却惊人一致，不论是汉民族还是少数民族。男娶女嫁是一种强制性的婚居模式，即女方结婚一定要居住在男方家，而不能留在娘家，女方要为男方父母养老送终、生儿育女。这种婚居模式的生命力更多地来自村民内心对此的认同。从调查的情况来看，女孩结婚后必须住到婆家的认同度普遍在78%以上。其中，黄梅县高达90%，宾阳县达到89%，埔桥区达到84%。

根据调研情况来看，汉族更讲究男女有别，男娶女嫁渗透进每一个细节，从定亲到迎娶，男方家要花掉更多的钱，女方家则是要钱的。现在年轻人在外打工，自己相识相恋的多起来。在广西，以壮族为主的乡村里，一般是媒婆、亲戚介绍，男女双方互相满意后，进行定亲。两三个亲戚陪同男方到女方家，男方准备两只鸡、稻米、酒水、糖果等礼品。定亲一两年后，男方才能到女方家提亲。中途觉得

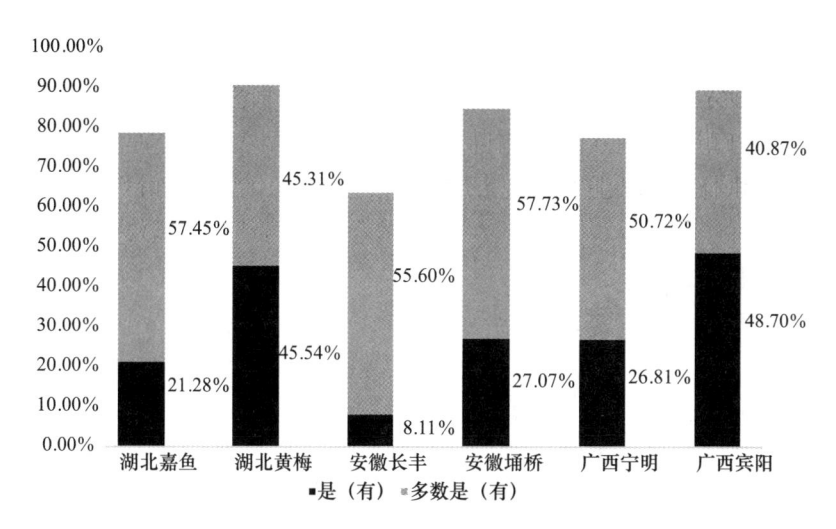

图 6-6 女孩结婚必须住到婆家的认同度

不合适，女方需将礼品折现还于男方。上门女婿则是相反，是女方到男方家去提亲、定亲，但这种情况寥寥无几。客家人居多的乡村，结婚时女儿要哭嫁，哭诉对父母的感恩之情，哭拜兄弟照顾父母，结婚对于女儿意味着离开父母。总之，男性结婚要娶妻，女性结婚要嫁人，男娶女嫁的婚居模式始终没变。

（三）家庭父权制与集体父权制的同构性

人们可能会问：你所说的都是家庭父权制，与集体父权制有何关系？应当说，家庭父权制与集体父权制是同构的，它们在逻辑上是相通的。

从家庭来看，儿女长大了之后都是要结婚的，但是女儿结婚必须是外嫁，要嫁到男方家里去，而儿子结婚则是娶妻，这是最基本的家庭规则之一，男娶女嫁。男娶女嫁的家庭规则推延到村庄，就会瓦解和动摇依据出生确定身份的政策，而转向强调婚姻与居住地。这里的婚姻居住地不是依据实际的婚居地确认，而是依据应当住到哪里来确认，其思维模式是男人应当结婚留在村庄，而女儿必须嫁出离开村庄。再看第二个规则，儿子和女儿的身份认定。在家庭中儿子的身份是不变的，是永远的自家人，女儿一结婚就成了亲戚，身份发生了改变。这一家庭身份的认定推延到村庄，就意味着儿子是永久的村民，其村民身份是不会变化的，儿子属于世居者。这种认知一旦形成，就会对村庄流动产生的身份变化熟视无睹，会放大男女性别的差距，将女儿家庭身份随着婚姻而变化，等同于村民资格的自然改变，即从村里人转化为外村人。身份改变引申出第三个规则，财产继承。从家庭来看，儿子作为自家人当然要继承财产，还可以延及子孙，而已经成为外人的女儿是没有资格继承家庭财产的。这一逻辑推演到村庄，就是以儿子为中心分配集体资源，女儿排除在集体资源分配之外。而儿子为中心，不单是儿子，包括他的妻子和孩子也都可以享有。

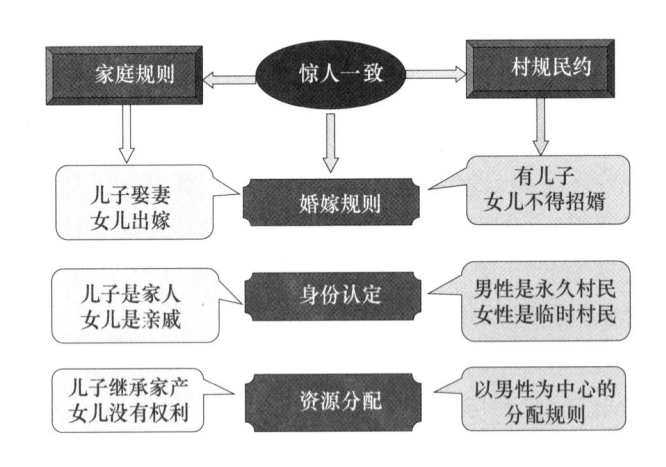

图 6-7 家庭父权制与集体父权制的联系

上述三个规则遵循的一个核心的原则是男性中心，男性的身份是由他的家庭来确认的，而女性的身份是由丈夫确认的，通俗地说是嫁鸡随鸡，嫁狗随狗，丈夫在哪里，妻子就属于哪里。丈夫拥有什么样的身份，妻子就会拥有什么样的身份。总之，男主女从，如果反其道而行之，就会陷入困境。例如，结婚没有从夫居要留在娘家村，妇女出嫁之后离异丧偶，以独立个体的身份在村庄生活，村民身份就会受到质疑乃至取缔。

这种男主女从的规则是怎样进入村集体分配方案当中去的？这就

需要考察集体分配规则的形成过程与运作机制。

二 制定过程：集体父权制的进入

集体分配规则，通常是在有了利益分配的时候才受到重视，要征地拆迁，有了补偿款，或者获得新的可分配房屋，要改为股份制，确认股民资格，等等，与城镇化进程密切相关，此时土地等形成巨大的经济利益，需要进行利益的分配。通常有两种分配形式，一是由村组干部决定分配方案，二是由村民代表或村民会议决定分配方案。

（一）村组干部决定分配方案

村组干部包括村党支部、村委会和村民小组长。2000年以前，也就是村庄村民自治以前，村庄事务更多是由党支部和村委会决定的。村干部的权力很大，对于村庄的资源分配起着决定性作用。换句话说，要想对村庄的分配方案施加影响，就要成为班子成员，进入村庄决策层。政治学者弗雷泽认为，政治是有边界的，分为圈内和圈外，圈内参与者的倾向和诉求会直接影响分配方案的走向。

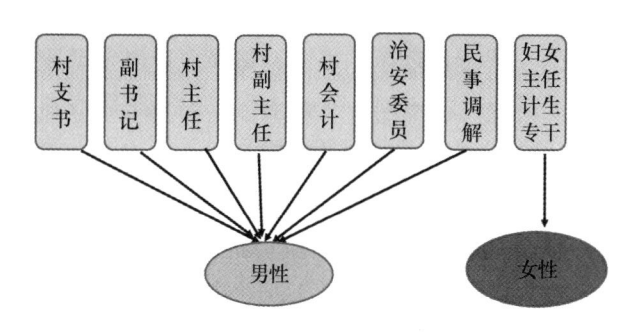

图6-8 村干部的性别结构

首先，我们分析一下现有村组干部的结构。通常，党支部和村委会加在一起，可以达到7—9人，村支书和村主任99%都是男性，村经济工作、治安工作几乎也都是由男性负责。只有一个妇女主任兼计生专干是女性（甚至这个女性色彩极浓的职务也有个别地区由男性担任）。村组长基本上是清一色的男性。以吉林省梨树县为例，336个村2300个自然村的村民小组长中没有一个是女的。所以，在村庄权力的性别结构中，依然是男性为主，女性则是缺席状态，妇女的性别诉求很难影响到村庄政治。

其次，再看一看党员的性别结构。党员通常要对村规民约或者分配方案进行审议。所以，成为党员就有了审议资格。在农村的党员当中女性的比例又是相当低的。以吉林省梨树县孤榆树村为例，44名党员中女党员仅有2名。江苏溧阳县大力培养女党员，结果2000年女党员占整个党员的比例还是只有8.8%。女党员寥寥无几，年轻的女党员发展的速度相当缓慢，在村庄一般只有3%—5%，女性党员比例过低，其后果是女性对于村庄规则难以发生影响。

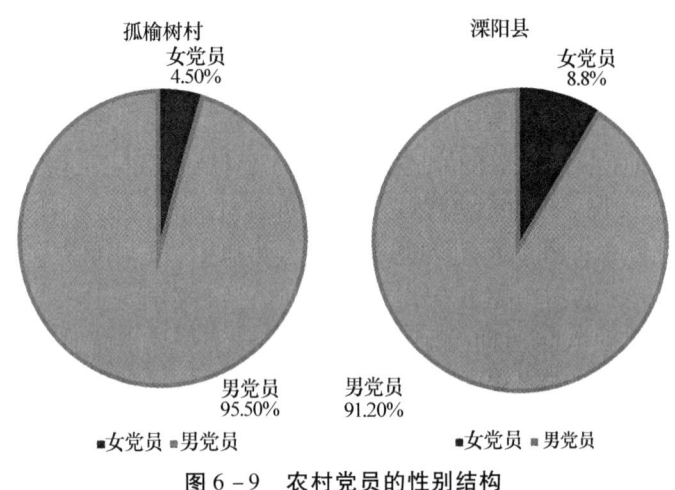

图6-9 农村党员的性别结构

为什么女党员少？通常，会认为妇女对入党不感兴趣，过于关注妇女的个人因素，而常常忽视了环境因素，忽视了村党支部对妇女申请入党的态度。

西宁城西区路家庄村2006年制定村规民约，村规民约一定要通过党员会议审议。出嫁女说："我们好多是团员，我们也上过学，我们都想入党，可是从来没有一个出嫁女入过党，党员是要参加党代会，有表决权，村里不让我们入党。我们去村里问，村书记说，你们不合格，或者直接说申请书弄丢了。村里的女党员和女干部全部是嫁进来的媳妇，出嫁女无一人在村中任职。"会上，书记说："嫁出去的姑娘，泼出去的水，这个口子不能开，开了，你们姑娘们闹起来没完没了了。"

当维权妇女集体缺席的时候，就会形成村干部一权独大的格局，无须考虑妇女的诉求，完全根据掌权者的意志来决定。

应当说，在村庄政治中，制定规则的圈内人并非铁板一块。其中，有以权谋私的村干部，通过贿选进入村班子，以公权之名谋一己之私，千方百计将自己利益最大化。也有公道正派的"一把手"，奉行的原则就是，当了村干部就要为老百姓谋利益，光明正大，敢于担当，有思路、有想法、有远见，在没路的地方蹚出一条路，将穷村变富村，深受村民爱戴。但是，在要不要让婚嫁妇女享有村民待遇方面，这些不同类型的村干部的想法却惊人的一致：按照男娶女嫁的老规矩办。祖祖辈辈都是这样的老规矩，女人不要和男人争资源，男人是根，女人不是根。

2012年3月，河南郸城某村召开村干部住房分配会议，这个村子的土地已经被征用，房子也要拆迁，届时每个村民可以免费得到40平方米的住房，至于谁有资格分到住房，就由村两委、村民小组长提出分配草案。参加讨论的只有一个妇女主任，其他都是男性干部。

讨论中，几乎没有人关注已经在体制内享有稳定收入的公务人员还能不能参与分配，他们户口在村里，而人不在村里的人，所有的目光都指向已婚和离异的妇女。不少人强调：已婚的女儿即便留在村里也不可以享有村民待遇，纯女户只能有一个女儿招婿，以免打架。有儿有女户的女儿就不要再招婿了，男孩女孩都留下来宅基地不够。也有的提出离婚留在村里的媳妇也不能给，媳妇离婚了就失去村民资格。总之，经过讨论，所有的儿子儿媳及其子女都理所当然享有村民待遇，而离异、丧偶和招婿上门的妇女通通出局，理由很简单：女儿不能跑到娘家村争资源，不能破了老规矩，要不就乱套了。如果媳妇和女儿只进不出，村庄人口就会膨胀，人地就会发生冲突。

于是，在女性集体缺席的情况下，一份漠视女性权利的分配草案形成了，集体父权制成为集体资源分配的核心内容。伴随分配方案的形成，父权制就渐渐从家庭父权制转化成集体父权制。

（二）村民决定或村民代表决定

事关村民利益的事项由村民表决或村民会议表决，这是《村民委员会组织法》1998年颁布之后形成的一种新型村庄决策办法。在这里，村干部的权力受到削弱，村民的权力加大乃至发挥决定性作用。特别是，当坚守父权规则的村干部和婚嫁妇女的矛盾尖锐时，地方政府将村民表决作为解决矛盾的撒手锏，作为村民自治的关键环节。由此，村庄展开了两种力量的较量与博弈。

一种力量就是土地权益被剥夺的妇女（简称农嫁女），这些妇女并不认同与村民争资源的说法。她们认为，作为村民本来就有自己的一份地，证书上有名字可查。土地被征用了，就应当给征地补偿款，合情合理，谈不上抢资源。属于自己的资源被村庄无偿拿走才是抢资源呢。正是在反复的争论中，这些妇女懂得了什么是权利，懂得了什么是法律，懂得了权利是受到法律保护的，法律成为她们的最大维权后盾。

维权的农嫁女大多生活在近郊农村，这里的经济条件颇有吸引力，女儿们不愿意离开生于斯、长于斯的村庄，期望与自己的兄弟一样可以在娘家村做永久的村民。在她们看来，女儿也可以不必出嫁，不是泼出去的水，不必定遵从传统而行动，可以自主地选择结婚居住地，也可以为父母养老送终，还应该平等享有村民待遇。经过律师的指点，她们看到自己的诉求是合法的，她们开始理直气壮地找到村组干部，提出合法诉求。

当被剥夺权利的妇女向村组干部提出诉求时，就如同在平静的水面上扔了一块巨石，卷起一层层巨浪。这种诉求似乎引爆了一颗定时炸弹，触了众怒，遭到村民的谩骂攻击。被剥夺权利的妇女在村庄里孤立无援，只有极少数人表示同情，还不敢公开支持，甚至连农嫁女的父母哥嫂都站到了对立面，责备其大逆不道。她们发现，妇女维权是没有退路的，不是进就是死。这些妇女与村民相比在数量上属于极少数，没有发言权，甚至连知情权都没有，处境相当恶劣。

另一种力量，是父权分配制度的支持者。这种力量由于得到村民自治的庇护，变得越来越理直气壮。这一力量还可以分为两类：第一类是固守观念的人，他们对于男娶女嫁的传统深信不疑，对于反叛行为都视为不正常，无论是对于亲属还是非亲属一视同仁，哪怕是自己的女儿也绝不姑息。只要有机会就会发表意见，旗帜鲜明，立场坚定。这类人岁数比较大，资历比较深。第二类是掌握着村庄权力的人，他们将婚嫁规则与集体利益叠加在一起。他们在主张自己的观点时通常会算两笔账：第一笔账，倘若男的娶媳、女的招婿，就会将集体资源摊薄，将出嫁女排斥在外，就可以减少村庄集体资源的支出。第二笔账，按照全人口上报人口和土地，从政府那里获得足额的征地补偿款。到了分配时，将出嫁女及其子女排斥在外，就可以将这些人的补偿金转移使用。

因为掌握着村庄管理的权力，他们就可以通过会议组织、领导讲话引导、村庄奖励惩罚、入户说服动员等措施，使得中间力量向反对力量靠拢，从而达到多数人反对出嫁女享有村民待遇的目的。

2005年，西宁某村全体村民对本村长期居住的出嫁女进行表决，是否同意给予征地补偿款和回迁房。会议前一天晚上，村干部雇的青年敲着锣沿街叫喊通知："明天上午9点开会啦，进行表决。谁同意给出嫁女就打死谁。"第二天上午，会议开始，村民陆陆续续来到会场，先是区领导讲话，"馒头是一个人吃得多，还是掰成两半吃得多，这是傻子都知道的道理"，在这里，领导的讲话很巧妙，将投票与自身利益叠加在一起，出嫁女参与分配，就会减少村民的利益，争取更多的反对者。然后，用一根红绳放在中间，村干部宣布：凡是不同意给出嫁女分钱分房的站左边，马上签字，立即奖励5块钱；凡是同意给出嫁女分房分钱的站右边，一分钱不给。利益导向是成功的，绝大多数村民都在反对出嫁女享有村民同等待遇上签字,只有6位出嫁女的母亲支持自己的女儿。

6月1日,镇妇联主席去二队主持调解会议。会前一日,队长及副队长鼓动、教唆群众做好准备,打击谩骂出嫁女,并扬言:"谁同意给出嫁女分,就不给分你们的钱。"会上,妇联主席还未把有关文件和政策法规宣读完,场面就开始乱了,村民指着她骂道:"你算什么东西,干吗不把你的工资分给她们,反而帮她们回来争我们的钱,她们是嫁出去的闺女、泼出去的水,什么都不给她们。"有的甚至还想厮打与会的出嫁女。当天表决时,一致表决通过:本组所有出嫁女不论户口是否在本组,一律不得参加本组的土地资金财产及各种利益分配。没有村民在"不同意"或"保留个人意见"栏签字。

经过村干部的运作,村民签字表决,父权制集体通过村民会议最终得到确认,女性的权利受到剥夺。

三 集体分配方案(村规民约)的颁布与执行

集体分配方案制定之后,通常以文本的形式公布出来,作为村庄执行分配方案的依据。2014年,我们收集了100份全国各地的村规民约、村级分配方案以及股份合作章程。为什么要收集村规民约和股份合作章程?因为在部分村规民约和股份合作章程中,也涉及村民资格和村民待遇的规定。村规民约具有综合性的特点,不仅包括集体资源分配,也包括村庄管理规则乡风文明等各个方面,所以,在后面的分析中,村规民约与分配方案会交叉使用。

(一)村规民约和集体分配方案的特点

上百份村规民约和集体分配方案有三个共同特点。

第一,分配规则因村组而异,五花八门,可以说一村一策、一组一策。以南方村集体股权为例,有的村完全剥夺了出嫁女的股权资格；有的村给予出嫁女50%的股权；有的村对于打赢官司的出嫁女，给予全部待遇，而对没打官司的出嫁女，只给一半待遇；有的村将农嫁非妇女的待遇全部剥夺；也有的村对于打官司的农嫁非妇女一分不给，不打官司的给予全部待遇；还有的村有关系、有背景的出嫁女就能获得村民待遇……这样便引发不同村的村民产生不公平感和相对剥夺感：同样是嫁城女，为什么在那个村就可以享有村民待遇，在这个村就一无所有？同样是一个政府领导的村委会，为什么同样的身份会产生不一样的待遇？会引发村民对于国家政策的质疑和不信任。有个上门女婿问我们，到底是不是共产党领导的同一个政府，在执行同一个政策？

第二，对村内人群的划分具体而细致，可以说"精准"，绝无半点含糊。在村集体分配方案中，很少像《中华人民共和国妇女权益保障法》（以下简称《妇女权益保障法》）那样，笼统地提妇女，而是按照户籍划分为纯女户，有儿有女户，纯女户还分为独女户、双女户和多女户。村集体在考虑某些妇女的村民资格时，往往要附加很多限制条件，以便达到"精准"。例如，天津ZJ村的土地补偿分配方案对分配人员作出如下界定："本村村民有女无男户，在我村正式办理男到女家落户手续的，男方户口迁入我村，其本人是农业户口的参加分配，两个女孩的只有一个享受。"河南省登封市少林办TG村的村规民约规定："多女户照顾一人男到女家结婚落户，享受本村村民待遇；有儿有女的家庭不能男到女家结婚落户，违约者不享受村民待遇。"在这里，有儿有女户中的女儿，已经被完全排除到分配范围之外。女儿户特别醒目，不过，限制条件特别多，必须精准到纯女户家中的一个女儿。纯女户是专指只有女孩的家庭，这是我国农村审视户籍和家庭的特殊视角，凸显家庭子女的性别。纯女户又分独女户、双女户和多女户，享受村民待遇的只能有一个，哪怕是符合计生政策的双女户也不可以两个女儿共同享有。与纯女户相对应的是儿子户，几乎在所有的村集体分配中，都无任何限制。生育多子是违背计划生育政策的，要缴纳社会扶养金，同时受到处罚。而集体资源分配恰恰鼓励多生儿子，无论多少儿子都毫无疑问地享有村民待遇，不仅他们本人，还包括妻子和子女。

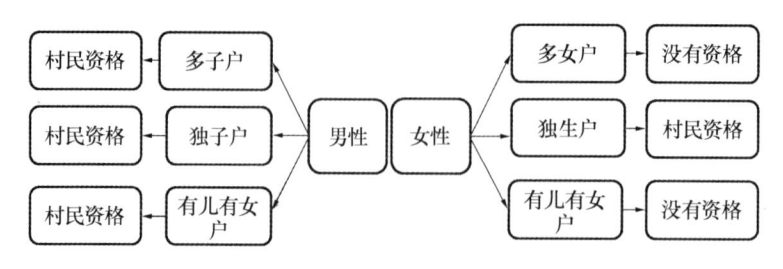

图 6-10 村庄对妇女的"精准"分类

第三，分配方案总是将妇女的村民待遇与婚姻捆绑在一起，不仅限制女儿的村民待遇，还会限制离异、丧偶妇女的待遇。离异妇女包括离异的媳妇和女儿，从父权制规则来看这种妇女的最大特点是两边不靠，既不能留在男方所在村庄，离婚女在丈夫村庄的村民资格自动解除；也不能回到娘家村，因为已经出嫁。由此，陷入身份困境。按照父权制规则，有的村完全不给离异女村民待遇，也有的村虽然给予离异女部分待遇，但条件非常苛刻。如浙江 MJ 村的村规民约规定："嫁外村离婚后，户口仍在本村的，凭离婚书按人均40%计算，2010年12月3日后离婚，户口仍在本村的，不得再参加分配"；"外村嫁入本村离婚后不结婚（离婚12年以上且45周岁以上）的妇女，可享受本村村民待遇"。在各村的分配标准中，男性婚姻与否并不特别强调，因为，男性是永久的村民，妇女的婚姻与身份是紧紧捆绑在一起的，男娶女嫁和男性中心在集体分配方案中不断被强化。

（二）分配方案以及村规民约的执行

分配方案和村规民约一旦制定，执行力度很强。通常有两种情况：一种是立即执行，一种是半年左右或一年后执行。

立即执行的分配方案，往往会涉及村民要获得的新资源。例如，土地征用了，要给予补偿款，分配回迁房。这些资源的分配，都是由村两委负责办理，设置明确的期限和时间：何时征地，何时搬迁，何时补偿，何时回迁。规定的时间就要立即执行完毕，执行主体是村组干部，村民起到监督作用，可以说，力度大，时效强，见效快，立竿见影，不打折扣。

另一种是延期执行的方案，涉及对妇女已有土地资源的收回时间，通常女性结婚后，会规定半年至一年的时间，收回承包地，或不再享受村民待遇。一些村庄将其纳入村规民约，作为一项村庄制度。以浙江金华市为例，YZ村村规民约第二条规定："出嫁女结婚后超出六个月，户口未迁出本村的，根据本村村规民约规定，不得享受本村一切待遇及向村提其他任何要求。"广东江门有涉及征地补偿的村庄，如《桐井村委会户口管理及村民小组收益分配的暂行规定》第二条："本村农业户口的出嫁女户口可留在本村，出嫁女如户口不迁出，以婚姻登记日为准，一年后取消其分配权，户口可保留本村，出嫁女及其子女不享受村民待遇。"

为了增强执行力，村规民约提出不少越权违法的要求，要求出嫁女的户口必须迁出娘家村。如浙江DJ村的村规民约规定："凡婚嫁外单位农业户口的村民，应当在办理结婚登记的同时将户口迁往男方，如未迁移的则作为待定户籍暂挂本村，并与村签订协议或保证书，保证其本人及子女不享受村各项福利待遇。"

村庄的规则近乎冷酷无情，不问婆家与娘家村是否衔接，加之执行得坚决彻底，由此导致两种结果：一方面，儿子户一夜暴富，几亩地的补偿款可以拿到100万元；另一方面，女儿户一贫如洗，住房和耕地被征用了，一分钱得不到，成为一无所有的无产者。

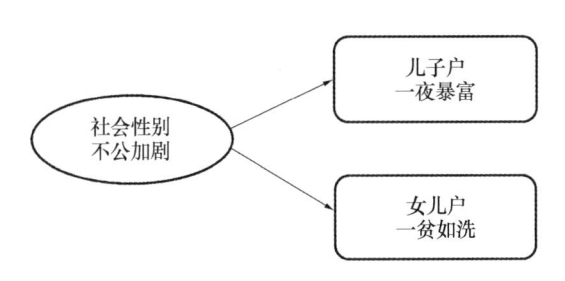

图6-11 社会性别不公加剧

当男娶女嫁的婚居模式在乡村社会得到普遍认同，成为村集体确认村民身份的依据，民主管理和民主表决就会成为一个陷阱：从家庭父权制转向集体父权制，加剧农村性别分层。

1980年以来，中国经历了从全能国家向有限国家的艰难转型，国家开始让渡一部分权力给社会，村民自治就是标志之一。在国家与社会的调整中，呈现出两种倾向：一种倾向是，国家对于社会有着强大的控制力；另一种倾向是国家对社会做出让步，在强调村民自治时，往往忽视了依法治理，导致家庭父权制和集体父权制日益猖獗。

第七章　政府：纠错与监管机制

在我国乡村，行政政府可以分为五个层级，即中央、省、市（地）、县、乡镇。作为最基层的政府部门具有双重职能。一重职能是落实上级政府的政策，使之上情下达到村委会（包括村改居）；另一重职能是对村委会涉及全体村民权益的村规民约和分配方案，予以审查监督，防止出现违法的规定，审查通过后村规民约才可以实施。可以说，这是行政政府管理乡村社会的一种运行机制。

一　基层政府的纠错机制

1998 年，《中华人民共和国村民委员会组织法》（简称《村组法》）颁布，随着《村组法》的实施，政府与村委会的关系发生变化，政府不能直接委派村干部，干部的产生要经过村民选举，政府不能直接决定村庄重大事务，村庄重大事务要经过村民会议表决决定，村民自治开始在乡村社会全面启动。这是基层管理的深刻变革，由此，社会渐渐从国家分离出来，形成了国家与村民自治的两元格局。《村组法》明确规定，基层政府不得干预村民自治范围内的事情。

（一）问题提出

《村组法》的内容很丰富，还规定了基层政府依法纠错的职责，第二十七条规定，村民会议可以制定和修改村民自治章程、村规民约，并报乡、镇的人民政府备案。村民自治章程、村规民约以及村民会议，或者村民代表会议的决定不得与宪法、法律、法规和国家的政策相抵触，不得有侵犯村民的人身权利、民主权利和合法财产权利的内容。村民自治章程、村规民约以及村民会议或者村民代表会议的决定违反前款规定的，由乡、民族乡、镇的人民政府责令改正。第三十六条规定，村民委员会不依照法律、法规的规定履行法定义务的，由乡、镇的人民政府责令改正。在这里，《村组法》明确赋予乡镇政府对村民自治违法行为的纠错职能。而且，中央政府也要求基层政府对村庄内部的分配方案予以审查。

每当涉及村庄的利益分配等事务，基层政府包括街道和乡镇都会对村级自治组织的分配方案进行行政审查，看看是否经过多数村民的表决和同意，其依据是看多数村民代表或村民是否签字。应当说，这是政府监管村庄规则制定主体是否合法的表现，不过，值得注意的是审查过程中的性别问题通常成为盲区。

这是一份上报给街道的旧村改造实施细则：

> 男方离异按照标准户型安置，分配108平方米的宅基地；女方嫁入本村离婚且未婚的妇女，安置18平方米的宅基地；若女方带有原配偶的1个子女可以安置54平方米。

男方女方同属于离异村民，男性的宅基地比女性多出90平方米。此外，测婚测嫁成为分配住房的一个前提条件。男性20岁属于可以立户子女，可一个人安置90平方米；已婚未育的男性村民可以安置108平方米；有子有女户，若儿子未达到立户年龄，女儿已年满20周岁的，允许其姐弟同立户安置108平方米，有子招婿的，一律不予安置。

应当说，它与我国的《妇女权益保障法》是矛盾的，《妇女权益保障法》第三十三条规定，任何组织和个人不得以妇女未婚、结婚、离婚、丧偶等为由，侵害妇女在农村集体经济组织中的各项权益。而在这个旧村改造实施细则中，同样是离异，女村民分配的宅基地仅为男村民的六分之一，妇女的财产权益受到不同程度的损害。

然而，这一方案却得到街道的批复同意："你村《关于旧村改造实施细则补充》收悉，经办事处研究，同意你村根据村民代表统一意见基础上将原细则中第十三条第四款、第八款做适当修改及细化。"

（二）原因分析

为什么实施方案中的不合理规定不能得到纠正反而得到同意呢？原因在于，基层政府的官员缺乏性别平等的法制观念，究其深层，对于乡村的父权文化缺乏鉴别力。

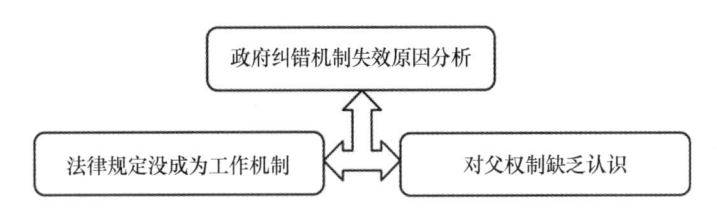

图 7－1　行政政府纠错机制失效原因

这里有两个问题值得研究：

第一，为什么对父权文化缺乏鉴别力？应当看到，在县乡基层政府的官员，95％来自当地农村，是在根深蒂固的父权文化中长大的，一举办婚礼，就是嫁女儿娶媳妇，叔伯大爷永远在一个村里，无论怎么打架，乃至反目成仇，都不会离开。姑姑姐妹再好，也要出嫁从夫居。所以，男娶女嫁天经地义理所当然，这就是乡村父权制的生活方式，从来如此。正如法国社会学家布迪厄所说，这种习惯已经成为人们的第二天性。妇女解放多少年来，一直致力于妇女像男性一样，走向社会，接受教育，打破男主外女主内的性别分工，从未触及婚居模式和个人身份的变革。结婚方式基本上是延续千年的老规矩：男娶女嫁，妇女和丈夫一结婚，身份就变了，就成为丈夫家庭成员。

到了1980年，我国颁布了新《婚姻法》，第一次提出姓氏和婚居自主的两项变革，第八条规定，登记结婚后，根据男女双方约定，女方可以成为男方家庭的成员，男方也可以成为女方家庭的成员。第十六条规定，子女可以随父姓，也可以随母姓。可以说，这是对于父权制根源的挑战，具有里程碑的意义。遗憾的是，我们没有以《婚姻法》的重新颁布为契机，展开广泛深入的《婚姻法》的宣传，让领导干部了解其价值意义。导致政府官员普遍缺乏对父权制文化的鉴别力。2002年，我们曾经在北京的一个处级干部班做过问卷调查：如何看待男娶女嫁？它对男女平等有无影响？90%以上的学员回答：没有影响。看不到单一的男娶女嫁模式存在着的性别不平等问题。看不到错误自然就没有纠错的必要，看不到违法，自然就不需要使之合法。公务人员要懂法，要了解相关的法律规定，还需要懂得性别平等，才可能提出问题，才可能想法设防解决问题。

第二，法律规定没有转化为工作机制。《村组法》最早是1998年颁布的，严格说来，它属于倡导性的立法，而不是禁止性的立法，即便违背了法律规定也不会受到责罚，是不需要付出代价的，这是我国现行法律的一个"软肋"。所以，民政部门无须制定一套工作计划，责成基层政府启动纠错机制，与此同时，告诫公务人员哪些是合法的，哪些是违法的，从而对于村规民约中的错误规定予以及时纠正。使得公务人员通过工作职责，弥补认知上的先天不足，及时识别并纠正基于父权制的分配规则。

（三）后果分析

由于性别敏感与依法管理社会的欠缺，导致两个后果，其一，公务人员会自发倾向于传统的性别规则，将单一的男娶女嫁合理化合法化，默认男女不平等的分配规则。其二，一味强调村民自治，甚至扩大村民自治的范围，而忽视了村民自治的边界，忽视了自治与依法相结合。在我国南部一些地区明文规定，凡是要将户籍迁入村组的，首先要经过村民多数签字同意，否则，乡镇派出所不予办理。这一规定，导致有的地区将公安部门的权力转移给村民自治，使得村委会的权力继续扩大。这一权力扩大，对于男性娶妻入户并不构成限制，却着实卡住了愿意从妻居的上门女婿，上门女婿的户籍无法迁入女儿户籍所在地，不能单独立户也就无法申请宅基地，使得两性分层不断扩大。

以经济发展为中心的发展模式，还使得某些地方政府注重经济发展，忽视法制建设，推举优秀村干部为省市和全国人大代表，主要看其带领村民致富和推进民生建设的政绩，忽视了他们的法治意识和性别平等意识，对于村庄分配是否秉持性别平等的理念，基本上不予过问。所以，某些红旗村和先进村的一把手，常常理直气壮地排斥妇女的村民资格。

二 循环的怪圈

在权利受损妇女与村集体的较量中，一开始基层政府是不"在场"的。为了维护自身的合法权益，妇女们满怀期待寻找政府的帮助，寄期望地方政府依法行政，纠正村集体的违法行为。在她们看来，我们的政府一定会依法办事，纠正村委会的违法做法。

（一）妇女上访路径

妇女上访通常的路径是：自下而上，首先从下级政府——乡镇开始，找乡镇办公室、乡镇领导、信访部门。基层政府一次次与村委会协调，然而，得到的答复几乎都是村庄实施村民自治，当事人需要与村组协商解决。

这是广东某镇政府对农村妇女因土地权益受损而上访时的答复：

> 我镇就你反映的问题已多次派出工作人员前往调解。根据《中华人民共和国村民委员会组织法》规定，村民委员会是村民自我管理、自我教育、自我服务的基层群众性自治组织，其中的第二十四条明确规定，涉及征地补偿费的使用及分配方案等村民利益事项时，须经村民会议讨论决定方可办理。你村小组做出外嫁女不享有征地拆迁补偿款的决定，是根据你村实际情况及村民约定俗成习惯，并通过村民会议讨论决定的，我镇无权干涉属于村民自治范围内的事项。因此，我镇还是建议你寻求村小组协商解决。

乡镇解决不了，农嫁女再找县级政府、市地政府，乃至省级政府，逐级上升。南宁的 10 余位出嫁女告诉我们，她们自下而上找了 50 多个政府机构，认认真真研究政府的职能。在她们看来，许多政府部门和妇联组织都与妇女维权有关系,妇联部门——负责维护妇女权利,民政部门——负责纠正村规民约中的违法行为,农业部门——管理耕地资源执行相关政策,土地资源部门——负责宅基地的管理,社会事业人力资源——负责失地农民的安置,还有人大信访办——监督各项法律的实施,各级人民法院——依法纠正各种违法行为,等等。农嫁女眼中的政府这个机构群,由下到上五级政府,涉及几十个政府部门,没有明确的分工。

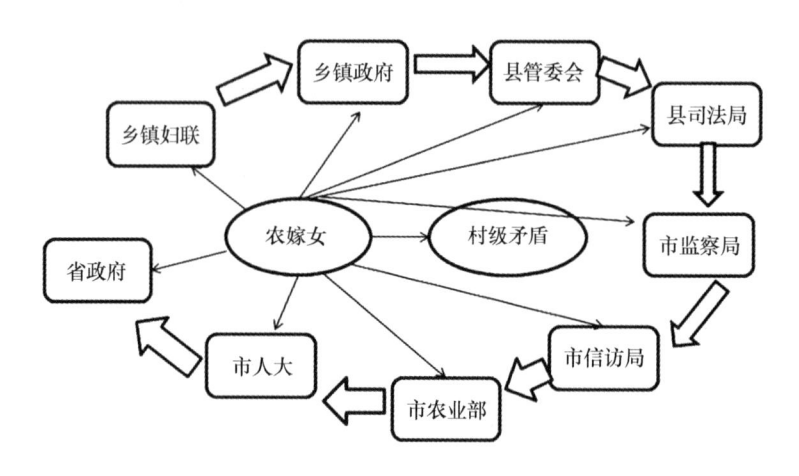

图 7-2 农村妇女上访的政府部门图示

(二) 政府部门互相推诿的原因

政府部门推卸责任,大致有三种情况。

第一,碰上了硬骨头啃不动,不得不踢皮球。有的基层政府干部有法律意识,能够识别村组分配中的问题是违法的,也试图劝说村组干部同等对待男女村民,然而说服无效。于是断然采取强硬手段,要求村集体必须考虑出嫁女的权利,否则扣留村庄全部征地款。政府的激烈行动遭到村民的围攻。硬的不行,又派乡镇妇联主席到纠纷严重的村民小组进行调解,结果引起村民强烈抵制,无功而返。在这种情况下,政府面临妇女上访的巨大压力。

第二,责任主体不明确。妇女土地上访涉及政府多部门的信访,最容易找到的责任主体就是妇联组织,可是妇联没有决策权只能呼呀，最终还要依靠政府解决问题。通常是找来找去，找不到可以解决问题的责任主体。之所以如此，反映出政府责任主体不明确，谁来承担责任，有什么权利与义务，一旦失职如何承担责任，都没有明确的规定。结果，导致许多部门事不关己，高高挂起，多一事不如少一事。

第三，有的地方政府与村委会站在相同的立场，只是政府慑于政策违法的恶名，不便于直接表达，只好迂回地与村委会巧妙配合。有一位招婿上门的妇女始终得不到宅基地，村干部强硬坚持"女儿就要出嫁，留在村里也不能分"，无奈，她只好向县级政府反映情况，在向相关政府部门申诉过程中，却发现了难以置信的结果：县政府的《土地管理实施细则》以人民政府令的形式颁布，其中规定，父母独立立户的，女儿不计建房人口。就是说，一直在村里居住的招婿女，已经被人为地取消了分宅基地的资格，而且，这不是由村委会决定的，而是由县政府政策决定的。这位妇女将其告到地级市（上级）法制办，市法制办要求县政府依法撤销这一规定。县政府不得不撤销，但性别立场没有变，又将实施细则修正为：村级集体经济组织成员立户可批宅基地，立户标准由村委会制定。县政府给了村委会更大的权力，原先的村干部本来是侵权人，现在反而成为名正言顺的决策人参与商议裁定，这一妇女的宅基地更是遥遥无期了。

（三）回到原点

三种情况殊途同归，都回到了产生问题的原点。与农嫁女由下向上反映问题的方向正好相反，上级政府将解决问题的任务逐级交给了下一级，在科层制的管理体制中，似乎是理所当然不需要争议的事情。然而，问题就出现在这里。需要解决的问题，又重新提交给制造问题的一方。本来是村委会与农嫁女之间的矛盾纠纷，需要上级政府予以仲裁纠正其非法行为，现在又重新回到村委会手里，村组干部继续掌握着对农嫁女的生杀大权。于是，农嫁女的维权之路陷入一个不断循环而又无解的怪圈，无论到哪里维权，依然回到村庄，问题依然得不到解决。政府的消极回应，也给了村委会更大的胆量剥夺农嫁女的权益。

三 村级矛盾的转化升级

当农嫁女的诉求不断被踢回原点，土地权益得不到维护，她们的办法是不断寻找上一级政府部门，给基层政府施加压力，力图通过上级政府施压，使村级矛盾得以解决。

（一）矛盾升级：从村庄矛盾到政府矛盾

一开始，农嫁女的矛盾主要是与村组干部以及村民之间的矛盾，是集体资源分配引发的经济纠纷，而深层则是农耕社会的父权制与工业文明的性别平权的冲突。

当这些农嫁女向村干部提出自己的诉求时，她们就陷入了困境，成为极少数和另类，不断遭到村民的冷落和白眼，"不到婆家去过日子，在娘家村要资格要待遇，呸"！甚至，连自己的父母都嫌女儿丢人现眼，不让女儿争取权益。而女儿们从律师那里得到鼓励和支持，期望依靠自己的努力，获得女性做人的尊严。可一旦踏上这条抗争路，农嫁女与村组干部的关系就对立起来，几乎构成对整个村庄传统性别文化的直接挑战。

随着村级矛盾的激化，出现了两种走势，一种是认命，改变不了现状，就委曲求全。既然，妇女土地权益的争取如此艰辛，就按照老规矩办，男娶女嫁，从夫居住。不过一定要生儿子，有了儿子不用争取权利，所有的集体福利都唾手可得，加剧了居高不下的出生性别比失衡。一切都回到父权制的老路。另一种是不认命，要持续争取，村里解决不了问题，就找乡镇找县政府乃至找省市政府。不达目的，誓不罢休。

始料不及的是，进京上访的结果却导致基层矛盾的升级，即从农嫁女与村组之间的矛盾，转化为农嫁女与地方政府之间的矛盾。2008年，广东佛山市发现在信访案件中，农嫁女的信访案件达到三分之二，成为政府棘手的问题。在河北江苏等省份妇女土地案件上升了两倍。

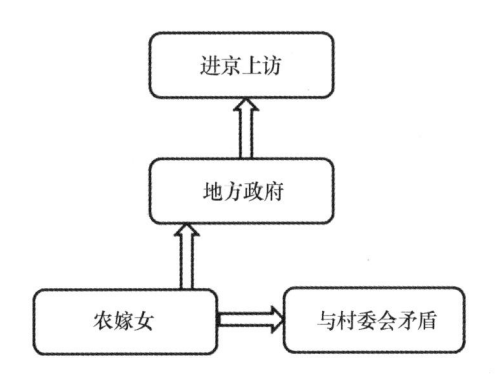

图 7-3 矛盾的转化升级

我国县、乡两级政府采取以实现上级下达的各项指标为目的的评价体系。如经济增长指标、招商引资指标、社会政治指标、安全事故指标、社会治安指标、上访人数指标等。这些任务指标采取的评价方式往往是"一票否决制",即一旦某项指标没完成,就视其全年成绩为零而受到处罚,最严重的是"一把手"丢掉官位。可以说,"零进京"上访是考核干部的重要指标。考核指标对于地方干部是一把双刃剑,积极主动敢于担当的干部,会想方设法解决一些棘手的问题,甚至建立一些行之有效的措施,杜绝大规模的集体上访越级上访。比如,佛山市政府就提出一定要依法修订村规民约,杜绝侵犯妇女土地权益的现象。政府的积极作为,将在第四单元促国家与社会的良性互动中详细研究,这里不深入探讨。

而另外一些地方政府不善于解决棘手问题,习惯拖延,工作十分被动。一方面,不敢也无力纠正村委会的违法做法,客观上纵容村委会损害妇女土地权益;另一方面还必须阻止农嫁女进京上访,特别是在重要日期或敏感日期进行拦截,以便保障"零进京""零上访"。

于是,农嫁女与地方政府的关系变得紧张起来。那些长期访、越级访的农嫁女就成为政府维稳监控的对象。

(二) 社会问题链不断扩大

所谓的社会问题链,指的是一个社会问题引发一系列新的社会问题，从而构成的社会问题链。当社会问题不能很好地得到解决，常常会出现问题链。从一个问题演化为两个问题，从两个问题演化为四个问题，渐渐形成一个问题链条。

通常，第一个问题即妇女土地权益问题都发生在村民小组范围内，或者是村委会范围之内。如果基层政府及时介入并加以纠正，成本最低代价最小。一旦政府默认传统的规则，或者无力依法化解矛盾，矛盾就有升级的可能。

第二个问题会溢出村庄，升级为农嫁女与基层政府之间的矛盾。这里的基层政府一是乡镇政府，二是县级政府。当基层政府表示要将问题重新交回村民自治时，会遭到农嫁女的反对，她们往往依据《妇女权益保障法》和《村组法》等，依据《行政诉讼法》，起诉政府不纠正内容违法的村规民约。使得农嫁女与基层政府的矛盾凸显出来。如果，法院不予受理，还会引发农嫁女对法院不满，对法院提起诉讼。问题的链条不断扩大，一个问题演化为两个问题、三个问题。此时，问题会随着矛盾渐渐升级。

第三大问题，随着妇女信访的升级成功，上级政府会不断对下级政府施加压力，下级政府会承受极大压力。这种压力也会施加到信访妇女头上，对其管控也会加强。

> 某县专门派出 60 多位工作人员全力以赴"抓维稳"，安排了"四道防线"（家庭线、火车线、省会以外线和北京线），设点拉网，与久敬庄、马家楼、前门派出所等建立私交，并雇用黑保安负责遣送。看死盯牢，先是一盯一，后发展到三盯一，坚决阻止农嫁女到北京上访。为此，各地维稳办动用大量人力、物力，阻止农嫁女到北京上访，成为一项日常工作。一旦出现漏洞，农嫁女进京上访成功，信访部门就会要求地方政府接人，循环反复，基层维稳经费直线上升，有的县仅仅拦截 10 位上访者，几年下来合计达到 300 多万元。

此时，基层矛盾不断升级，从农嫁女与村级的矛盾，升级为与地方政府的矛盾。农嫁女与地方政府玩起了"猫捉老鼠"的游戏，她们从维权者转成维稳控制的对象。与此同时，地方政府非常被动。以南宁经济技术开发区管委会为例，一个月内遭自治区政府通报三次，两次亮起平安建设的"黄牌"警告，分管主任被召"诫勉"谈话等。

导致的结果：原有的矛盾没有解决，却派生出大量新的矛盾问题。农嫁女从状告村委会，发展到状告地方政府"不作为"，最后是状告公安、派出所的"乱作为"，由起初的一个矛盾问题派生出五个乃至十多个矛盾问题，形成一个日益蔓延的问题链。

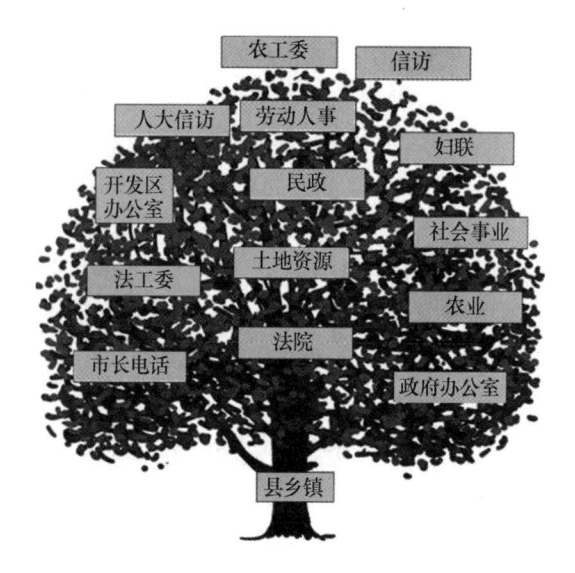

图7-4 矛盾问题的链条不断蔓延

当依靠行政政府解决问题难以奏效时，农嫁女只好从行政政府的上访转向司法部门的法律投诉，试图获得法院的支持。

第八章　司法：法律防线失守

农嫁女向法院上诉，期望法院通过审判维护自己的合法权益，因为只有法院才能审判，《中华人民共和国宪法》（以下简称《宪法》）第一百二十三条规定："中华人民共和国人民法院是国家的审判机关。"根据这一规定，在我国，审判权必须由人民法院统一行使，即只有人民法院才有审判权，遵循宪法和法律，保护社会主义的全民所有的财产、劳动群众集体所有的财产，保护公民私有财产，保护公民的人身权利、民主权利和其他权利。然而，农嫁女的诉讼案件在法院遭遇到"三难"，即受理难、审判难、执行难。

一　法院受理难

当大量的诉讼转向法院时，法院对于村民状告村委会显得措手不及，法院首先关注的不是如何依法维权，而是能否立案，这些案件是否属于法院的管辖范围。于是，提出三个不予受理。

三个不受理：
- 诉讼不属于法院受理范围
- 原告被告不是平等的民事主体
- 法律没有对集体成员权的界定

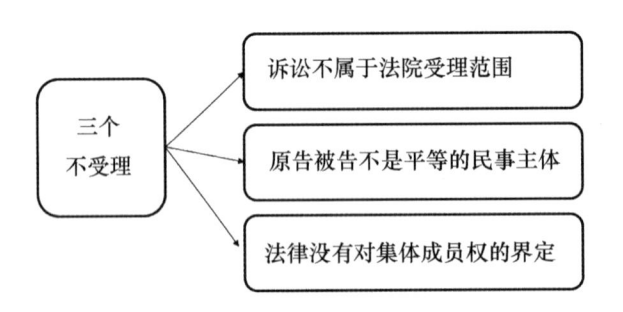

图 8-1　法院提出三个不予受理

（一）诉讼不属于法院审理范围

1994年12月30日，最高人民法院就黄土岭村六组土地征用费分配纠纷一案，对江西省高级人民法院予以答复：你院关于王翠兰等六人与庐山区十里乡黄土岭村六组土地征用费分配纠纷一案的请示收悉。经我们研究认为：《土地管理法》明确规定，征用土地的补偿、安置补助费，除被征用土地上属于个人的附着物和青苗的补偿费付给个人外，其余由被征地单位用于发展生产和安排就业等事业。现双方当事人就土地征用费的处理发生争议，不属于法院受理案件的范围，应向有关机关申请解决。

在高院对江西法院的答复中，依据《土地管理法》明确提出了法院受理案件范围，将双方当事人因土地征用费发生的争议排除在法院受理的范围之外。应当说，高院看到这一工作与政府的关联，以及政府应当承担的责任，却忽视了政府部门的疏漏导致村民权利受损，法院有纠正政府失误的责任，督促政府履职的职责，从而发挥最后一道防线的作用，以达到维护公民合法权益的目的，而不是仅仅将诉讼案件推出去。不予立案的结果，使得侵犯妇女土地权益成为法外之地。高院的这一答复起到对于地方法院的引导作用，不予受理就成为立案中的常用词。

（二）原告不是平等法律地位的民事主体

就土地权益向法院提起诉讼，通常有两种渠道，即行政诉讼与民事诉讼。这两种诉讼都遇到一定的问题：村委会不是一级行政机构，属于村民自治组织，不能提起行政诉讼；只能走民事诉讼，但是村委会又行使了一定的政府职能，负责政府委派的基层政权的社会管理，同时作为集体经济组织的实际经营者，还行使了生产经营职能，因此，妇女与村委会不是平等法律地位的民事主体，对妇女土地权益纠纷不能作为民事案件受理。诉讼一开始在立案的环节上就陷入困局。

这种困局直到最高法院研究室出台《法研〔2001〕51号文件》才逐渐被打破，该文件绕过行政村，直接切入农村集体经济组织，将申诉人视为集体经济组织成员，将妇女土地权益纠纷视为农村集体经济组织与其成员之间因收益分配产生的纠纷，那么原来的村委会与村民的不平等的民事主体就成为法律地位平等的民事主体。该文件答复认为农村集体经济组织收益分配争议属于民事争议。

（三）法律没有对集体成员权的界定

在农嫁女诉讼的背后，的确涉及村民身份和成员权的认定问题。村民按照男婚女嫁的标准，认为妇女结婚就等于自动解除村民资格，农嫁女按照《妇女权益保障法》和《婚姻法》，认为妇女可以选择结婚居住地，不应当被排斥。这就需要法院依据法律规定予以审批。而法院看到法律没有该方面的界定，这就给审批带来难题。对于大多数法院来说，是依法判案，没有法律规定就没有审批的依据，于是提出不予受理。

由于法院对妇女土地纠纷不予受理，导致妇女的诉讼被驳回，无法立案。北京有一家妇女法律援助中心，一直为妇女侵权提供法律援助，深深感到法院受理难。2004年至2013年6月底的10年间，中心共接到关于出嫁女土地权益及集体经济收益分配纠纷的投诉约有500起，涉及人数近3万，涉及除贵州、上海、新疆、西藏和宁夏以外的所有省份、直辖市和自治区。从这些投诉中，中心选择代理了124件重大、典型案件，同一村庄的集体诉讼案件按一个计算。土地权纠纷多数为集体诉讼，少则几人，多则达几十人甚至几百人。

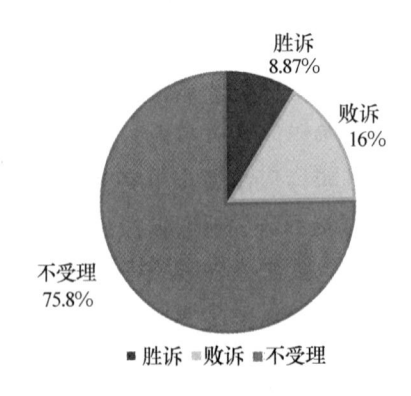

图8-2 案件受理情况统计

这 124 件土地权案件的代理情况为：胜诉的 11 件（其中 4 起通过调解结案），占 8.87%；败诉的 20 件，占 16%（包括：法院裁定"集体经济组织收益分配"不属于法院的受案范围，只受理"征地补偿款纠纷"；或裁定村民与村委会不是平等民事主体，不属于法院受案范围；或裁定由相关行政部门解决）；法院不受理的 93 件，占 75.8%。这些诉讼案件中，绝大部分法院不受理（如果法院已受理或会受理的，中心均会代理）。对于法院不受理而且当地政府部门又不积极协调解决的案件，基本上可以归结为案件不了了之，以失败告终。总体而言，农村妇女土地权益案件的受理进入瓶颈期。

二 依法审判难

2015 年 4 月 1 日，中央全面深化改革领导小组第十一次会议审议通过了《关于人民法院推行立案登记制改革的意见》。最高人民法院 15 日印发该意见，改革人民法院案件受理制度，变立案审查制为立案登记制，对依法应该受理的案件，做到有案必立、有诉必理，保障当事人诉讼权。意见于 5 月 1 日起施行。由此，妇女土地权益诉讼的大门终于打开。

妇女土地权益诉讼大量进入法院，权利受损的妇女成为原告，而村委会或村民小组成为被告。在法院，乡村社会形成的亲属关系转变成法律关系，村民和村委会的关系转变成原告和被告的关系。村庄里激烈的争吵、非理性的情绪以及靠老规矩作判断，在法院里变成了理性的陈述，提供事实证据，依据法律判断，理性的成分大大增加。作为审判民事案件的法官，会认真地倾听辨别每一个原告和被告提供的情况，搞清楚问题的来龙去脉，为用法律进行判案做准备。

（一）原告：农嫁女

作为原告的农嫁女，往往不是一两个人，而是一群人向法院提出诉讼请求。为了向法院提出诉讼，她们一头扎进法律当中，寻找法律法规对自己的支持，几乎找遍了相关的法律，这里不仅有《妇女权益保障法》，还有《宪法》《农村土地承包法》《村民委员会组织法》等。

图 8-3 农嫁女阅读的法律文本

很多妇女的法律意识就是在法律诉讼和维权中得到提升的。为了保障自己的合法权利，她们几乎将相关的法律倒背如流，如数家珍般来说明自己符合国家规定，有户籍、常驻、履行村民义务，是理所当然的村民成员，应当和其他村民一样享有村民待遇。此外，她们寻求性别专家的支持，寻求有性别平等意识的律师到法庭进行辩护。同时，在法庭审判过程中，还要防止村里的反对者利用自己的年龄和辈分，无视法院，以势压人。于是，她们找来了支持她们的女性长辈助阵。这一切的努力，都是为了在法院得到胜诉，让法律还自己一个公道，还给女人做人的尊严，证明自己不是无理取闹，可以在村里抬头挺胸做人。

案例：2014 年 8 月，湖北省洪湖市柏枝村 21 名农嫁女及其子女向市人民法院递交起诉状，要求村法人代表（即村长）支付其集体经济收益分配款。这是她们详细了解法律条款之后的一个重要举动，在起诉状后还附了在娘家村出生和长期居住的证明，在本村购买宅基地以及履行村民义务的证明。此后，在法院接二连三的庭审过程中，推出自己的代表，条分缕析地陈述论据和事实。与此同时，还专门从北京请来律师进行辩护，请来妇联干部参加庭审，还请到有一定威慑力的长辈出席庭审活动。

（二）被告：村委会

作为被告方的村组干部，站在被告席上，不得不面对农嫁女对于他们的尊严和权威的挑战，这就意味着农嫁女和村干部已经撕破了脸，由过去乡里乡亲的亲属关系转向剑拔弩张的对抗关系，转向原告与被告之间你胜我败、你死我活的紧张关系。如果农嫁女胜诉，这将意味着原有的分配方案无法继续执行下去，村组干部的权威会受到严峻的挑战。特别是担任了全国人大和省一级人大代表的村干部，他们的胜与败甚至对于当地政府也至关重要。为此，被告不能接受协商和谈判，只能一争到底，不惜花大价钱请律师，千方百计为自己的主张进行辩护。甚至还会找出强力支持自己的村民到法院助阵，对原告实施精神上的压制。

（三）不同力量的博弈

两边的律师往往针锋相对。站在被告一方的律师，更强调村庄的传统秩序，提出如果女儿都留在村里，村庄的管理就会乱套，只进不出，村组的人口压力极大，特别是经济富裕的村组，问题更加突出。充当辩护者的律师，即便是接受过高等教育和专业培训的律师，也可能是传统的父权制规则的维护者。而站在原告一方的律师则会强调与时俱进，时代不同了，男女的基本权利都一样，这是国家宪法的一个基本原则，民间习惯法不能大于国家法，否则就应该依法制止和纠正。

作为法院的法官，在审判时搞清楚事实真相、掌握相关的证据、辨别合法与否并不是一件困难的事情。困难的是，法院往往面对来自民间社会和政府的压力。

首先来看来自民间社会的压力，这种压力更多是非理性的，乃至是会引发暴力冲突的。从民间社会来看，很多村干部和村民都秉持着

"嫁出去的姑娘，泼出去的水"的观念，强调女儿结婚就不应该在村里分资源。这样的观念与法律的基本原则就形成了一种对立，这种对立并不仅仅是观念上的对立，还形成一种利益上的冲突。如果说集体利益是一个大蛋糕，那么给农嫁女分配了一块蛋糕，势必就会减少村庄其他村民的所得。为了获得更多利益，村干部就会动员村民，或者说村民也愿意与村干部相互呼应，跑到法院门前给法院施压。

2001年，河南某县法院正在审理一群出嫁女的诉讼案件，代理律师来自北京妇女法律援助中心。法院外聚集了一大群村民，气势汹汹地手持棍棒高喊着"出嫁女就是不能给""北京的律师也不能破了祖宗的老规矩"，对支持出嫁女的律师予以攻击、谩骂，以至于公安派车才将律师安全接走，这种做法同时也是对法院的要挟。由此一来，法院就被顶到了风口浪尖，面临着来自乡村的压力。

在这里，一方是人多势众的村民，尽管他们的要求并不合理、合法，但是人数众多、声势浩大，对于法院的审判会构成威胁。另一方是农嫁女的诉求，尽管合理、合法，但毕竟人少力单，得罪了不会产生严重的社会后果。在两方利害的权衡下，法律的天平往往会出现倾斜，最终倒向人多势众的一方。

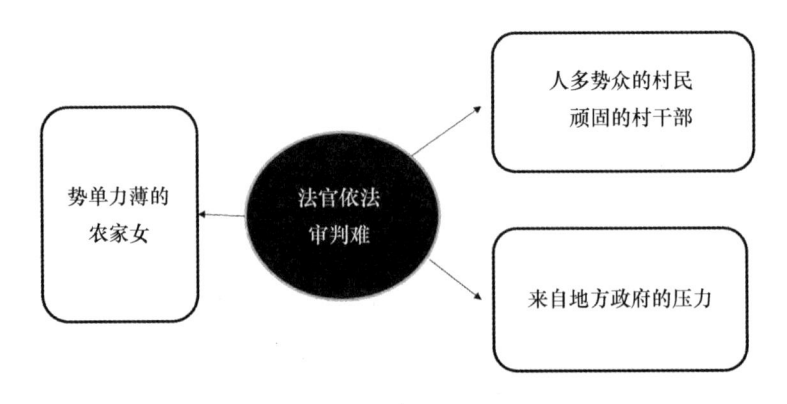

图 8-4 法官判案面对三种力量博弈

再者是地方政府的压力，前面讲到有一些村委会的做法是得到地方政府的默认甚至是支持的，以至于有一些农嫁女直接将地方政府告到法院。这就使得法院在审判的时候多了一层顾虑，如果依照法律进行审判，就会形成法院与政府之间的紧张关系，更何况法院的经费都是政府提供的，得罪了政府，很多工作难以开展。为了避免冲突，法院更愿意将政府拉进来作为支持者，与原告、被告一起进行协商，形成更多的社会力量的支持，通过协调达成双方的妥协让步。然而，这种方案往往会遭到地方政府的拒绝，因为这将意味当地政府要改弦易辙，做出妥协让步，承认自己做错了。一旦政府的态度非常强硬，法院要做出公正的判决就十分困难。这样法院又会将问题重新踢给政府，裁决书的审判结果往往是依照《村民委员会组织法》，乡镇政府承担依法纠正村规民约违法的责任。农嫁女最终成为败诉方，她们是满怀期望而来，满怀失望而回，事实表明法院并不能还给她们一个公道。

在政府、村委会和农嫁女三种力量的较量与博弈中，无疑，农嫁女的力量是最脆弱的，她们既没有政府手中的权力，也没有村委会人多势众的势力，唯一拥有的是需要法律保护的权利。如果法院基于各种力量和利益的权衡作出不公正的判决，那么妇女就会成为牺牲品，法律的尊严和权威也会随之丧失，妇女的合法土地权益也就成了黄粱一梦。

三　审判结果执行难

应当看到，尽管阻力重重，依然有一些法院坚持依法审判，不畏惧守旧的民间力量，敢于主持正义，勇于承担责任，维护法律的尊严。

（一）依法判决的意义

在农嫁女与村委会的博弈当中，并不排除有少数维护法律尊严的法官，他们排除种种干扰，坚守法律立场，对于习惯法和传统的分配规则给予败诉审判，改变了法律对习惯法无能为力的尴尬局面，使得法律虚置习惯法之上的困境开始扭转，法律渐渐强大起来。可以说，这是依靠国家法介入习惯法的一个了不起的进步，是法院要求乡村社会学习尊重国家法律的可贵做法。

依法判决对于维护自身合法权益的农嫁女是一个极大的鼓舞，农嫁女不再是任人宰割的羔羊，不再因为没有权力和势力而丧失自己的合法权利。作为无视法律、气焰嚣张的被告——村委会，也不敢公开将农嫁女视为外村人，村庄里的谩骂、非理性的情绪发泄得到了遏制。

不过依法审判维护农嫁女的权益也引起了一些法官甚至是法院的担心：法院的介入和依法判决会不会使大量的诉讼案涌入法院，反而纵容了地方政府不能履行职责，而使法院孤军奋战、不堪重负，导致法院的诉讼案件日益增多。倘若如此，会不会加大法院工作的难度？为此，2014年我们对于严格履职的两家地方法院（西安法院和邢台法院）的判决效果进行了调查，并收集了邢台法院受理的妇女土地权益诉讼案件，发现在短期内诉讼的案件会居高不下，随着法院连续坚持依法审判，这种审判的案件数量出现一个下降趋势。这种下降趋势表明，依法审判会渐入佳境，进入良性循环，无论是对于村委会还是对于地方政府，都会有利于它们去履行分内的职责，减少违法问题的发生。由此可见，法院守好最后一道防线，可以促进第一道防线——村委会依法分配，促进第二道防线——政府部门依法管理。

（二）依法判决执行难

法院判决之后需要执行，法院遇到的第三个问题就是执行难。执行难表现在两个方面。

第一，无法执行。当农嫁女提起诉讼的时候，已经是亡羊补牢。资源分配的问题已经发生了，征地补偿款已经分到村民手里了。这个时候去法院起诉，要求村委会重新分配十分困难。除非让村民将已经分得的钱款退回来一部分，这几乎是不可能的事情，是一个无法打开的死结。

第二，遭遇抵抗。对于被告村委会，依照法律给予农嫁女同等的待遇，往往是心不甘、情不愿地。法律上的败诉并不等于村干部的立场和理念上的转变。此时，村委会又掌握着村集体资源的信息和分配权，就会利用工作之便想方设法隐瞒信息，千方百计为难农嫁女，使其难以获得应有的权益。此外，不少村庄的账目是由乡镇政府代管的，倘若乡镇政府暗中支持村委会，那么就有可能与村集体联手，一起抵制给农嫁女分配资源。

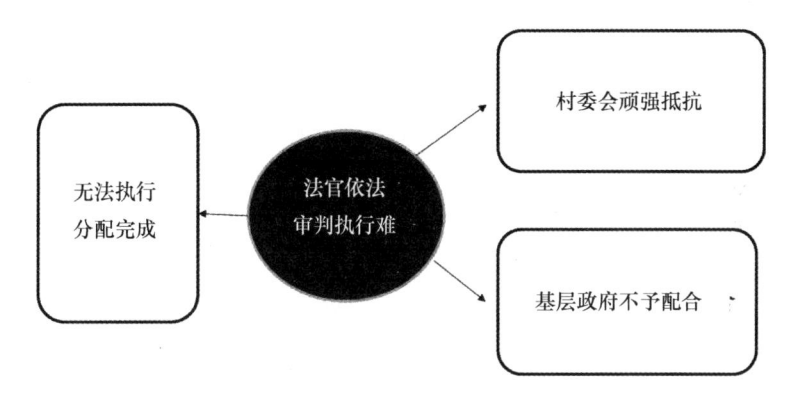

图 8-5　依法判案执行难

湖南湘潭郭某两姐妹分别出生于 1984 年和 1986 年，均未婚，她们有一个弟弟，已经结婚。自 2011 年以来，村里的土地逐步被征用。征地以来的头几年，她们均分到了征地补偿款。2015 年，村里每人分得 1000 元补偿款，这次姐妹俩均未分到，因为她俩已满 28 周岁。村小组的分配方案中明确规定："凡年满 28 周岁的正常未婚女性不参加任何分配。"姐妹俩将村小组告到法院，村小组组长未出庭。法院经过审理，认为村小组的分配方案违反了宪法等相关法律的平等、村规民约不得与宪法法律相抵触的原则，并根据《民法通则》第五十八条规定，认定村小组分配方案自始无效。法院认为两姐妹是村小组集体经济组织成员，依法应当享有与其他经济组织成员同样的财产分配权利，因此，判决村小组支付她们应得的补偿款。但是，判决做出一年多，法院也下达了强制执行令，但村小组一直拒绝执行。后来组里又发放了几次分配款，每次 1000 元、2000 元不等，共计 1.2 万元，姐妹俩均没有。她们多次找到法院，法院说判决之后所分的钱，必须重新起诉。姐妹俩不知该怎么办，不敢再次提起诉讼，因为害怕再起诉会败诉，如果败诉，更无法分到补偿款了。律师了解情况后，就判决之后新分配的补偿款向法院递交了支付令，只要被告方未提出异议，法院就可以将判决之后重新分配的数额和判决的数额一并强制执行。由于村里的财务账户在镇政府，于是法院执行庭向镇政府财政所下发了协助执行函，一旦村账户有钱，应立即支付给两姐妹土地补偿款。可是，半年过去了，钱仍未执行到位。2017年2月，律师又赶赴湘潭法院，执行庭法官说他们多次去镇财政所，但村里一直无钱可执行。律师又到镇财政所，要求查看村的财务进出情况，发现2017年1月曾有一笔300多万元属于村的收入，但并未进入村账户，而是经过镇领导特批直接由某村干部领走。经了解，该村为了逃避支付执行款，找了一群男性村民到镇政府示威，表明不会给出嫁女补偿款，否则会聚集更多村民到镇政府。镇政府考虑到临近春节，害怕事态扩大，同意了他们的要求，悄悄把钱全部给了村里，却对出嫁女说村里没钱可执行。随后，财政所领导又对律师解释说，村里这笔款不是征地补偿款，是给村里的卫生补助费，而法院的强制执行书中要求执行的是土地补偿款。于是，律师又返回执行庭，说明情况后，执行庭法官马上修改了执行裁定书，裁定镇财政所从村农田补偿款等收益中提取相应数额作为执行款。

法院判决的执行难，带来的后果是法律判决上的合法性与实际权益之间出现脱节。这种脱节对于经济条件比较好的农嫁女也许是在可以忍受的范围，不会形成致命的伤害。而对于经济条件非常糟糕以及已经被剥夺得一无所有的农嫁女，就会形成致命一击。法院的判决书犹如画饼充饥，看得见、摸不着，法律的权威性大打折扣，农嫁女的经济权益得不到切实保障。

第九章 立法：村民资格的认定

在司法实践中，提出了村民资格的认定问题，农嫁女是否属于农村集体经济组织中的成员？是有争议的。村干部认为"不再是"，而农嫁女看来"依然是"。这就涉及村民身份与资格的认定问题。这个问题的界定至关重要，有了村民资格，就可以拥有资源分配的权利。否则，不具备村民资格，自然就谈不到村民的权利。本章着力探讨界定村民资格的必要性、界定村民资格的主体，以及公共政策制定中需要注意的问题。

一 界定村民资格的必要性与迫切性

农民依靠土地为生，土地越来越成为稀缺资源。随着城镇化发展和农村政策演变，农民的户籍流动、土地流转与居住地变化大致经历了三个阶段：（1）土地家庭承包责任制施行初期，仅有少量村民外出务工，村民的户籍、土地权利与常住地一致且相对稳定。（2）自20世纪90年代中期，国家推行集体企业转制并放松对农村户籍的管制之后，大量村民选择外出务工，甚至通过购买的方式将农业户口转为城镇户口。一部分购买城镇户口的村民，落实了工作单位，取得了享有城镇社会保障的资格；另一部分村民未能获取城镇社会保障，甚至仍在本村生产或生活。（3）2000年以来，随着国家征地开发、城镇化进程推进，土地成为新的稀缺性资源，土地价值不断攀升。土地越是升值，农民的集体成员身份越是受到认可，因为只有集体成员身份才能得到征地补偿款和股份分红。

(一) 法律政策的缺失

我国现有国家层面的法律法规只是提到集体成员或农村集体经济组织成员，对其内涵尚无明确具体的界定。

《中华人民共和国土地管理法》（1988年12月29日公布之日起施行，2004年8月28日修改公布之日起施行）第十条规定："农民集体所有的土地依法属于村农民集体所有的，由村集体经济组织或者村民委员会经营、管理；已经分别属于村内两个以上农村集体经济组织的农民集体所有的，由村内各该农村集体经济组织或者村民小组经营、管理；已经属于乡（镇）农民集体所有的，由乡（镇）农村集体经济组织经营、管理。"并将第二条第四款修改为："国家为了公共利益的需要，可以依法对土地实行征收或者征用并给予补偿。"《中华人民共和国土地管理法实施条例》（1999年1月1日起施行）第二十六条进一步规定："土地补偿费归农村集体经济组织所有；地上附着物及青苗补偿费归地上附着物及青苗的所有者所有。"此处，所有者一般是农村集体土地的承包经营者或农村宅基地的使用者。《中华人民共和国农村土地承包法》（2003年3月1日起施行）第五条规定："农村集体经济组织成员有权依法承包由本集体经济组织发包的农村土地"；第十五条规定："家庭承包的承包方是本集体经济组织的农户。"由此可见，法律规定国家可以依法有偿征收或征用农村集体所有的土地，征地补偿分配的对象是"农村集体经济组织成员"，但相关法律未就"成员资格"作出说明或界定。

(二) 户籍标准不适用

过去的集体成员的标准已经不适用于当下。过去的标准是以户籍为准绳，这是计划经济年代人口高度稳定的产物。随着城镇化发展和户籍制度的松动，农民工群体的城乡流动带来了农民的户籍、村籍与地权的不对应，导致大量的"人户分离""人地分离""空挂户""双重户口"等情况，同2000年第五次全国人口普查相比，2010年居住地与户口登记地不一致且离开户口登记地半年以上的人口增长81.03%。"人户分离"占总人口比重，由1990年的不足2.6%升至

2010年的近20.0%。这就需要与时俱进，重新确认集体成员资格。

(三) 制定的意义

依法确定集体成员资格，可以纠正依靠多数村民表决决定村民资格的现象，使得司法执法有法可依。多年来，我国在农村集体成员资格认定方面没有立法以及司法解释，以至于绝大多数法院对于涉及农村集体成员资格的案件采取回避的态度，不予受理。而少数勇于捍卫法律尊严的法官处理这类案件，陷入无法可依的窘境。结果，最后一道防线不能正常发挥作用，致使妇女土地权益受损的问题长期得不到依法解决。在城镇化快速推进过程中，公共政策界定集体经济组织成员资格问题显得尤为必要，既有利于法律原则切实转化为可以操作的具体规则，堵住法律漏洞；还可以在集体资源分配中有法可依，规范集体经济组织的管理。

二　国家：作为立法主体立法滞后

可以说，村民资格的确认是公共政策内容之一。公共政策不仅包含具体的内容和规定，同时还包含政策目标的受益人群，这就需要对受益人群进行界定。我国有最低生活保障政策，就会涉及低收入人群的界定。还有社会保障政策，会涉及社会保障人群的规定。同理，在农村，村民资格也是需要界定的，这样才能保证集体资源分配的公平正义。

那么，由谁来界定呢？概括起来是制定法律政策的部门，包括人大司法行政机构等责任主体。因为，只有人大（人民代表大会的简称）才是政治法权主体，是国家法定的制定法律的责任主体；司法部门的司法解释也具有公共政策的意义，可以成为法院的判案依据；行政政府也可以依法制定法规，以便依法进行社会管理。

然而，需要指出的是，到目前为止在国家的公共政策层面，没有任何关于村民资格的规定，可以说，这方面的立法是滞后的。对于农村集体成员资格的认定，全国人大立法机构始终未将其列入立法议程，司法部门一直采取推脱的态度，地方政府则将其视为村民自治的内容而推给村民会议。

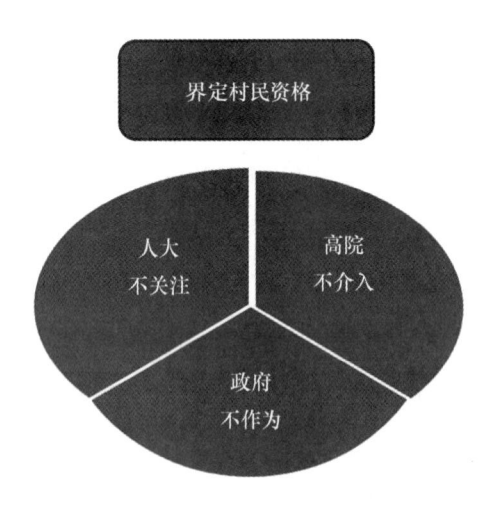

图 9-1 界定村民资格的主体缺位

何以至此？我们从立法、司法和政府三方面做些分析。

（一）立法

可以说，村民资格或者说集体成员资格的认定涉及村民身份，界定身份的事宜交给立法机构，应当是更为适宜的。从立法授权来看，全国人大和省人大拥有该方面的立法权。可问题是，无论是全国人大还是省级人大，都很难发现村民资格的界定之必要性，作为国家立法机构，其位阶是最高的，距离村一级的基层组织最远，其间隔着省、地、县三级立法机构。当村级诉求一级一级逐渐向上传递时，村民资格的信息会随着立法层级的提升而不断弱化，以致最终消失。距离基层组织较近的县级立法机构没有立法权，而层级高的立法机构面对大量立法工作，则很难关注村民资格的界定问题，也就很难将最基层的问题提到法律议事日程上来，法律法规制定的滞后就不可避免。由此可以考虑，部分立法权是否可以交给基层立法机构，以便在实践中提出的问题与立法的回应能够及时一些。

(二) 司法

从立法敏感来看，应当说法院作为司法机构，更容易发现界定村民资格的必要性。基层法院特别是县级法院，最早接触到妇女土地诉讼，接触到生动鲜活的土地权益案例，对于法律诉讼上的变化会有深切而直接的感受，也会遇到一些从来未有的司法实践中的难点。正因为如此，村民资格的问题最容易被法院发现并提出，随之会将棘手的一些难题反馈给高院，听取高院的意见与答复。高院可以根据来自全国的典型案例，进行深度调查并分析研究，出台确定村民资格的司法解释。司法解释的颁布，又反过来为司法审判提供论据。遗憾的是，高院没有进行这一有益的探索与尝试，而是把村民资格的认定问题推给了全国人大。这是高院对于出台村民资格司法解释的态度：涉及"农村集体经济组织成员资格"认定，属于身份问题，依据2000年7月1日施行的《立法法》第八条的规定，应属立法机关通过立法解决的问题，不应该由法院以司法解释或指导意见的方式解决。[1]

(三) 政府

村民资格的认定还与相关政府部门相关，如农业部及土地资源部也有着界定村民资格的相关职能。这些部门经常在相关的文件和通知当中提到集体成员资格，提到农村经济组织的成员资格等。但是，几乎无一例外的是，都不对其进行界定。国家部委的领导认为，不宜对村民资格进行界定，因为几十万个村集体非常复杂，差异极大，很难统一规定。一旦统一规定，常常会以偏概全。的确，中国之大，乡村之多，村民资格界定确实充满复杂性和差异性，这向公共政策的制定提出了挑战。但是，不能因为村民资格的界定有难度，就不去制定相应的政策。其实，当代公共政策的职责，就是为了回应复杂的现实，寻找解决问题的对策。如果遇到复杂的问题，不是想方设法去解决，而是逃避，只能说明制定公共政策的主体无能，说明制定主体失职。

---

[1] 北京众泽妇女法律咨询服务中心编：《2013年农村妇女土地权益会议资料》，内部资料，第3页。

应当看到，国家层面对村民资格不加以界定，并不能自动化解现实生活中的矛盾与问题，只能变相地将问题下放给地方政府。地方政府会不断应对村民资格引发的种种问题，由于缺乏高层决策主体的明确规定，会形成地方政府各行其是的规定。在华东某省农业厅关于《农村集体经济组织成员认定及集体土地收益分配问题政策解释》的函中提到，农村妇女要求在原居住地长期居住并享有土地承包经营权，只要符合以下五项条件者就应当依法支持：一是嫁给具有非农业户口人员（城镇居民）的；二是离婚或丧偶的妇女；三是妇女本人为独生女；四是妇女虽有兄弟姐妹，但都因残疾无力尽赡养父母义务的；五是姊妹在两人以上，可确定其中一位享受本项政策规定。在这里，地方政府的回复函就存在对多女户分配财产的限制。在这里，我们不仅看到家庭父权制、集体父权制，还看到地方政策中的父权制。按照这种政策确定村民资格，就会导致公共政策背离公共性，再现弱肉强食的丛林法则。

三 村民公认 就有一份

其实，无论国家一级的责任主体怎样回避，村民资格的界定都是一个在现实中不得不面对的问题，几乎在所有的集体经济资源的分配中，村干部和村民都会一次次把村民资格的问题尖锐地提出来：那些已经离开农村到城市工作的人员是否可以保留土地权？那些已经离开农村的、土地留在农村的公务人员是否享有征地补偿款？那些多年外出杳无音信的失踪人员是否可以参与分配？那些婚姻变动的妇女能不能享有村民待遇？等等。集体经济资源分配确实是村庄的一件大事，会引起村民和村干部的高度关注。由于没有相应的政策，村民资格的问题再一次抛给了基层政府。

（一）政府认可：村民决定

基层政府往往采取灵活的策略。一般来说，对于民众争议不大的人群，由政府制定规则，如大学生等。对于村民争议大的棘手问题，如农村妇女的身份认定，往往交给民众讨论表决决定，政府避免承担责任。

通过村民多数人的认可来确定村民资格，这不是公共政策的政策，得到国家一级政府领导的认可，并由国家政府部门的领导在媒体当中广泛宣传和倡导。

2017年1月3日，国务院新闻办在京举行当年首场新闻发布会，请农业部主要领导介绍日前中共中央、国务院出台的《关于稳步推进农村集体产权制度改革的意见》有关情况，并答记者问。农业部领导回答，改革的目标之一是要保障农民的集体经济组织成员权利，使得农民在集体产权制度改革中拥有获得感。农业部领导说"是成员就有份"，"份"就是集体收益分配的一份权利，"谁是成员，农民公认"，也就是说，谁是成员，要由集体组织的成员来共同民主讨论确认。"我们提倡在县域范围内，出台成员身份确认的指导性意见，最后由群众来民主决定。"

如何认识"村民公认就有一份"？对此，一些领导干部认为是村民自治的体现，是农民主体性的体现，村民自治的核心就是村民参与，村民参与决策、参与监督和参与管理。村民资格的界定就是村民参与决策和管理，所以是村民自治的典型体现。

（二）村民自治的应用范围

应当看到，政府在强调村民自治的同时，却忽视了村民自治的范围和边界。无论是民主协商、民主管理或民主决策都是有一定的适用范围，即针对的是村集体公共事务的范围。什么是村集体的公共事务呢？即涉及每个村民的公共利益和公共需求，针对村一级具体来讲，包括选举村干部和村民代表，讨论制定村庄的分配规则，对村庄财务运行进行监督，等等。凡是村级公共事务都必须采取村民自治的方式，要经过村民会议充分讨论协商和表决。这样，既有利于充分地行使民主的权利，还防止村干部大权独揽以权谋私。但是，需要特别指出的是，村民自治不适用于私人领域，不能延伸到个人的基本权利，不能触及个体的财产权。村民资格的认定就是对个体基本权利的认定，作为公民的基本权利，只能由公共政策依法制定，而不能采用民主表决来确认。否则，村民自治就越出了自己应当归属的领域，就会出现越出边界的问题。

村民自治越出边界,至少会带来两个后果:第一,决策主体悄悄发生了置换。作为公共政策,本来应该由政府决策,在这里却转换为村民决策,其结果是,地方政府实际上赋予了村委会更大的权力,可以决定什么人拥有村民资格、取消什么人的村民资格。第二,当基层组织的权力过大的时候,如果当地民众没有一定法律上的自我约束,不能秉持性别平等的原则,村干部和村民具有非常浓重的父权制思维方式,善于按照习惯和性别刻板定型处理问题,就会通过多数人的决定,将违背传统性别规则的妇女排斥出去,使得妇女失去村民资格,从而导致多数人剥夺少数人权利的暴政。

(三)公共事务与村民资格

一定要清醒地看到,多数人对村集体公共事务进行民主决策,与多数人对村民资格进行界定,是性质不同的两回事,不能混淆起来一概而论。公共事务一定要交给村民自治,要按照民主程序进行协商与表决,这是在乡村治理中一定要坚持的民主原则。对于村民资格的界定一定不能交给村民自治,只能通过公共政策确定集体成员资格,政府作为政治法权主体,承担着制定政策的法定职责。只有依法界定集体成员资格,才能使农村集体成员资格的认定有所依据和遵循,防止和杜绝一村一策、一组一策。

四 村民资格的隐性剥夺

村民资格的剥夺可以分为显性剥夺与隐性剥夺。村民资格的显性剥夺,往往出现在村委会公开剥夺村民资格与村民待遇,导致村民与村委会的直接矛盾冲突。村民资格的隐性剥夺,表面上来看,村委会承认其村民资格,也给予了同等的村民待遇,但是村民实际上得不到相应的利益。例如,一个家庭五口人,分得五份补偿款,家长重新分配子女时,儿子多分,女儿少分或者不分。这与以户为单位进行集体资源分配有关。

(一) 以户为单位分配资源

不少地方在资源分配时，是以户为单位发放补偿款。以农户为分配单位有两种情况：一种是分配承包地。在20世纪80年代分配承包地时，绝大多数地方都是按照人口进行分配的，到了90年代土地不断延包。分配承包地时，会同时颁发一个土地承包证，现在颁发的是土地确权证。这是按照农户来进行颁发的，上面一定会有户主的姓名，但不一定有家庭成员的姓名，承包证或确权证，通常是由父辈来保管。另一种是分配征地补偿款。补偿款大致分为两部分：一是土地上栽种的青苗等补偿，二是对于土地征用的补偿。这两部分的补偿是按照土地来进行补偿的。通常，村委会会将补偿款直接交给户主，而不是直接交给每一个家庭成员。至于家庭内部如何分配，是众子平分，还是男女均分，都是家庭内部的事情，与村组干部没有任何关系。这种做法使得妇女土地权益的被剥夺悄悄转移到家庭内部。

(二) 家庭父权制的陷阱

以户为单位进行分配，很容易掉进家庭父权制的陷阱。在这个陷阱里，男女有别几乎成为集体无意识。儿子孙子永远是父系家族的继承人，而女人则分成三种人差别对待。

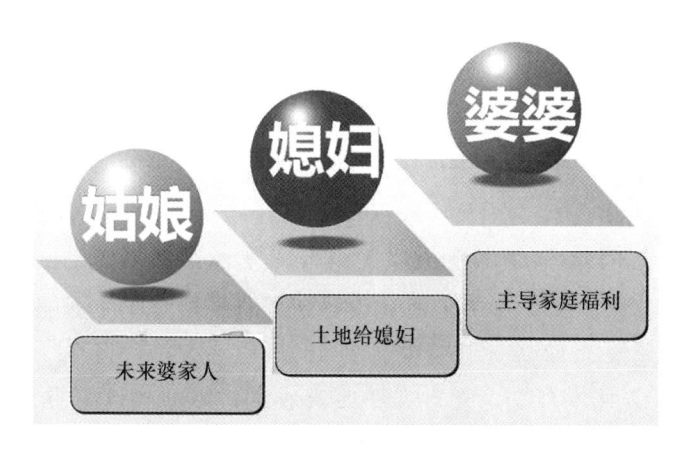

图 9-2 三种女人的家庭地位和待遇

第一种是女儿，尽管她在婚前已经拥有承包地，她在婚后依然担负照顾父母的职责，但随着她结婚出嫁就永远被视为家庭以外的人，出现土地的"性别调包"，家庭内部的姐妹财产自动转移给了兄弟。

第二种是媳妇，作为儿子的妻子进入婆家，似乎天然拥有一份财产权，无须签字办理公证手续，女儿的地就可以转成媳妇的地。不过，这一切都是有条件的，都取决于媳妇与儿子婚姻的持续程度。一旦婚姻解除了，媳妇的土地也就自然丧失。

第三种是婆婆，她终生为儿女而操劳，为公婆和丈夫而奔波，终于升格为永远的自家人。

2012年，我们来到哈尔滨市的一个村庄，这个村庄修订村规民约非常有实效。开座谈会时，有一个妇女不断对乡镇干部说，村规民约修订得好，但是修订晚了。她讲述了自己家庭内部的土地分配，她家有三姐妹，还有一个弟弟，土地承包是按照家庭六口人来分的，此后3个姐妹结婚嫁到了外村。尽管已经结婚，作为长女依然为自己的父母盖了房子，一直照料自己的父母。2009年，土地征用后，家里得到了一大笔土地补偿款，足有50万元，老父亲拿到这笔钱之后，没有和任何人商量，就把所有的补偿款通通交给了弟弟，几个女儿一分钱都没有得到。妹妹们都觉得父亲做事不公道，对大姐说："你付出了那么多，可什么都没有得到。找父亲讲理去，如果他不给，就打到法院去。"大姐说：老父亲已经80多岁了，如果她们真打到法院去，老父亲还不活活气死。几个女儿只好默默地忍受家庭内部的不公待遇。如果，早三年修订村规民约，就不会出这样的事。

这个家庭一共有四口人，公公、婆婆、儿子、儿媳，种着4亩承包地。随着城镇化的建设迅速推进，村里的土地被征用了。每亩地给了12万元，一共得到48万元。公公去世了，婆婆把这个48万元拿到手，此时儿子生病去世，媳妇也改嫁再婚。媳妇期望婆婆给她那份征地补偿款，婆婆说什么也不同意。媳妇因为这件事情找到了村委会，要求村干部来帮助解决。村干部说，这是家里的事情，村委会怎么好插手。所以，问题一直解决不了，媳妇名义上得到土地补偿款，可实际上一分钱都没有。

通过以上案例，可以看到，家庭与家庭成员之间的边界是模糊不清的，个体的权利与义务的关系也是不清晰的。这是我国家庭的特点，正因为不清晰，才使得性别之间的利益转换特别容易。例如，女儿名下的承包权，无须征得当事人同意，可以任意转给儿子；媳妇的补偿款无须认定，就可以被婆婆扣留。女儿和媳妇的土地权，可以随意被父母拿走，儿子得到姐妹的土地权益似乎又理所当然。在父权制家庭内部，一部分的男性成员无条件拥有权力和权利。例如，父亲是理所当然的一家之主和一户之主，而母亲则无相应的权力。此外，家庭内部男女之间的权利和义务是非常不对等的，有权利的一方不考虑相应的义务，承担义务的一方又没有相应的权利。也许人们会说，权利义务是对等的，儿子获得土地承包权是为了给老人养老送终。养儿防老是一种责任，儿子获得相应的土地补偿似乎也是理所当然。然而却忽略了一个事实，当代乡村出现了一个很大的变化，女儿照顾父母的越来越多，当老人生病的时候往往是子女平摊费用，轮流照顾，养儿防老的格局已经打破了。然而，女儿却并不拥有相应的继承权，这是现如今乡村家庭的现状。

（三）强化家庭内部的个体权利

应当看到，家庭内部妇女土地权益剥夺的问题是一个隐性的问题。不像村委会剥夺妇女的土地权益那样容易浮出水面，农嫁女也会不断向媒体呼吁，引起社会的关注。家庭内部的性别剥夺几乎都是悄悄进行的，家丑不可外扬，一旦讲出去打到法院，亲情和家人都难以接受。正因为如此，问题更为隐蔽，不容易发现，也更不容易得到解决。

要解决这一问题，需要对家庭分配的政策进行调整，即在户中强化个体的权利，遵循每个家庭成员权利义务对等的原则，明确家庭成员权利义务关系。从现行政策来看，不能单纯强调以户为单位，还要关注户内部的每个家庭成员的权益。强调家庭内部个体的权利和义务，是公共政策需要解决的一个问题，需要引起对于家庭父权制分配规则的反思，也需要对如何分配集体资源的规则进行细化。

本单元分析了国家与社会的消极互动过程：

作为社会一端，存在着历史悠久根深蒂固的家庭父权制，它已经成为乡土社会的生活方式和行为方式，内化为不同阶层、不同人群的心理认同。家庭父权制伴随着集体分配规则的确立，扩展为集体父权制，形成一套非正式制度。

作为国家一端，针对这一套非正式制度，未能形成行之有效的正式制度，而是在行政立法与司法之间相互推诿，默认与不作为。正式制度与非正式制度的相互作用，既会放大正式制度的漏洞，还会强化非正式制度的强制作用，使性别平等原则不能落地。需要通过一定的理论框架，深入分析研究国家社会互动所面对的矛盾，以及在中国的文化传统和当代语境下，社会性别治理的深刻内涵和本土意义。

第四单元
促进国家与社会的良性互动

遏制城镇化进程中的性别分层,需要依法进行乡村治理,从社会与国家两方面着力。对于社会而言,不仅要实施村民自治,还要依靠基层组织和社会组织,遵循法治原则进行依法自治。对于国家来说,既不能干预村民自治,还要依靠行政和立法司法,依法进行社会治理,对于违法违规的自治行为予以纠正,从而形成国家与社会的良性互动。

第十章　社会基层组织依法自治

这里所说的基层组织，指的是村委会和居委会，是社会的重要组织形式，在乡村包括村委会及"村改居"（村委会改为居委会）两类自治组织。村委会属于地地道道的乡村社会，几乎保留着比较完整的父权制习俗。而村改居则是由原来的村委会整体搬迁到城镇，转换为居委会。村改居与城市的居委会不同，依然保留着土地和集体经济组织，也保留着乡土社会的父权制规则，但是生活方式正在改变。村改居是中国城镇化进程中的一大特色，在乡村基层组织建设中不可忽视。为了论述的简便，我们用基层组织或村委会指代村改居和农村村委会。

要从源头上解决妇女土地权益的老大难问题，基层组织不仅要自治，还必须依法自治。

一　依法自治的价值与实践

自1998年以来，《村组法》强调村民自治，这应当说是基层组织走向民主管理的一个良好开端。不过，经过20年的村民自治实践，获得的经验是，将妇女的村民资格交给村民表决决定，是对村民自治的一大误读，需要进行矫正，应当从村民自治走向依法自治。

（一）依法自治的必要性

村民自治包含民主选举、民主管理、民主决策、民主监督，村庄的重大事务要经过村民表决决定。民主表决的采用是有边界的，不能无限制地任意使用，只能在公共事务范围内使用，而不能扩展到私人领域，不能进入个体权利领域。

例如，选举村组干部和村民代表就属于公共事务，当选者要为公众服务，一定要经过民主投票，得到多数村民认可，从而保证村干部对公众负责。倘若以权谋私，损害公众利益，就会失去村民支持。再如，村级账目要公开、透明，接受村民的监督，预防腐败的发生。又如，村级分配方案的制定，不能由一两个村干部拍板决定，要反复征求村民意见，最终由村民代表表决确定，以保障分配方案体现公众利益，有效扼制以权谋私。

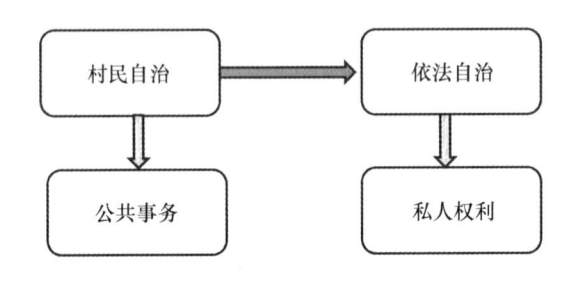

图 10-1 从村民自治到依法自治

但是，妇女的土地权益属于私人事务，涉及个体权利，与公共事务无关，不能采用民主表决的方式加以确定。例如，妇女的承包地，是集体给予妇女个体的土地权益，受国家保护，不应当通过村民表决而被取消；与土地相关的补偿款等，属于个人应当得到的权益和利益，不能因为多数人反对而剥夺。又如，已婚妇女的股份应当由夫妻双方自主约定，确定从夫居或从妻居，而不能由村民根据单一的从夫居予以定夺。否则，就会导致多数人对妇女权利的剥夺。涉及村民个体的财产权，不能采取多数村民表决予以确定，只能根据法律的原则和规定加以界定。

前面已经阐述，我国法律尚无对于村民资格的界定，这是法律滞后的表现，需要公共政策予以调整。但是，需要看到，我国现行法律建立在工业社会的价值基础上，而不是建立在农耕社会的基础上，其基本理念是强调个体权利平等，在强调人的权利的同时，承认权利与义务的对等。权利平等不分年龄、性别、阶层、民族,也就是说,无论男女、无论阶层、无论年龄、无论民族,都应当享有基本的权利。这一理念同样体现在两性关系的调整中,如《妇女权益保障法》做了具体的规定,农村妇女无论结婚、离婚、丧偶,都应当与男子享有同等的土地权益。在这里,明确规定了两性拥有平等的集体财产权利。

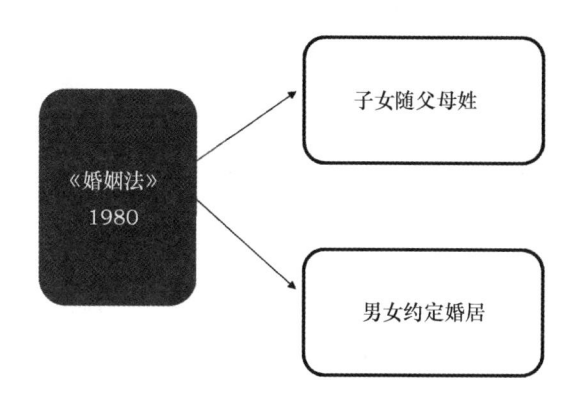

```
┌──────┐         ┌──────────┐
│《婚姻法》│ ──────▶│ 子女随父母姓 │
│ 1980 │         └──────────┘
│      │         ┌──────────┐
│      │ ──────▶│ 男女约定婚居 │
└──────┘         └──────────┘
```

图 10 - 2 法律规定的性别权利

与此相呼应,《婚姻法》在性别权利上增加了两条促进性别平等的条款。一条涉及婚居制的变革,男女双方约定,女方可以成为男方家庭的成员,男方也可以成为女方家庭的成员。这一条款打破了妇女结婚必须从夫居,赋予了夫妻双方选择婚居地的权利。这是继 1950 年《婚姻法》强调婚姻自由之后,在婚居权利上的一项富有深远意义的突破。另一条涉及姓氏变革,第一次提出父母双系制,即子女既可以随父姓,也可以随母姓。这一规定改变了千百年来子女只能随父姓的历史,改变了只能依靠男孩传宗接代的文化,而赋予女孩作为传承人的同等权利。

2017 年 6 月,《中共中央国务院关于加强和完善城乡社区治理的意见》讲到社区治理的五个特点,其中之一就是依法治理,这就为基层组织依法自治提供了法律与政策基础。

(二) 依法自治的切入点

依法自治从哪里切入？也许，切入点很多，可以从参政议政切入，可以从法律宣传切入，也可以从制定集体分配方案或者是修订村规民约切入。第三个切入点，与遏制性别分层加剧的关系更直接。因为妇女土地权益受损，绝大多数都与分配方案中的性别不平等相关，如果在分配方案或村规民约中能够依法制定，就可以从根本上杜绝问题的发生。所以，保障村规民约或分配方案的内容合法就成为一个关键环节。

何为村规民约？与集体分配是什么关系？村规民约是村庄管理与行为规则，由两部分构成：一是"村规"，包括议事规则（作出集体决定的规则）和管理规则（管理和分配集体资源的规则），条文多以村庄管理规则为主；二是"民约"，是村民对自己行为的自我约定，包括婚丧嫁娶、人际关系等日常生活风俗习惯的约定。制定村规民约（村民自治章程）是作为推行民主建立制度的重要举措。

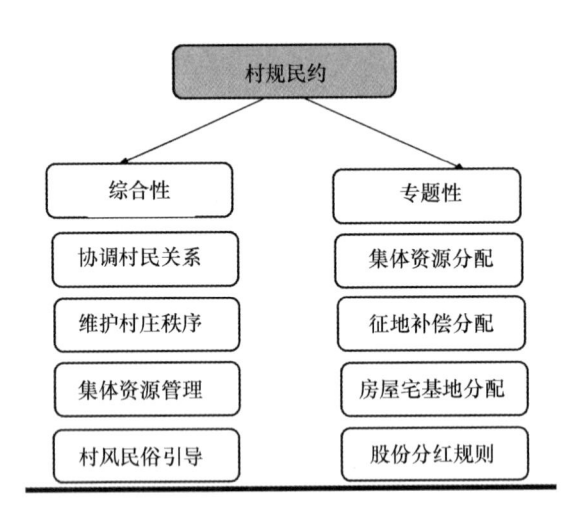

图 10-3 村规民约的类别与内容

现行村规民约大致分为两类：一类是综合性的（如村民自治章程、村规民约），包括村民权利义务、集体资源管理、村庄环境保护、社会治安管理、村风民俗引导等内容，涉及村庄事务的各个方面，具有很强的综合性和规范性；另一类是专题性的，即将村规民约中"集体资源分配"一项单独抽取出来，形成村庄内部的经济管理规则和资源分配方案，如征地补偿分配方案，农村社区建设拆迁与分配方案，农村经济组织股份合作章程等，也属村规民约的范畴。本书采用广义的村规民约，将分配方案囊括其中。

资源分配是现代村规民约的焦点，婚变妇女能否获得村民资格和村民待遇，则是焦点中的焦点。对于妇女自主选择婚居地，不少乡村干部存有担心：第一，担心媳妇只进女儿不出，会导致村庄人口膨胀；第二，担心大多数村民反对，引发村庄的矛盾加剧。所以，不愿意制定性别平等的村规民约，更不愿意给予妇女的婚姻居住地的自主选举权。

第一种担心夸大了问题的严重程度。其实，对于大多数村庄来说，允许人们自主决定结婚后是女到男家还是男到女家，只是保障他们的合法权利和选择自由。他们会根据自己的实际情况，慎重选择婚后居住地。事实上，在那些倡导婚居模式多样化的汉族集中的村庄，并没有出现人口"一窝蜂"挤向某个村庄的情况。

只有在那些经济状况很好，尤其是距离城市较近的村庄，才会出现儿子女儿都愿意留在村里的现象。此时，留在村里的女儿户，少则二三十人，多则一两百人，形成了不可小视的力量，而且她们往往有着很强的法律意识，懂得用法律维护自己的合法权利。如果村庄依然按照男娶女嫁的老规矩办事，就会遭到权益受到损害的妇女的强烈反对，使得乡村干部难以招架。在我国经济发达的沿海地区出现的出嫁女群体访事件，对于经济比较落后的中西部农村是一个警示：及早依法办事，尽快修订性别平等的村规民约，防止矛盾累积激化。

首先，乡村干部要跳出男娶女嫁的传统思维，学会依照国家法律思考问题。应当看到村庄资源有限是现实，但不能按照男娶女嫁的性别规则进行分配。需要反思：为什么无论有几个儿子娶媳妇，给她们分配资源都能接受，女儿招婿就被看成"抢资源"呢？其实，很多女儿在村里是有耕地和宅基地的，随着土地30年不变的政策出台，一直没有进行过调整。征地补偿和土地入股，就应当有她们的一份，而不应该既拿走土地，又不给补偿款。如果以"牺牲妇女的合法权益"来解决资源分配问题，既不公平，又不合法，还会引发新的问题。

其次，乡村干部应该在遵循男女平等的法律原则下，找出相应的解决办法。"有形资源"有限，要取消专门针对妇女的限制，制定一些所有村民都应遵守的限制条件。例如，不分男女根据法定结婚时间进行排队；根据家庭人口进行分配，规定每一家人口数量；根据常驻与承担义务来确定村民资格，保障每个人的一份权利，防止"两头吃"和"两头空"。将"男到女家、女到男家均可，享受村民待遇"纳入村规民约，形成刚性的制度约束。

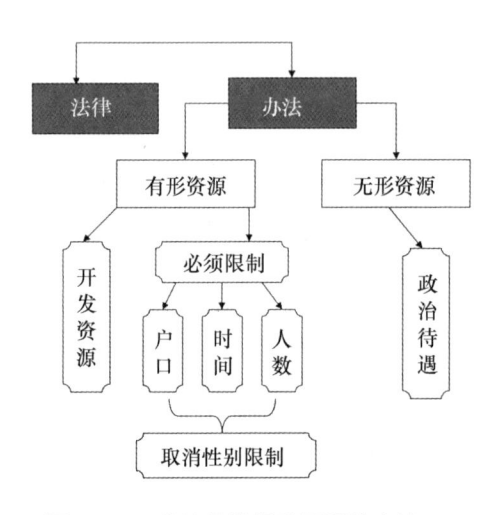

图 10-4 依法寻找解决问题的办法

（三）依法自治的社区实践

性别平等的法律规定在村规民约中予以体现，是乡村社会基层组织的一个创造，也是悄然而深刻的变革。河南登封周山村就是全国第一个制定性别平等村规民约的村庄。

周山村位于河南登封东部，距省会郑州约 70 千米，地处山区。全村 398 户，1520 人，10 个村民组，已经实现"退耕还林"。2006年，土地流转给大冶镇政府管理，村民每年每人可分得土地补偿金（村民称为"口粮款"）800斤小麦（折合款）。为了处理口粮款发放中的纠纷，2007年6月，村两委制定了"兑现粮款十三条"，其中第四条规定："妇女婚后户口未迁出者，不论时间长短一律不给口粮款；离婚、丧偶后回村居住的妇女，不参与口粮款分配。"大多数村民认为这是按"老规矩"办事，没有表示异议，但一些因各种原因户口没有迁出的外嫁女、离婚回村妇女及其家人意见很大，每到分配粮款时，各村民组都会发生纠纷与争吵。村干部认定一条：老规矩不能变！妇女结婚后户口就得迁出，该走的不走就不能给。

图10-5　周山村坐落在河南登封市的山丘里

这种做法引起一些户口没有迁出的出嫁女、离婚回村妇女和她们家人的不满，每年到了分配"口粮款"时，都会有许多人到村委会告状，每一次都是吵得不可开交，有人甚至拿着木棍来到村委会，准备打架。一年两次分配"口粮款"成了村两委和村民组的主要工作，每到这个时候，村组干部都处于紧张的"战备"状态，害怕闹出什么事来。

2008年10月，在中央党校举办的性别平等培训班上，周山村村支部书记主动要求专家团队帮助该村修订村规民约。2008年至2015年,周山村村党支部和村委会,进行了三次村规民约修订。

图10-6 修订村规民约研讨会(2009年3月)

第一次修订(2009年3月):破冰

干部村民在起草修订草案时,取消了对女儿婚后留在村里的限制,写上了关键性的条款,鼓励"婚居自由","男到女家、女到男家均可,享受村民待遇"(第七条),"婚出男女因离婚或丧偶,将户口迁回本村者,可享受村民待遇"(第九条),以上条款在村民代表大会上出人意料地顺利通过,以男性为中心的资源分配制度的坚冰开始突破。

第二次修订(2012年5月):涤化

修订村规民约最大的突破点是离婚妇女的村民待遇。第一次修订时只照顾到周山村的女儿离婚回村后可享受村民待遇;第二次修订则考虑到媳妇或上门女婿离婚后如果不愿离开周山村,也应保障他们的合法权益。第十八条规定:"婚入男女离婚后愿意留村，户口仍在本村并常住者，继续享受村民待遇。若再婚，其配偶及所带子女将户口迁入者，可享受村民待遇。"

第三次修订（2015年3月）：全面推进

修订的动议是在2014年10月党的十八届四中全会召开之后产生的。四中全会公报提出："推进多层次多领域依法治理……支持各类社会主体自我约束、自我管理，发挥市民公约、乡规民约、行业规章、团体章程等社会规范在社会治理中的积极作用。"村干部与村民代表反复学习了公报精神和相关法律文本，经过充分酝酿，形成第三次修订草案。这次修订是全方位的。

图10-7 周山村村规民约以及第三次修订大会

此次修订在"总则"中明确提出，制定/修订村规民约的原则是依法、民主与平等；进一步规范了村级党组织和村民自治组织的职责范围，规范了村庄事务管理和决策程序，创新了村务监督委员会的制度设计，规定由村监委会组织村民评议村组干部工作，每年一次，对村民意见较大的村组干部及时提出批评、劝诫。同时，在界定村民资格、保障村民权利、明确村民义务、集体资源保护与分配、村庄环境保育、推进男女平等、推动风俗变革、促进乡风文明等方面取得了全方位的进展。

经过长达7年坚持不懈的努力，周山村产生了一部由村民自己制定、符合村庄实际、合乎性别平等法律规定、有效治理农村社区的村规民约，将全面推进依法治国的方略落实到了基层。周山村人尝到了依法民主修订村规民约的甜头，多年的"口粮款"分配纠纷解决了，照着合法的村规民约行动，建设自治自主和自律的乡村社会，正在成为周山村人的自觉行动。

依法自治不仅仅是制度建设，同时也是文化建设。这里所说的文化，不是知识和学历，而是一种思维方式、一种价值理念。只有文化上追求平等共享和多元，而非等级排斥和单一，才能形成现代文化土壤，使依法自治在乡村社会中渐渐生根生长，长出参天大树。否则，法治就会成为无本之木，一遇到灾害就会夭折和坍塌。回望历史，之所以有不少性别平等的法律不能得到民间社会的认可，究其根源是缺少性别平等的文化土壤，到处充斥着父权制文化。在我国，多数民众对于法律缺乏认同感，法律在现实社会中缺乏根基，如果不能对乡村土壤进行改良，则会导致法不责众，法律成为被父权制文化包围的一个孤岛。要推进依法自治，就要进行文化土壤的变革。

二 父权制文化的变革

在乡村治理的政策中，几乎没有涉及父权制的文化变革，这不能不说是社会治理的一个短板。其实，文化变革应当成为依法自治的一个新的生长点，法律的生长需要与之适应的生存土壤，在农耕社会的土壤上是长不出工业文明的果实的。改良土壤的路径就是进行乡村文化的变革。

乡村文化变革，不能采用暴力手段，不能依靠行政命令，而是要切切实实转变人们的观念，依靠入脑入心的文化教育，产生入脑入心的说服力，达到乡村文化变革之目的。具体来讲有三种方式。

（一）入脑入心的性别培训

培训的目的是改变父权制观念，只有改变观念才可能建立保障村民权利的规章制度。怎样开展培训呢？经验证明：从村民的日常生活入手，让村民看到现实中的性别不平等，会影响到每一个人的生活。

每个村庄的村民，通常少则几百人，多则几千人，搞大规模的培训，几乎不可能。而且，村民居住分散，集中培训成本高，组织起来困难。培训可以考虑抓住村庄的关键人物，即村干部。

图 10-8　村干部和村民代表培训场景

在村庄，掌握分配权力和管理权力的一般是村党支部和村委会，特别是党支部书记和村委会主任，他们是掌握公共资源分配的"牛鼻子"，是村庄公共规则的制定者。通常，村两委选举产生之后，可以制定新的村规民约。村庄能否修订村规民约、怎样修订村规民约、修订成什么样的村规民约，不仅仅取决于当地政府的要求，更取决于村干部的内心意愿。当村干部抵触排斥这一工作时，就会阳奉阴违、口是心非，走过场走形式，所谓修订村规民约，就成为一种表演，表面上轰轰烈烈，实际上一切如故。当村干部发自内心乐于修订，愿意依法制定规则，就会想方设法将合法的规定纳入进去。那么，如何激发村干部的修订意愿呢？需要在培训中揭示性别平等与社会发展的内在联系。

第一，培训将性别不平等与社区矛盾的处理连接起来。随着城镇化的快速发展，人们的财产权意识觉醒，在经济利益蛋糕陡然增大的村庄，常常会存在农嫁女和村庄的紧张对立：那些失去土地权益，变得一无所有的农嫁女，已经没有退路，会依法争取自己的权利；那些缺乏法治意识的村民往往会坚持父权制的老规矩，不愿修改分配规则，更不愿放弃已经到手的利益。面对这种矛盾对立，村干部常常左右为难，进退不得。这是经济发达地区不及早改变父权制规则所导致的困境。如果村干部能够在资源分配以及大量的矛盾产生之前，修订出平等的村规民约，就会减少紧张对立。所以，有前瞻性的村干部需要抓住时机，越早修订越主动。

第二，性别平等可以与农村养老连接起来。农村养老是一个民生难题，涉及千家万户。目前，农村的社会化养老尚未提上议事日程，主要是依靠家庭养老，而女儿都必须嫁出去，所以只能依靠儿子养老。一旦儿子没有能力养老，或者不愿意养老，老人的晚年生活就会陷入困境，由此引起的家庭纠纷也在不断困扰着村干部。如何解决这一问题呢？可以建立多样化养老模式，既可以社区互助养老，也可以依靠家庭养老，儿子可以养老，女儿也可以养老，儿女可以共同养老。要解决儿女都可以养老，就要改变村规民约限制女儿招婿的习惯，允许女儿招婿，这就要改变分配规则，允许女儿结婚立户，保留耕地和村民资格。修订性别平等的村规民约再次被提上议事日程。

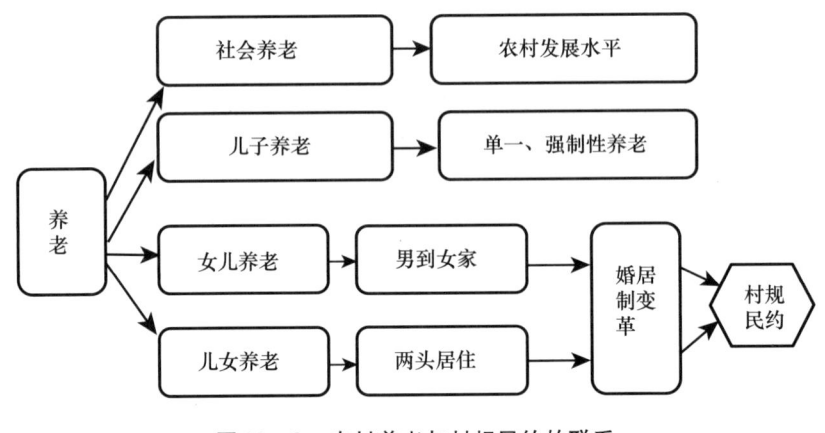

图 10-9　农村养老与村规民约的联系

培训同样需要讲究策略，可以采取迂回的办法。不一定直接挑战村规民约的歧视性规定，可以从当地民众十分关心的现实问题切入，最终绕回到村规民约修订上来。

第三，性别不平等会导致人口结构失衡，人口结构失衡的表现之一是出生性别比失调。这个问题是一个公共话题，其实，与妇女土地权益受损是一枚硬币的两面。当有了儿子可以立即得到宅基地，生了女儿一无所有时，就会鼓励人们生男孩。一提到生男偏好，往往归结为千百年的文化传统，而忽视了乡村社会的分配制度，其实，这种制度对生男偏好的影响更大。在中国的生男偏好，与城里人所说的喜欢男孩不同，是那种不生男孩不罢休的偏好，是依靠儿子传宗接代的强烈愿望。一旦现实生活中不能达到目的，就会采取种种办法，甚至是通过杀死女婴进行性别选择。

中国的出生性别比失衡，可以用两个"最"来描述，即出生性别比在国际上最高，失衡时间最长。2010年第五次人口普查，男比女多出3400万，出现了男性婚姻挤压，大量的未婚男性找不到老婆。

街头上找老婆的光棍　　　西北部一所小学出来欢迎客人，学生都是男孩。

图10-10　男多女少的现象已经开始显现

中国已经进入出生性别比失衡的高风险社会。2016年12月，课题组在三省六县发放并回收1508份调查问卷，统计数据显示，6个县普遍存在男性打光棍现象，最低的县每个村平均27人，最高的县每个村有187人。

在父权制规则未改变的情况下，女性的稀缺就会加剧女方家庭通过要彩礼弥补生女儿的损失。高额的彩礼，常常使男孩家庭因婚致贫，父母的生活质量急剧下降，乃至负债累累。走访广西某村时，一

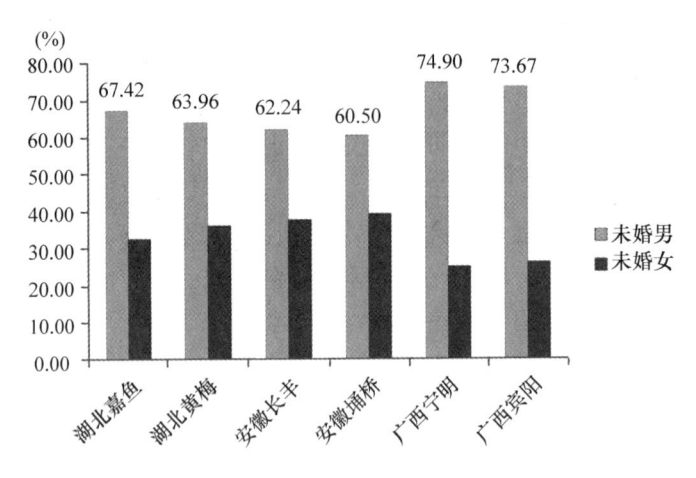

图 10-11　六县未婚男女统计数据

中年妇女领着 1 岁的孙女来做访谈，她说："因为给儿子娶媳妇借了十余万。结婚后，儿子和儿媳出去打工挣钱还债，我在家照顾小孩。""家里买油、米先赊账，儿子寄钱再还。"节节攀升的彩礼，接二连三地导致家庭悲剧。在中原的某村，女方要 13 万元彩礼，而且要求男方家 3 天之内准备一套带院的房，男方的父亲无力承受，喝下农药自尽，喜剧变成悲剧。还有一女方家找男方家要彩礼，男方家没有，另一男方家说他有，女方家就把女儿许配给了这户人家。

我们的社会走入了一个恶性循环的怪圈。怎么走出这个怪圈？就要纠正生男偏好，维护妇女土地权益，儿女共同为父母养老，就要从制定性别平等的村规民约开始。

入脑入心的性别培训常常会激发村干部的行动愿望。应当看到，村干部并不是铁板一块，有以权谋私者，也有平庸无能者，也有敢于挑战陈规旧俗、有现代观念和强烈责任感的村干部。性别培训成为自内而外的启动力量，使这些村干部由对村规民约视而不见，渐渐成为修订村规民约的主体力量。

在全国 9 个省开展了试点村村干部培训，随后进行了培训效果的评估。评估结果是 80% 的村干部认可修订村规民约，30% 的村干部愿意修订村规民约，甚至还有村干部培训后，在没有上级政府要求的情况下，立即主动着手组织村民代表进行修订。

2011年年底，长丰承接了联合国人口基金的项目推进性别平等、推进修订村规民约，南圩书记参加了修订村规民约的培训。2012年年初，参照河南登封周山村的村规民约文本，召集社区两委和组长开始起草南圩社区居民公约。为何如此？陈书记讲道，安徽省长丰县南圩社区是一个5000多人的农村社区，是镇政府的所在地，男到女家的人数达到200—300人，上门女婿到本社区落户没有任何受限的问题，还可以与媳妇一样得到二分宅基地建新房结婚。2009年，政府修建高铁高架途经南圩社区，社区有些小组的集体土地被征用，政府发给社区征地补偿金。此时，有的小组担心上门女婿参加分配，会摊薄世居者的利益，不同意分配给上门女婿。陈书记对于此事如何处理拿不准，便带着组长、村民找到农委去咨询，农委专家说，对于集体资源如何分配，你们村里可以制定办法。球又被踢了回来，为了避免矛盾冲突，陈书记决定暂时不发放这笔征地补偿款，先考虑制定一个社区方案，这个方案一定要依法，村民的法律意识高了，不依法不能服众，在社区做工作也没有权威，还要得到大多数村民的支

图 10-12 南圩社区召开村规民约修订会议

持。周山村的经验给了他启发，他先说服村两委，制定草案，将婚居自主，无论男到女家、女到男家，均享有同等村民待遇写入草案。带着村两委入户征求意见，逐条进行讲解，最终形成了平等合法的村规民约，按照新居规分配补偿款，没人提出异议，社区风平浪静。

性别培训在以后的其他试点培训中屡试不爽，验证这样一条经验：性别平等与人们的生活发生多方面的联系，要善于寻找产生正效应的联系，通过培训将其揭示出来，成为文化变革的拉动力。

(二) 草根艺术

草根艺术是一种大众化的艺术，可以寓教于乐，为民众喜闻乐见，是宣传性别平等可以采用的形式，比起培训更容易吸引男女老少广泛参加，影响面广，深入人心。

草根艺术有多种手段，有诗歌、舞蹈、小品、地方戏剧等。用艺术表达性别平等的理念，并非易事。如果吃不透性别平等，容易掉进艺术的陷阱：将性别平等变成口号，与现实生活剥离开来，内容空洞；用性别刻板定型来演绎性别平等理念，动机与效果是严重相悖的；将村民仅仅视为教育对象，而没有将其视为教育的主体。要避免陷阱，需要在以下三个方面着力。

第一，让村民成为父权制生活表现的主体。应当看到，乡村社会更为集中地体现了父权制的生活方式，村民就是父权制生活的亲历者。这是作家躲在小楼里编不出来的，需要村民将自己的亲身经历讲述出来，而不是编剧依照自己的想象编出来。这就要谈一谈推进性别平等的民众戏剧。

所谓的民众戏剧完全以基层民众为主体，强调民众参与、民众创作、民众发声。它秉持的理念是人人都是艺术家，只要通过培训、排练等方式，为民众创造真诚畅通的交流机会，民众就能以自己的方式向社会发声。在登封市西窑村和周山村，2009 年推出了民众戏剧《妈妈和女儿的故事》，几乎所有的情节都是农村妇女提供的。编剧向妇女提出一个个问题：第二个女儿出生时，作为母亲是什么感受？

当家里钱紧,儿子女儿让谁上学?女儿长大成家,是招女婿还是嫁女儿?然后,让妇女先分组讨论,将共性的感受表演出来。妇女一边表演一边哭,大家拥抱到一起,长期压抑的情感得到宣泄和表达,也使得编剧获得了素材和灵感。

图 10-13　村民参与民众戏剧讨论场景

在民众戏剧里,民众是受到尊重的、有能力的、有创造力的主体,她们生活在错综复杂的乡村社会,有着其他人难以取代的直接经验和切身感受,对于自身的状况和体验最有发言权。在民众戏剧中,所有的情节都是从妇女的经历中挖掘出来的,所有的感受都是妇女的真情实感,妇女可以迅速进入自己熟悉的故事和角色的内心世界,体会其中的喜怒哀乐,表达自己的真情实感。整个演出过程,她们不是在表演,而是在表现——将自己真实的生活、面对的压力、内心的感受真实地表现给观众。

第二,要善于抓住父权制的生活现象,揭示其内在矛盾性,引起民众对熟视无睹的父权制文化的反思。在父权制的生活场景中,作为母亲,与父亲往往有不同的感受,母亲从十月怀胎,一直与胎儿血肉

图 10-14　民众戏剧《妈妈与女儿的故事》剧照

相连，可以说是命运共同体，建立了生理与情感上的联系，所以，对于打胎和流产，更为不舍。而父亲和公婆则是从传宗接代上看待男孩、女孩的价值，这就导致家庭内部的冲突，而作为年轻的母亲，常常成为父权制的受压迫者。然而，随着孩子的长大，到了谈婚论嫁的年龄，又会沿袭传统的婚嫁规则，逼着女儿结婚出嫁，乃至索要嫁妆和彩礼，成为下一代青年人追求美好生活的压迫者。

仍以《妈妈与女儿的故事》为例，这是一部由登封 20 名农村妇女表演的民众戏剧，讲述的是农村妈妈对女孩从怀孕、出生、上学到结婚以及养老的态度和做法：一出生遗弃女婴，上学男孩优先，结婚女儿必须外嫁，养老只能依靠儿子，儿子外出打工无暇顾及父母。揭示了农村妈妈所承受的来自农村社区和家人的巨大压力，也揭示了她们内心深处的矛盾冲突，也用事实教育村民要打破陈规旧俗，重新认识和对待女孩与男孩的价值。生活的逻辑产生的后果，随着剧情的展开，顺理成章地展示出来，促进村民对于父权制文化进行反思：究竟怎样看待男孩和女孩？怎样看待千百年流传下来的男娶女嫁？老规矩要不要变变？

第三，激发村民变革父权制的意愿，将不可能变成可能。在这些艺术作品中，不仅仅要批判父权制，还要进行多元文化的建设。例如，启发观众改变对女儿学知识的态度，不从性别考虑让谁上学，而从个人才能考虑谁来上学，跳出性别看性别。例如，打破单一的婚嫁规则，根据家庭需要和儿女意愿，共同协商决定婚居方式。例如，改变对上门女婿的排斥，无论媳妇或女婿都视为自己的家人。

真实的戏剧深深打动了观众，观众成为参与者和认同者，情不自禁地为妇女的真切表演多次鼓掌。观众在看过《妈妈和女儿的故事》表演以后反映："台下80%的人都哭了，不少男的也掉泪了。我是看到底哭到底，眼泪总是不知不觉就流出来了。要是请那些正儿八经的演员来演，肯定不会这么感人。唱得再好，演得再好，那总是假的。让这些实实在在的农村妇女演，都是自己的亲身经历，不用咋摆捏（排练），就会打动人。""看了这场演出，感受深刻。这比开会讲大道理强上几百倍！"

真实感人的民众戏剧，成为影响民众性别观念的一种富有感染力的方式，在村庄表演时会吸引一批批村民驻足观看，一起感动，一起流泪，一起共鸣。与此同时，也在悄悄改变着村民对女孩、男孩的态度。一位妇女演员谈到自己的变化："我扮演的角色把我的思想都转变了。俺两个儿子都没有生男孩儿，生了两个孙女，我成天想着不舒坦，这下想开了，女孩也一样，要好好让俺两个孙女受教育。""过去我思想有问题，光想要男孩。通过参加这次活动，觉得啥都行。俺四个子女，两家是俩男孩，两家是俩女孩，我整天想着咋怎不公平哩？现在想通了，没啥不公平的，男孩女孩一样，说不定俩女孩的比俩男孩还享福哩！"男女平等的意识渐渐渗透到民众的心里。

（三）风俗变革

乡村的民间风俗是超越个人和家庭的外部力量，对家庭乃至家族形成不可低估的约束和压力。民俗的影响范围远远超过行政村、乡镇，甚至覆盖整个县。在农村钩织起的风俗习惯，有着强大的回归传统的倾向，形成纵横交织的支持系统，任何对习俗的不满和反抗都会招致网络系统的排斥和孤立。例如，对上门女婿的排斥，不仅表现在资源的剥夺，还表现在入祖坟的剥夺。在河北农村，人死后是要埋在祖坟的。尽管从政府来看，祖坟都是集体的，而在农民看来，祖坟与家族和姓氏是紧密关联的，只有儿子、儿媳可以进祖坟，女儿、女婿是外人，不能进祖坟。既然进不了祖坟，就会死无葬身之地。在乡风民俗中，蕴含着大量男主女从的文化习惯，将男女固化的性别身份日常生活化了，从而使得父权制特别具有生命力和建构力。要建构性别平等的身份认同，是不能不触及民间风俗变革的。否则，要形成性别平等的分配制度，就成为无本之木、无源之水，缺乏广泛认同的思想根基。

乡村风俗变革可能吗？对此，不少政府官员持质疑态度，人类学家也认为几乎不可能。其实，这种改变在家庭家族内部已经悄悄出现了。在河北邢台地区，建起不少祠堂，祠堂只允许男性进入，妇女是不能进入的。妇女说，我们这些都是母亲，养育了我们的儿子，现在儿子长大了可以进祠堂，而养育儿子的母亲却被拒之门外，这不公平！还有的地方不允许女儿参加爷爷奶奶的葬礼，女儿捐赠的礼金不能写在墓碑上，理由是女儿出嫁了，不再是娘家人。一位女性说，凭什么剥夺女儿祭祀亲人的权利，坚持要参加，要将自己和儿子的名字写在墓碑上。在这些挑战陈规旧俗的勇敢者看来，风俗是人定的，既然可以建立风俗，也就可以改变风俗。不过，改变风俗习惯，需要讲究策略，注意工作方法，从三个方面着力。

第一，改变风俗习惯需要智慧，尽量避免直接对抗，要柔中有刚，四两拨千斤。应当看到，传统的性别观念与性别平等，祖宗留下来的老规矩与追求平等的村规民约，充满了对抗性和矛盾性，老规矩具有单一性强制性，新观念则强调多元化和包容性。传统的性别观念已经成为多数民众的"集体无意识"，如果直接否定老规矩和旧观念，通常会引起多数人的排斥与抵抗，乃至导致性别大战。智慧的做法是：不是一味地否定传统的民俗文化，而是在民俗文化中增加性别平等的新元素，即"做加法"，从正面拉动和倡导。例如，姓氏传承，通常是传男不传女，在倡导中就可以倡导既可以随父姓，也可以随母姓；婚居模式传统是从夫居，在推动婚居变革中，可以女到男家，也可以男到女家，还可以男女两头居住。结婚时祭拜祖先，只是父系祖先，那么可以倡导祭拜父系祖先时加入母系祖先。总之，不是用一种元素取代另一种元素，而是倡导多元共存，合作共赢，有效化解变革中的矛盾和阻力。

第二，风俗变革不仅仅在家庭内部自发地展开，还可以在村庄里有意识地推进，形成整个村落风俗变革的拉动力，形成村庄与家庭的良性互动。村庄风俗变革切忌一般性的倡导，如贴标语、喊口号，而是与家庭的日常生活联系，从婚丧嫁娶的仪式切入，凸显性别平等的新元素。

图 10-15　一场别开生面的男到女家婚礼

以周山村第一场男到女家的婚礼为例。中原历史上十分排斥上门女婿，即便是招上门女婿，婚嫁模式也依然延续父权制的规则，新郎先到女方家，新娘住到男方家，由女婿迎娶新娘，婚礼冷冷清清，大有矮人三分之感。如何让上门女婿在婚礼上扬眉吐气，村支部书记提议要搞一场男到女家的婚礼。此时，恰逢村里有一家二女户，姐姐要招上门女婿，周山村村两委决定利用婚礼之机，拉动婚俗变革。村干部找到了河南社区教育研究中心的梁军老师，梁老师长期在农村做妇女发展工作，全力支持和主动做工作，找到新娘父母，谈到新办婚礼的想法，得到家人的支持，于是一起策划了一场女娶男的婚礼，让新娘来到新郎家迎娶新郎。村支部书记带着村干部参加婚礼，村支部书记当证婚人，倡导"男到女家也风光"。梁军老师当嘉宾，称赞一对新人打破千年旧习俗。一场婚礼变成一场民间婚俗拉动。

村民们纷纷围观喝彩，村民说："周山村几十年、几百年都没见过这样的婚礼，男到女家树新风啦！"婚礼举办后，周山村村干部立即将村委会支持女娶男的婚礼写进了村规民约的专章——风俗变革。一年半的时间，周山村连续举办了四次男到女家的婚礼，前三次都是女儿户，第四次是有儿有女户。此时，没有人再嚷嚷"嫁出去的女儿，泼出去的水"，女儿结婚保留家庭成员资格，保留集体成员资格，被渐渐接受了，单一的男娶女嫁的风俗发生了改变。

第三，村委会还可以通过表彰和奖励拉动风俗变革。民间风俗是一种习惯，习惯久而久之会成为人的第二天性[①]。按照习惯行事被视为理所当然，于是，传统会不断被建构被强化被延续。例如，子女随父姓，已经成为一种习惯，父母不需要商量，无须思索，就会让孩子随父姓。凡是随母姓的做法，都看作霸道。所以，无论是农村还是城市，普遍都是随父姓。这种习惯至少带来两个后果：其一，《婚姻法》倡导的姓氏革命，即主张子女可以随父姓，也可以随母姓，不能落地生根。这本是 20 世纪 80 年代《婚姻法》的一条新规定，已经 30 多年了，对于实际生活几乎没有产生什么影响，一切依然如故。其二，会强化生男偏好，当家谱祠堂财产都与姓氏相连接，家庭的天

---

① ［法］布尔迪厄：《文化资本与社会炼金术》，包亚明译，上海人民出版社 1997 年版，第 63 页。

平就会向男孩倾斜，就会导致居高不下的出生性别比失衡。所以，拉动习惯的改变就有了超越性别的意义。

图 10-16　村民拿着填好名字的户口本拍照：看，孩子随妈姓！

安徽长丰创新社区第一个打破习惯，率先对于随母姓的家庭给予奖励800—1000元，鲜明表达出社区的立场，成为全国第一个用物质奖励鼓励新风俗的村庄。

社区的倡导得到居民的热烈响应，每年都有十几个家庭的孩子随母姓，姓氏多样化的局面开始出现。此做法一直受到质疑：质疑一，能否用利益拉动风俗变革？其实，父权制的建立与延续，始终与利益纠结在一起，为什么性别平等就非得撇开利益，追求纯精神？质疑二，如果一定要利益驱动，没有资源的村庄如何拉动？这是"一刀切"的思维方式，其实，推动方式可以多种多样。可以物质奖励，亦可以精神奖励；可以作为文明家庭予以表彰，还可以在媒体电视上予以宣传。目前，这一做法已经在周边社区得到传播，随母姓的事例层出不穷，根深蒂固的父姓制出现松动，长期坚持定可形成姓氏多样化的新风尚。

第四，村委会支持和鼓励家庭破旧俗、立新风。当村委会积极拉动风俗变革，常常会对家庭产生冲击和影响，导致家庭内部出现变革，形成村委会和家庭变革的积极互动。在长丰县，举办葬礼不允许女儿顶棺下葬主办葬礼，家里没有儿子就要找侄子。这也是很多家庭一定要儿子的原因之一，没儿子就没人为父母送终。这种习俗一直延续至今，很多女儿被剥夺了表达对父母哀思的权利。这种风俗在创新社区修订村规民约之后开始打破。

> 创新社区的杨丽是独生女儿，母亲患有精神病，在杨丽3岁时其母亲走丢了，杨丽从小就与父亲相依为命。杨丽结婚后一直和父亲生活在一起，父亲身体不好，最后病逝。杨丽找到堂叔杨孔连，问他怎么办丧事。当时任村民组组长的杨孔连已经多次参加修订居规民约草案的会议，对居规民约的条款有所了解。杨孔连对杨丽说："现在我们不是修订居规民约了吗？讲的是男女平等，如果你愿意的话，可以给你父亲顶棺下葬。"这一想法遭到亲堂叔的坚决反对，老规矩不能变！女儿不能顶棺下葬！杨孔连坚决支持侄女改变旧风俗。跟父亲感情很深的杨丽坚持要送父亲一程。就这样，在杨孔连的支持下，杨丽给父亲办丧事，从摔盆、扶棺走到顶棺下葬都是她一人，成为创新社区第一个顶棺下葬的女性。杨丽的行为被创新社区张贴到表扬栏，鼓舞了更多的女儿女婿打破旧俗禁忌，公开表达对已故亲人的感情，家族的旧习俗一点点被改变。

三　修订村规民约的民主程序

在依法自治和文化变革的基础上，村庄要进入修订村规民约的阶段。谁来修订村规民约？是村干部，还是村民代表共同制定？依据《村民委员会组织法》，村规民约绝不是村干部单方面制定，而必须由村民共同讨论制定。这也是乡村治理民主参与的应有之义。为什么一定要注重村民的参与？因为只有村民的参与，村规民约才能体现民意，村民才会从中获得主人翁的认同感，只有村民多数认可的村规民约，才能够成为村民制定的村规民约，才能增强村规民约的执行力和有效性。否则，就会中看不中用，就会出现墙上公约、纸上公约，没有执行力，更无生命力。

在村民自治实践中，只要一涉及民主参与，往往就被简单理解为多数人举手表决。其实，民主参与的内涵非常丰富，包括民主参与制定草案，村干部与村民的积极互动，民主协商。

经过试点村修订村规民约的实践，已经形成了行之有效的民主程序，对于修订性别平等的村规民约实属必要。

> A. 起草
> 　　经村两委提议，村民代表推荐，成立村规民约起草小组，小组 5—7 人为宜。
> 　　起草小组成员：接受过培训的村组干部和村民骨干，妇女不少于 30%。
> 　　提出体现性别平等的村规民约修订草案，提交县、乡执行小组审议。
> B. 征求意见
> 　　召开各种人群座谈会。
> 　　入户征求意见，微信征求意见，问卷征求意见，针对草案进行修改。
> C. 表决
> 　　村委会组织召开村民大会或村民代表大会进行表决。
> 　　村民代表大会中妇女代表不低于三分之一，妇女代表不足者，可特邀妇女代表参加。
> 　　由参会代表逐条讨论，逐条表决，超过半数即可以通过。
> D. 公示
> 　　表决通过后，公示七天。
> 　　公示期过后无异议即日生效，同时提交乡（镇、街）政府备案审查。

(一) 各方代表参与起草村规民约

参与起草的不仅包括村干部，也包括村民代表，村民代表至少要有 30% 的妇女代表和老年代表，还要有持不同意见的代表，以及权利容易受损的代表，共同起草草案。在充分民主的空间里，各种意见可以自由表达。代表越丰富，看问题的角度越不同，越可以发现多方面的需求与问题，可以未雨绸缪，防患于未然。

村规民约的起草要遵循两大原则：一是要结合本村的实际情况，

参考其他村庄的样本，但是不能照抄、照搬别村的村规民约，以免脱离实际。二是村规民约要依据国家各项法律法规修订，不能与国家法相冲突。为了保证内容的合法性，接受过性别平等培训的村干部要有意识地进行引导，增加性别平等的条款。妇女代表的参与，也会促进性别平等的议题成为村规民约的关键条款。

我国第一份性别平等的村规民约就是由媳妇身份的妇女景秀芳参与制定的。她被邀请参加村规民约修订的讨论会，她是丈夫村的媳妇，作为媳妇可以享有村民资格，与一结婚马上取消村民待遇的出嫁女的经历完全不同。作为手工艺协会的成员，她参加了性别平等培训，看到了村里对于女儿、招婿的限制，在草案讨论会上站在女儿的立场上讲话：我一不是村两委委员，二不是村民代表，想提一条意见：家里四五个男孩都可以堂堂正正分地，凭啥只有女孩的家庭，只能让招一个女婿？家里无论几个女儿只要愿意都可以招女婿。正是具有性别平等意识的妇女表达诉求，才将提出解决农村妇女土地权益的关键条款列入村庄分配规则草案。周山村的村庄规则修改之后，增加了十四条有关性别平等的内容。

图 10-17 景秀芳在修订村规民约的研讨会上发言

这十四条包括：全体村民享有平等权利，村规民约应消除因性别、年龄、婚姻状况（如上门女婿、离异丧偶）、生理条件（如残障）等造成的歧视，维护全体村民的合法权益；姓氏多样化，子女可以随父姓和母姓，随母姓予以奖励；婚嫁自由，双方约定，女到男家、男到女家均可；村民资格，女儿可以招婿，儿子可以娶妻，不受任何限制，同等享有村民待遇。由此，在全国各个试点村的修订中成为范本。

（二）村规民约起草广泛征求意见

召开各种群体的座谈会：老年人、残疾人、媳妇、外出务工者等。为了考虑出嫁女的利益，甚至可以召集已经结婚在外的出嫁女回村参加座谈会。还可以打印成文字资料，通过中学生志愿者为家长宣读讲解。可以由村干部入户挨家挨户讲解，并将意见建议如实反馈给起草小组，起草小组予以吸纳补充。

图 10-18 创新社区采用板报和座谈会广泛征求意见

长丰试点村征求意见的方式，是挨家挨户逐条宣讲村规民约草案，让村民充分了解村规民约的条款。安费塘村干部将街坊四邻都召集到一户人家，让村民大声朗读每一条村规民约，不明白的当场提出疑问，由村干部解答，并解释为什么这样修订。这个有 8000 人的创新社区，由包组干部分头到各组挨家挨户征求意见，同时召开各种座谈会，将征求意见的人群扩大到嫁到外村的出嫁女，使得出嫁女也有了社区事务的发言权，得到村民的各种积极反馈。例如，有妇女提出妇女代表30%的比例太低，最好是40%。社区干部立即进行调整，妇女代表的比例增加了10%。广泛征求意见，还发现了一批关心村庄事务的社区骨干，日后吸纳到社区管理工作当中来。

征求意见的过程，具有双重意义：一是民主参与民主决策的过程。这个过程是村干部与村民的良性互动过程，当村干部真心诚意听取村民的意见，就会渐渐赢得村民对村干部的信任。当村民的合理建议被采纳，也使得更多人的智慧转化为村庄规则，还可以发现挖掘村民骨干。二是村干部讲法普法的过程，结合性别平等的条款，可以介绍为什么要平等对待男村民和女村民，为什么要倡导婚居模式多元化，为什么要倡导姓氏多元化。让村民在与村干部的交流中，学法执法知法懂法，接纳性别平等的条款。

（三）对村规民约进行民主协商和民主表决

《村民委员会组织法》明确规定，召开村民会议时，"应当有本村十八周岁以上村民的过半数，或者本村三分之二以上的户代表参加，村民会议所作决定应经到会人员的过半数通过"（第二十二条）。

由于会议是对村规民约进行民主表决，涉及每一个村民的利益和权利，所以，格外引人关注，村民参与积极踊跃，讨论也越来越激烈，甚至会形成交锋和争辩。因此，民主协商就显得越来越有必要。何为民主协商？民主协商主体必须多元化，需代表各方立场，不能搞家长制，不能"一言堂"。大家平等参与，理性地表达利益诉求，既不能用权力压制多数人意见，也不能用多数人意见压制少数人的想法，经过民主协商逐步达成共识，最后再通过多数村民代表表决做出决定。

为了体现民主协商与民主决定相结合，试点村特意增加了逐条讨论逐条表决的规定。对于两个"逐条"，在试点村推进中是有不同意见的，一种观点主张，不需要逐条讨论，召开村民会议也就是走个程序，不必太认真。一种观点认为，需要逐条讨论，让村民代表充分发言，激发其当家做主的参与感。后者终于占了上风，使得民主协商成为必须坚持的原则，也使得村民会议取得意想不到的效果。

图 10-19　创新社区修订村规民约会议表决现场

  2013 年 6 月，创新社区百名村民代表讨论和表决村庄规则的草案，其中有 40 位妇女代表参与草案的讨论，草案是逐条讨论，让每位代表充分发表意见。当讨论到妇女代表比例不能低于 40% 的条款时，一位妇女代表举手起身说道："既然我们倡导男女平等，我觉得妇女代表就得男女一半对一半，各占 50%。"妇女参政比例再次扩大的建议提了出来，对村庄草案构成新的挑战。主持会议的村干部回应道："这条意见提交村民代表表决，如果半数以上举手同意，就将现有条款进行修改。"于是，立即表决，表决的结果是：40% 的妇女代表都举手赞成 50% 的比例，60% 的男性代表都举手赞成 40% 的比例。第一次出现了两性表决的"对峙"。为了打破僵局，有意推进性别公正的主持人提议男女代表双方进行协商。男女代表相互做出妥协，将妇女代表比例规定为 45%，协商的结果达成一致，男女双方代表全部举手通过。

  一些村庄在召开村民代表会议时，试图民主表决通过性别平等的村规民约草案，困难重重，需要村干部想方设法做工作。在哈尔滨的卫星村，已经召开了几次村民会议，讨论新村规，解决25户上门女婿享有村民待遇的问题，都遭到强烈反对。反对者认为，这25户上门姑爷一来到村里，就与村委会签订了不得参与村庄分配的协议，不能改变。而新村两委认为，这种契约是被迫签的，本身就不合法。召开会议时，只要一提到同等待遇，反对者就会吵成一锅粥，根本不是民主讨论和协商，谁说话根本听不清，民主程序等于一纸空文。

卫星村的村支部书记发现，每当主持会议的时候，都会出现这样的场面，提到村规民约的条款就会争吵，几个人同时讲话，会议几乎开不下去。只要主持人说，一个一个讲，就没有人说话了，看来民主讨论和民主倾听也是需要学习的。如何打破会议上的困局？村支部书记开始在会下做工作了，先是找到3位妇女代表，其中的一位妇女代表叫李金凤，特别有正义感，她是卫星村的媳妇，当年她的地是在娘家村分的，父亲得到土地补偿款时，就将几个女儿的补偿金全部给了儿子，这使得她深深感到对妇女的不公平。她不希望看到这种现象在卫星村村集体分配中再次重演。当书记动员她们带头表态，她一口答应。经过一番准备，新一轮的村民代表大会再次召开，村书记要求一个一个说时，李金凤第一个站起来发言："关于土地这个事，我个人认为，我们要献出一点爱心，应该多一点同情心。同在一个屋檐下生活了几十年，在这个和谐社会里这个问题解决不了就存在不和谐因素。我坚决支持村里决定，这个问题一定要解决好。"接着第二位、第三位妇女代表发言。个个讲得合情、合理、合法，反对意见失去了支持者，最后，村规民约草案顺利通过。

在民主协商的过程中，村干部和村民的积极参与和主人翁精神，为村规民约的修订和实施打下了坚实的基础。修订前，村民说："我们不知道村里有没有村规民约，有也是贴在村两委办公室墙上的，是给上级领导检查时看的！"修订中，村民为自己能够亲身参与而感到兴奋："这是第一次由村民自己修订村规民约，俺们有当家做主的感觉!"修订后,绝大多数村民都能自觉遵守新村规民约,遇到执行难的问题,就会有人主动站出来说:"这都是咱们举手表决通过的,咋能说变就变呢?"依法自治,村民参与,为村规民约的执行打下坚实的基础,也为国家法渐渐进入到民间法做出尝试。

村庄规则就性别平等进行修订,是一场悄然而深刻的基层社区变革,是乡村政治经济与文化的结构性变革。从经济上来看,是基于经济正义的再分配。在这里,不再因为性别不同而区别对待,而是走向一视同仁。从文化上来看,建立身份认同,这种承认是基于主体之间的平等关系而非从属关系,不仅仅是法律上的承认,还要转变为政策和文化心理上的认同。从政治上看,两性之间有平等的参与权,任何一个性别不能取代另一个性别的代表权,任何合理的利益诉求都可以表达和提出,进而转化成村庄规则。这就是村庄内部政治、经济和文化的良性互动过程。

第十一章　社会组织协同村规民约修订

在基层组织依法修订村规民约的过程中，社会组织是非常重要的协同力量，也是一种不可缺少的推动力量。可以说，社会组织是基层组织的同盟军，也是构成社会的重要组成部分。正因为有了这一宝贵的社会力量，基层组织修订村规民约才能触动父权制的根子，才能展开既和风细雨而又深入骨髓的文化与风俗变革。

这里所说的社会组织，区别于环保组织、公益服务组织，专指推进性别平等的社会组织，即妇女/性别社会组织。

一　以性别为取向的社会组织应运而生

相对于基层自治组织来说，妇女/性别社会组织是一种外部力量，主要来源于城市知识阶层，对内是在较为宽松的社会环境中产生的，对外，则受到国际社会和联合国的有力推动。

（一）妇女/性别社会组织的出现

1995年，对于中国妇女/性别领域是一个值得纪念的年头。这一年妇女/性别组织大量产生，形成了建立妇女组织的高峰，当时通常叫作妇女研究中心。这些妇女/性别组织几乎绝大多数都聚集在城市，集中在高校、党校、社会科学院，职业身份是教师和研究人员，从事不同学科和专业，但对妇女/性别问题都充满了兴趣和热情，对于妇女/性别状况予以强烈而持续的关注。这些组织是民间自发的，几乎都不在民政部门注册，大多是由工作单位批准建立的，使用的是单位名义。

与此同时，这些组织从1995年开始，经历了由"妇女"向"性别"的转型。此前，关注和探究的都是妇女议题，在关注女性权利时，是不会考虑男性权利的，就女性谈女性，不善于进行男女两性之间的比较与性别分析，所使用的理论基本上是妇女解放理论，将性别议题置于阶级议题之下。此后，在研究中渐渐引入社会性别概念以及性别分析工具。1995年，联合国在北京举办了第四次世界妇女大会，会上形成的《行动纲领》，多次提到社会性别概念，呼吁各国政府将社会性别意识纳入决策主流；呼吁将社会性别作为所有项目的有机组成部分，项目的需求、计划、实施与评估都要进行社会性别分析，促使妇女参与到项目实施当中，推进两性的均衡发展。从此，中国妇女/性别组织的研究视角发生变化，从妇女转向性别，即便关注对象是女性，也会注重与男性进行比较，突破了孤立研究妇女问题的局限。此外，社会性别渐渐成为观察社会问题的一种分析工具，成为与阶级、民族并列的一个重要范畴。也大大深化了对中国社会认识的深度和广度，特别是加强了对于中国活着的父权制的行动研究。

（二）高校的性别研究与发现父权制

高等院校的妇女/性别组织起步最早，1985年郑州大学妇女研究率先起步，领风气之先。到了1995年，一批高校纷纷创建妇女/性别研究组织，渐渐将社会性别引入社会学、经济学、法学、政治学、历史学、文学等当中去，形成性别与多学科的交叉研究。在这些性别研究中，特别值得一提的，是天津师范大学的妇女发展研究中心，它从1993年就率先引进性别概念，举办跨国的妇女/性别研讨会，以及国外社会性别思潮读书会，广泛介绍和研读社会性别理论。

天津师范大学的杜芳琴教授将社会性别制度概念引入中国的历史，探索中国的社会性别制度起源，经过对大量典籍资料的收集与挖掘，第一次揭示了中国华夏性别制度的特点，并将其概括为三大制度，即性别分工制度、婚姻制度、继承制度。由此，揭示了国家与家庭如何同构，以及性别与阶级的双轨制是怎样交互作用的。形成了中国的社会性别制度理论，打通现实与历史之间的性别联系。也为性别研究者认识乡村社会的民间风俗和分配制度，认识乡村社会的政治经济与文化身份的交叉关系提供了思想工具。

```
                    ┌──────────────┐
                    │  性别分工制度  │
              ┌────▶└──────────────┘
              │
  ┌──────┐    │     ┌──────────────┐
  │ 华夏 │    │     │   婚姻制度    │
  │ 性别 │────┼────▶└──────────────┘
  │ 制度 │    │
  └──────┘    │     ┌──────────────┐
              │     │   继承制度    │
              └────▶└──────────────┘
```

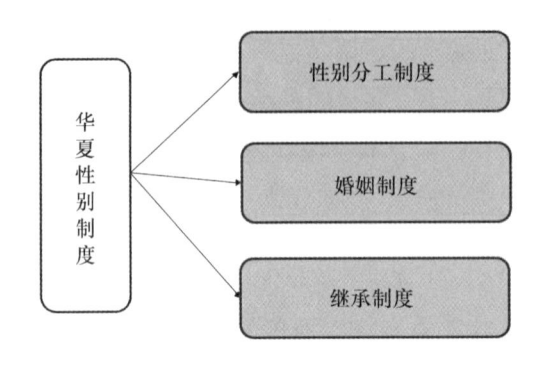

图 11-1　中国社会性别制度的架构

（三）立足妇女发展的妇女组织

这类组织与高校注重发现和研究性别议题的特点不同，更侧重行动性，即针对性别问题将妇女组织起来，采取行动改变现状。沿着这一思路，妇女组织关注女性弱势群体的权益，不断组建派生草根妇女组织，如打工妹组织、家政工组织、农家女组织，增强主体意识，维护自身合法权益，增加法律意识和性别平等意识，提升妇女的参与意识，提升依靠社会组织解决问题的能力，促进妇女的进步与社区建设。

在这些立足行动带来改变的社会组织中，河南社区教育研究中心是一个典型，它的成员主要是妇干校的一群富有理想主义色彩的教师，2000年登记注册为非营利性机构，工作重心从城市转向乡村。2002年该中心深入乡村，组织了妇女手工艺协会、艺术协会等，在摸爬滚打的探索中，学会了如何动员农村妇女，学会了怎样建立相互信任的关系，学会了如何组织和开展活动，积累了行动推动的丰富经验，也使得一批逆来顺受的妇女成为新农村社区建设的骨干力量，性别平等就是在细雨润物中一点点展示出自身的力量。与此同时，她们得到村民的信任与认可，成为性别平等的引导者和推动者。这就为下一步修订村规民约打下了基础、提供了可能。

┌─────────────────────┐ ┌─────────────────────┐
│ • 我们是一群——   │ │ • 我们相信——相信每一个人 │
│   有理想的人   │ │   都有平等的权利   │
│   有爱心和公益心的人 │ │   相信乐于奉献的人越来越多 │
│   充满激情的人   │ │   │
│   │ │ • 我们力量的源泉—— │
│ • 我们的组织——   │ │   共同的信念   │
│   有较强的协作精神 │ │   团队的力量   │
│   民主平等，坦率真诚 │ │   每个人都得到尊重 │
│   想大问题，做小事情 │ │   │
└─────────────────────┘ └─────────────────────┘

图 11-2　河南社区教育研究中心的宗旨

（四）着力于性别平等政策倡导的社会组织

这类社会组织主要来源于党校和干校，从单位的性质来看，主要培训党政机关的领导干部，即国家和地方公共政策的制定者。针对决策者的性别盲区，在培训中加入社会性别视角，增强决策者的性别敏感意识，在公共政策中考虑对不同人群包括男女两性的影响，就成为这类组织的主攻目标。与此同时，也成为性别研究学者一种特殊的参政议政方式，成为推进社会性别主流化的过程，还是社会性别公共政策的持续倡导。应当看到，性别平等的政策倡导，绝不是简单的书斋建议，而是来源于鲜活生动的行动研究与实践案例，在实践的基础上形成建议，最终形成有针对性的性别平等政策，解决类似的具有普遍性的性别问题。

在全国 2000 多家党校中，中央党校妇女研究中心从 2005 年开始持续进行性别平等的政策倡导。采取的主要方法是，从难解的性别问题入手，进行量化的深度调查，找出根源，向与此相关的政府提出对策，引起政府对于性别政策的关注，进而形成性别敏感的公共政策。2005 年，妇女中心选择了出生性别比失衡的议题，也可以说是妇女

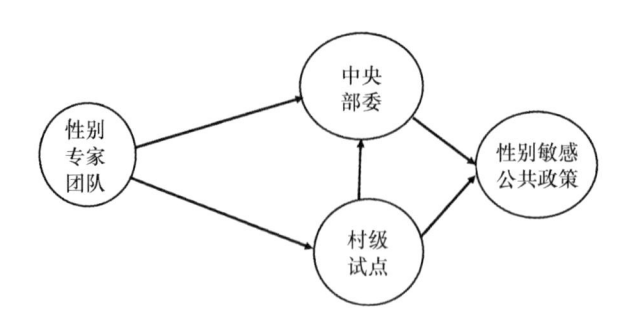

图 11-3　案例与政策直接的交互作用

土地权益的另外一种叫法。它们恰似一枚硬币的两面，妇女土地权益受损，就意味着生女不如生男，纠正生男偏好，治理出生性别比失衡就成为妇女中心倡导性别平等政策的重点。

2007 年 7 月，在两年社会调查基础上，中央党校妇女研究中心召开了治理出生性别比失调与制度创新的倡导会，政策倡导的一个重要成果，就是原国家计划生育委员会愿意与妇女中心进行合作，探寻治理出生性别比的治本之策。为了完成这一课题，妇女中心组建了一个横跨全国的专家课题组，取名为性别平等政策倡导课题组。立足于研究、培训、推动三位一体，不仅发现和研究性别问题，而且力争对性别问题提出解决的方案，进而形成具有普遍指导性的公共政策。

作为推动乡村性别平等的妇女/性别社会组织，2008 年首先面临的课题，就是协助村庄制定一部性别平等的村规民约，为进一步的性别平等政策倡导进行准备。那么，在试点村的探索过程中，妇女/性别社会组织扮演什么角色呢？如何定位妇女/性别社会组织的作用？这些是协助基层组织修订村规民约中需要研究的问题。

二　试点村的合作伙伴

确定第一个修订村规民约的试点村，可以说，是妇女/性别社会组织和试点村共同施展想象力和创造力的结果。在这里，村民与村干部是修订主体,外部组织扮演了协同者、引导者和推动者的角色,通过和试点村的携手合作与不断探索,一步步接近既定目标。

(一) 达成共识,平等协商

修订体现性别平等的村规民约,需要两个主体之间的合作,任何单一主体都是无法完成的。作为全国第一个试点村,周山村之所以能够接连不断地修订村规民约,在于村干部尝到了村规民约不合法的苦头,也尝到了依法修订村规民约的甜头。无论是哪一任村干部都发自内心愿意修订完善村规民约,这是与课题组合作的思想基础和先决条件。作为竭力推进村规民约性别平等的社会组织,一直将推进乡村性别平等作为使命,有理论储备,有明确目标,有对父权制根源的深刻认识,同时积累了大量乡村社会推动的丰富经验,可以发挥主动性和能动性,弥补仅仅依靠村庄自身的局限性。但是,作为外部组织,又有先天不足,对于村庄的规则与风俗习惯缺乏了解和理解,而村规民约的制定需要多数村民来决定,需要村干部发动组织和有序推进。所以,两个主体需要合作,平等协商。

平等协商,恰恰是妇女/性别社会组织秉持的理念,因为性别平等是这一组织追求的目标。这一目标,不仅仅意味着妇女要争取合法的资源和权益,同时意味着在人与人之间建立非歧视的相互尊重的关系。不论是知识分子还是劳动阶层,不论是城市还是农村,不论是男人还是妇女,都有着人的尊严和基本人权。应将这一宗旨体现在妇女/性别组织、外部组织与农村基层组织的相互关系之中。作为性别平等政策倡导课题组,致力于将平等协商作为组织内部的一个基本原则。在组织内部,无论是资深的性别理论专家还是行动推动者,无论是高校党校教师还是妇联工作者,只有专业和特长的不同,没有尊严和人格上的差别,相互平等对待。在推进试点村性别平等过程中,无论集体备课、制定工作计划还是研究讨论问题,都会注重参与,与会者可以坦诚发表意见,搞清问题,增加共识,形成合力。此外,还会注重资源分享,这里的资源包括调研报告、备课讲义,各地信息在组织内部进行分享,互通有无,形成相互支持合作的共同体。妇女/性别组织的宗旨是,平等协商资源分享,低调做人,高调做事。这一基本宗旨，也推及周山村村委会的互动之中。

整个修订过程，妇女/性别组织不断与村委会沟通协商。

第一，了解村庄已有的分配方案。以便对试点村心中有数。经过专家的调研，挖掘出了口粮款分配的十三条，出现了一个不叫村规民约的分配方案；了解到村委会干部的分配思路，依然是按照男娶女嫁进行分配，在大多数村干部看来，妇女结婚该走不走，就不能给。由此，专家团队感受到推进性别平等面临的严峻挑战。从而，有的放矢地制定培训策略和方案。

图11-4 周山村的分配规定

第二，制定培训计划。通常，制定培训计划是专家的事情，村委会负责召集村民参加。但是，应当看到，这不是一次简单的培训，其作用是要转变观念，制定新的分配方案，所以，培训的效果十分重要。富有行动推进经验的梁军老师，深知此项工作的难度，需要就很多培训细节与村委会进行沟通，以便将有可能出现的问题提前做出预案。于是，他不断向村支部书记征求意见：这样搞培训，效果怎样？你参加过培训，提提你的建议。周山村支部书记很有把握地说，就从出生性别比失衡讲起，讲到给家家户户带来的影响，再进入村规民约修订。这种协商是一种未雨绸缪，及时堵住了有可能在将来出现的问题。

图 11-5　梁军老师正在进行乡村培训

第三，沟通修订内容。修订村规民约，可以采取多种形式：一种是针对分配方案制定，这种做法与妇女土地权益直接挂钩，对于解决棘手的性别分层问题十分必要，但是，往往不会涉及村庄的其他方面。另一种是修订综合性的村庄管理规则与行为方式，如村委会的职责，村民代表的职责，村民不同群体的权利，包括老年人、残疾人、上门女婿以及妇女的基本权利，集体资源的管理，民间习俗的引导，环境生态的养育。专家团队先综合不同的内容，然后与村两委沟通，最后确定选择综合性的村规民约内容，使得村规民约的制定兼顾村庄管理的各个方面，包括妇女/性别的权利。从而，修订工作成为村庄综合管理工作的抓手。

正是两个主体的平等协商，逐渐建立起相互信任和相互支持的平等合作关系，形成优势互补共同解决问题的合力。

（二）修订村规，不断探索

在第一个试点村修订村规民约，遇到的最大困难是没有现成的经验路径和方法可以参考借鉴。无论是对于妇女/性别组织还是试点村，都需要一步步进行艰辛的探索。

1. 明确村规民约草案的主体

在村规民约修订中，一个核心问题是哪些人参与起草草案。这个问题与修订目标相联系。2000年左右，出现了一批管制型的村规民约，针对违反计划生育政策、破坏公物、打架斗殴等现象，对违规行为进行罚款和处罚。制定规则的几乎都是村干部，他们行使管理村庄的权力，村民则是管制对象，是村庄义务的承担者。村干部和村民只有单方面的权力与义务。

2014年前后，社会治理的提出带来村干部与村民关系的变化，在这里，不仅要看到村民的义务，也要维护村民的权利；不仅要看到村干部的权力，也要履行村干部的职责。随着依法自治的提出，权利与义务的对等性渐渐得到强调。既然要重视村民的基本权利，就需要村民参与村庄管理，参与村庄规则的制定，保障其基本权利。这就成为专家团队修订村规民约必须考虑的问题。在拟订草案的培训中，在与村两委的协商中，专家团队提出了村民代表参与村规民约的建议，一定要体现村民代表的广泛性，要考虑长期被忽视的群体代表，考虑到农村人口撕裂的现实，一方面青壮年男子到城市务工，另一方面老人、妇女、儿童包括残疾人正在成为农村的主力军。不再将农村视为空壳村，让老人、妇女等群体在修订村规民约中发挥作用。于是，敢于直言的老年代表、30%—45%的妇女代表、残疾人代表——得到村干部的认可，村民的主体性渐渐得到承认，而且村规民约草案就由村干部村民组长以及村民代表共同制定。

在这里，外部社会组织和专家团队是不能直接拟订草案的，尽管如此可以节省大量的时间，可以直接体现外部组织推动乡村性别平等的成果。但是，这种做法是不能被接受的。一旦如此，就取消了村委会和村民的主体作用，就会违背村民自治的宗旨，民主参与和民主管理在起草草案中就会消失不见。作为外部组织可以建议、可以培训、可以引导，但不能直接插手制定。

2. 主持村规民约的讨论

在乡村搞民主参与，会出现很多预料不到的难题：一种是民主参与十分无序，村民想怎么说就怎么说，吵成一锅粥，很难顺着一个主题层层深入，所以，说起民主参与，村干部往往感到特别头痛，不知如何是好。另一种是民主参与和预期目标背道而驰，反对意见主导了会场，很难让权利受损的群体发声，更不要说维护这些群体的合法权益了。

此时，专家们需要站出来进行引导，扮演组织者、主持者的角色。这种主持的目的在于，改变参与的无序性，需要掌握以下几个要点：民主参与之前，专家要将讨论的主题和意义讲明白，这个意义不是空泛的大道理，而是与村民的切实利益发生联系。从而，起到吸引参与者注意力、明确讨论的重点的作用。接着，分组进行讨论，小组的安排最好同质性比较强，让每个人能够无顾忌地发表个人看法，并将讨论的要点写在大白纸上。这样可以有效地避免"麦霸"现象。最后，是各组进行观点的分享，专家回应各组的观点，这是一个循循善诱的引导过程。

专家往往充当协作者，协作者是参与式培训对培训者的一种称谓，从参与式培训看来，培训者绝不是喋喋不休的讲授者，而是善于引导启发培训对象，促使与会者参与讨论、真实地表达心声的协作者。可以采用"判断选择""头脑风暴""答题竞赛""案例分析""小组讨论""专题讲座"等生动有趣的形式，鼓励参与者积极主动、真实自信地表达自己。

在这里，并不回避争论和不同意见，甚至可以展开不同观点的交锋，这种交锋可以充分地表达观点，使得讨论走向深入。为了使讨论方均衡，一个基本原则是要组织各种群体的代表参加，不仅有支持者、赞成者，也要邀请反对者批评者，防止"一边倒"。此外，还要营造一个宽松的、畅所欲言的环境，既不能限制多数人表达，也不能限制少数人发言。这种热烈紧张的气氛，常常需要主持人有驾驭会场的能力，能收能放，收放自如。让不同的群体代表都可以充分地发表意见，甚至进行理性的争论。话不说不明，理不辩不清，问题时常是在争论中澄清的。

2015年1月16—17日，周山村召开"第三次修订村规民约（草案）研讨会"，周山村各方利益群体代表40人参加，围绕着出嫁女"两头落空"的问题争论起来，会场上几乎吵翻了天。

甲方："她已经嫁出去了，应该取消村民待遇。""两头落空是因为婆家执行土地承包30年不变，不能怪周山村。"乙方：

"村民待遇（口粮款）实际上是土地补偿金，象征着她的土地承包权，而妇女的土地承包权是不能随意剥夺的。如果婆家没有，周山村就应该保留她的权利。"甲方："村里有一些人（主要是男性）已经成了国家公务员，拿着国家工资，可户口没有迁出，仍然享受村民待遇，为什么对待出嫁女那么不公平？"如果没有争论，大家常常会对已成习惯的现象熟视无睹。双方把各自的看法摆出来，很多道理就不辩自明了。最后，达成的一致意见是："婚出男女户口未迁出，不在本村居住，在对方没有享受村民待遇者，由本人提出书面申请，对方村委会出具证明，经周山村两委核实后，可享受村民待遇。""户口未迁出的国家公务员、国企和事业单位正式人员，不再享受村民待遇。本人或家属应主动向村民组说明情况，自觉放弃村民待遇。"这两条条款，在讨论中达成共识，毫无异议地纳入周山村村规民约。性别平等的难题就是在各种形式的协商中，经过不断的讨论甚至是争论，通过协作者的积极引导，渐渐让村民接受，又很快通过修订村规民约变成制度解决的。

正是通过一次次的民主协商演练，周山村的村干部和村民骨干学会了如何进行民主协商，学会了用民主方式修订村规民约，懂得了村民自治的真谛，尝到了村民参与的甜头。

3. 形成村规民约文本

在第一个试点村修订时，全国尚无一例性别平等的村规民约文本，哪怕是那些执行了性别平等分配规则的村庄，也拿不出成型的村规民约文本。可以参考的文本只有取消性别歧视规定的文本，这种文本的问题在于，尽管歧视性规定取消了，但是在具体操作中依然遵循男娶女嫁的规则，并不能达成修订村规民约的预期目标，只是将性别不平等的显规则变成性别不平等的潜规则。从既定目标考虑，要切实达成分配方案的男女平等，就要制定具体的可操作的性别平等的显规则，以便使得维护妇女土地权益有章可循。不仅要消除性别歧视，还要有性别平等的条款，可以说，拟订草案的难度高。

面对这些难题，专家团队和试点村一起面对，夜以继日地精心准备培训方案，在纷繁复杂的问题中进行梳理，提出了进一步拟订草案的培训方案。培训方案经过充分酝酿终于产生了，包括四个方面：修订村规民约的目标、方针、内容、策略。修订目标：用参与式研讨的方法，将性别平等、计划生育、环境保护、国土资源等多项国策结合起来，制定出符合国策和新农村建设二十字方针的村规民约。修订的方针：社会和谐，稳定人心，因地制宜，以人为本，计划生育，新农村建设，生态平衡，关注民生，一举多得，多方共赢。修订村规民约的策略：目标明确，具有弹性，正面引导，避开争论，立字当头，破在其中。参与式研讨是关键，性别平等是重点，利益调整是难点。

图 11-6 梁军主持修订草案的讨论

专家作为协作者，引导组织草拟村规民约草案讨论，通过认真严肃地讨论，参与者张贴纸条，逐一提出村规民约应包含的主要内容，即村庄秩序维护、集体资源管理、实行计划生育、提倡文明新风等。然后，分组讨论制定细则，每一个条款都是与会者提出来的，随后大家分享补充，形成了民主参与基础上的草案，将"风俗变革""国土资源""环境保护""男女平等""改革开放"全部体现在村规民约的条款中。从村庄实际出发，群策群力共同制定，彻底改变了专家和政府官员闭门造车的境况。村规民约的文本来自实践，特别接地气。

在村规民约文本中，村庄管理与性别平等融合在一起，几乎每一项内容都会涉及性别平等的内容。在集体资源中，提出了"无论男到女家、女到男家，均享有村民待遇"；在"提倡文明新风"部分，提出应将"男女共担社会责任、共同分担家务劳动""反对家庭暴力"

"夫妻平等对待双方老人""提倡姓氏改革、婚俗葬俗改革"等内容一一写入新修订的村规民约。

在专家团队的协作下,通过村干部和村民代表的参与,一份体现性别平等的村规民约草案产生了!正是这份草案开启了全国第一份性别平等村规民约的修订,促使一个山村发生了悄然而深刻的变革,还为其他村庄修订村规民约提供了有价值的参考。2012年,江苏灌南县修订村规民约,在村干部面前摆着两份文本,一份是县民政局提供的文本,一份是周山村的文本,几乎所有的村干部都选择了周山村的文本。问到原因,村干部说,接地气,他们村里也有这些问题需要解决。

(三)从家庭入手,拉动风俗

妇女/性别组织的专家团队,一直致力于双轮驱动乡村社会治理,一个轮子是制度创新,一个轮子是文化变革。在专家团队看来,两个轮子缺一不可,没有制度创新,新文化不能巩固;没有文化变革,新制度没有根基。民俗往往影响着人们的思维方式和行为方式,拉动民俗变革可以起到预料不到的改造社区环境的作用,可以作为文化变革的另外一个着力点。妇女/性别组织几乎都是从家庭和家族寻找切入点,进而取得社区的支持。这里,我们介绍推动民俗变革的两种方式。

第一种是专家团队与具有变革精神的家庭和家族联手,取得村委会的认可和支持,拉动风俗变革。应当看到,风俗习惯往往以家庭家族为单位,无论是婚丧嫁娶还是族谱祠堂,都是在家庭和家族中运行的。农村家庭是乡村社会的细胞和最小构成单位,农村家庭并不是铁板一块,有偏重保守传统的家庭,也有倾向变革进步的家庭。后一种家庭往往更多感受到父权制带来的限制和压迫。例如,家里生的是女儿,会考虑能不能结婚后留在身边,否则,老年人晚年就会孤苦无依,期望排斥女儿的风俗有所改变。

在这里,拉动婚嫁规则的变革,会有较为充分的时间准备。因为是办喜事,通常都会提早告知亲友,某年某月某日新娘新郎喜结良缘。在农村是允许女儿户的一个女儿招婿上门的,这就为外部组织打破男娶女嫁、举办男到女家的婚礼提供了可能。性别专家的性别敏感

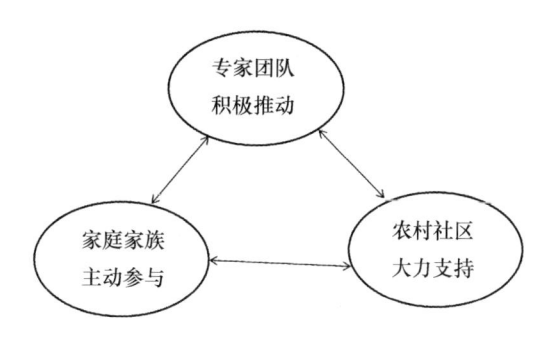

图 11-7 专家团队/家庭家族/社区的互动

和有意识的引导，是民俗变革的第一个启动机制。性别专家可以先向女方父母提出建议：能否搞一场新娘迎娶新郎的新式婚礼？在得到女方父母的积极回应之后，全面了解婚礼的过程和细节，进而商量具体的实施方案，如女儿在婚礼前能否参加祭拜祖先的仪式？祭拜祖先时能否将父系祖先和母系祖先一起祭拜？

性别专家启动之后，需要举办婚礼的家庭做好内部成员的转化工作。严格地说，在中国农村举办婚礼，不仅仅是一个家庭，还是男女两个家族的一件大事，要取得家族中有地位、有身份长者的认可。这需要变革的家庭成员做说服工作。否则，很可能将好事办成坏事，事情闹得不可收拾。这是需要智慧的事情，需要一定的时间去和风细雨地做工作，最大限度地得到支持。

此外，婚礼的举办还需要得到村委会和村民的支持。婚礼通常在自家屋外搭台子举行，需要社区和村民来观看与祝贺，形成一种喜庆热闹的氛围。过去，上门女婿之所以在村里抬不起头，首先是婚礼冷冷清清。村委会既然要引导民俗变革，就应当抓住这个时机予以支持。支持可以是物质上的，派几辆车迎接新郎，增加人气和热闹的氛围；还可以是精神上的，在婚礼上作为嘉宾参加，作为新风尚予以肯定。让男到女家的上门女婿扬眉吐气。拉动婚姻习俗的变革，可以在两三年之内影响人们的观念。一开始，村民只能接受女儿户搞新式婚礼。两年之后，家有儿子的，女儿也可以招婿上门举办婚礼。

相比而言，葬礼的变革难度要大得多，时间不确定性很强，为葬礼的操作增添不小的困难。与此同时，女儿户在葬礼上面临的压力特别大，变革的愿望更强烈。女儿户的家庭不乏开明的家长，然而，遇到的困境是，没有儿子，葬礼没法办，因为传统葬礼规定只有儿子可以打幡摔老盆，女儿和媳妇统统靠边站，即便是再多的女儿也比不上一个儿子，会强化重男轻女。所以，葬礼的变革显得特别迫切。

首先，可以考虑通过性别专家加大社会和社区宣传，着力改变红白理事会成员的观念，增进性别平等观念。例如，儿女和家人，一律取消性别的区隔，可以平等地参加葬礼，表达对已故亲人的哀思。登封市的垌头村专门搞红白事大厅，大厅里配备宣传画和文字，生动形象地向村民进行宣传倡导。

其次，通过专家团队或者红白理事会协助家庭搞新式葬礼。通过新式葬礼，倡导丧事简办，倡导男女平等，消除葬礼上的性别歧视。

图 11-8　纯女户家的葬礼

前几年，性别专家介入周山村的四女户家庭葬礼，一改只能儿子主持葬礼的旧俗，一个女儿打幡，一个女儿摔老盆。专家团队送来了条幅：生儿未必能养老，养女同样能送终。村委会成员集体哀悼已故老人。正是这场新式葬礼，使组里的一个男村民的观念彻底改变了，过去，他死活不同意给两个女儿口粮款，谁敢和他对着干，他就拿着刀和谁拼命。现在，他说女儿应该分，她们照顾了自己的父母，为父母养老送终，就应该分，老规矩是得变变了！

专家团队介入家庭和家族搞变革，要特别讲究策略，知道哪里是雷区，不能轻易触碰；哪里是安全区，可以进入。只要取得家庭家族中核心成员的支持，并借助家庭力量做好相关亲属的工作，就会使变革的阻力大大降低,成功率得以提高。无论是举行男到女家的新式婚礼,还是举行女儿为母亲送终的葬礼,都是课题组与村骨干家庭成功合作的结果。在这里,性别专家与骨干家庭形成良性互动,村骨干欢迎性别专家进入家庭搞风俗变革,性别专家讲究方式方法促使多方受益。

第二种是专家团队持续推动传统家族的风俗变革。2000年左右,农村中不少声望显赫、实力雄厚的家族,开始兴建家谱和祠堂,乃至形成乡村文化的一大特色。这些家庭家族对于传统文化大加赞赏,在不知不觉中将父姓制文化加以延续,形成了对性别平等的一种挑战。这种做法同样出现在第一个修订村规民约的试点村,2009年3月周山村第一次修订体现性别平等的村规民约,次年便开始兴建周氏祠堂,投资50多万元,于2011年完工,周氏祠堂成为周山村最豪华的建筑物。

专家团队认为,不可小看周氏祠堂的修建,它在凝聚家族力量的同时,也在强化男性中心的观念,一旦父权制文化通过修建祠堂普遍建立并得到认可,再想巩固性别平等的村级制度,就会难上加难。于是,专家团队开始介入祠堂族谱的建设,试图让祠堂为性别平等添砖加瓦。这是一个漫长的推进和渗透过程。

首先,为了推动周氏祠堂变革,专家团队开始接触修建祠堂的负责人,了解祠堂的来龙去脉,建立信任关系。正是在不断的了解中,专家团队发现了祠堂的历史和祠堂的双重功能,祠堂虽然强化了男性的主导地位,但在增强家族凝聚力、约束成员的不良行为、倡导优良风气方面也有一定的积极作用。同时,管理祠堂的人大多是家族中的"文化人",因其有才能、有声望而被当地民众尊重,应该使之成为传承乡村文明、弘扬公序良俗的主导力量,对村庄公共事务做出贡献。于是,熟悉当地人情世故的梁军老师,和周氏家族核心成员多次协商,看能不能"旧瓶装新酒",利用祠堂做一些推进性别平等的工作。同时,利用专家团队的优势,协助周氏家族收集整理家族历史。

应当看到,在这些家族的背后隐藏着庞大的家族网络和复杂的血缘亲属关系,其中一些家族网络延伸到村庄以外,他们几乎对性别平等一无所知,乃至于家族中德高望重的长者对平等观念相当抵触。协商无效,周氏家族除了花费大量时间续写周氏家谱外,对其他事情似乎不感兴趣。推动工作无果而终。

其次,积极介入和有意识地倡导,渐渐影响到周氏家族核心成员内部的分化。2014年9月,担任村支部委员的周氏祠堂的一位负责人,看到国家领导人提倡"好家风",就与专家团队商议,希望搞一个"传扬周氏新家风"活动。当时,他聚集了14位家族成员(7男7女),根据社会主义核心价值观的内容,以参与式方法,制定了七条周氏新家风。倡导活动刚刚出现转机,又开始发生逆转,周氏家族几位成员强烈反对,理由是:祠堂是供奉祖先的地方,不能搞"乱七八糟"的活动,也不能让"乱七八糟"的人(如丧偶、离婚、怀孕、未婚妇女)进入。于是,正在筹划的活动被迫中止。

专家团队不言放弃,只要有机会就要做工作。他们一次次从周山村的祠堂功能讲起,谈到祠堂的功能从来不是单一的,不同历史时期发挥不同作用,20世纪50年代前,祭祖的功能为主。到了1950年以后,祠堂办起扫盲班,开办学堂,很多孩子都是在祠堂上的学。到了60年代建起卫生所。所以,祠堂也要与时俱进。渐渐地,这些人开始转变观念。

最终,专家团队与周氏祠堂持续合作,借鸡下蛋,旧瓶装新酒,搞起性别平等的新家风活动。2015年5月,周山村准备召开"村规民约手册发放、宣传、誓师大会",此次会议,全国人大原副委员长彭珮云前来参加。周氏祠堂的骨干成员认为是一个重新启动新家风活动的时机,与原先持反对意见的周氏成员多次协商,最终一致同意与村里活动同步,在2015年5月29日村庄活动结束后,举办"传扬周氏新家风启动仪式"。为此,成立了"周氏新家风倡导组",成员5人,3男2女,妇女开始第一次参与祠堂管理。

2015年5月29日下午,周氏家族成员70余人(包括外地的家族成员)在周氏祠堂门前举办了"传扬周氏新家风启动仪式",发布了倡议书,改掉"女孩不能入家谱、妇女不能进祠堂"的陈规旧俗,提倡男女平等,互相尊重。男女共同参与家庭家族事务,共同管理祠堂,共同分担家务劳动。此后,专家团队还和周氏族人一起设计制作展板，换掉了二十四孝图，取而代之的是性别平等的新展板。祠堂变革成为周山村婚俗变革、葬礼变革之后的第三次习俗变革。周姓是周山村的大姓，占全村人口的70%，周氏祠堂的变革几乎影响到整个村庄。

图 11-9　周氏新家风活动

在村两委的支持下，性别专家与家庭联手展开的风俗变革，其影响远远超出家庭，几乎每一次都在村里引起震动，深深撞击到村民的心灵；触动了深层的乡村社会结构，也使得性别平等的分配规则在周山村扎下了根。

三 政策倡导与试点经验的推广

在试点村做出内容合法、程序民主且性别平等的村规民约，可以说，是妇女/性别社会组织的一大成果。试点村的成功，不仅仅要惠及一个村庄，还要辐射带动更多的乡村基层组织，在更大范围内推进乡村社会治理，解决妇女土地权益问题。这就需要进行政策倡导，进而推广试点村的经验，在倡导推广过程中，妇女/性别组织扮演了倡导者、培训者、研究者和评估者的角色。

（一）政策倡导以及倡导效应

这里所说的政策倡导，是社会组织的政策倡导，即社会组织通过试点村的经验概括与政策倡导，使得试点村的成功经验转化成政府的公共政策，进而在更大范围内持续进行推广。

这种政策倡导，不同于一般的政策建议。通常，政策建议是专家学者根据现实社会问题以及政策的盲区，提出相关的政策建议。在这里，专家学者并不直接将建议转为行动，只是提出建议，而行动与否则是政府的事情。本书所说的政策倡导，必须建立在行动研究的基础上，不仅要发现问题、分析问题、提出对策，还要有行动的验证和成效，最终形成可操作的政策。对于政策制定者来说，能够清晰地看到整个政策的运行过程，看到运行中的难点与风险，以及化解难点的对策。

以专家团队为主的社会组织，可以具备两大优势：一是行动力，和村庄主体一起合作，做出深入扎实的试点经验来。二是概括力，对于试点经验进行提炼，形成理论的升华，进而影响公共政策。建立在行动研究基础上的政策倡导，可以交叉采取两种方式：一种是书面倡导，将研究报告和建议递交给相关的部门领导，为决策者提供富有生命力的建议。但是，这种做法有其局限性，不能保证领导干部一定阅读，也不能保证被关注。即便领导干部反馈了予以关注，也无法保证下属会满怀激情地贯彻执行，由于下属对于整个试点进程以及价值意义缺乏了解，执行的效果常常会大打折扣。另一种是会议倡导，即采用会议的方式，在同一时间、同一地点召集会议，会议共同关注同一话题，进而形成一种倡导者和被倡导者的场效应。这种效应取决于两个要素。

一是倡导的内容。内容越有分量，发言越精彩，越容易引起参会者的反响。这就需要精心准备倡导的内容，整个倡导要引人入胜，紧紧扣住关键点和难点问题展开，在清晰呈现事实的同时，又能够对经验进行一个准确深刻的概括，有一个理论的升华。

2010年12月11日，在中央党校课题组的全力倡导下，原国家人口计生委和中央党校联合举办"加强村民自治推进性别平等"的高层论坛，参加会议的有7位部级领导和50多位局级领导干部。本次倡导首先由课题组与试点地区联合报告"修订村规民约推进性别平等"的动因、进展和成效。接着，河南省试点村支部书记介绍了周山村如何迈开修订村规民约的第一步，漯河市妇联主席介绍了漯河市如何通过修订村规民约维护妇女权益，登封市委书记对修订村规民约推进性别平等的登封经验作了介绍，课题组专家进行了点评，阐述了修订村规民约，推进性别平等的综合效应：修订村规民约，可以化解国家法与民间法的冲突；将性别平等的立法原则转化为现实；促进乡风文明加强文化建设；可以将农村妇女权益问题解决在基层和萌芽状态，防止社会矛盾的演化升级；还可以促进农村的民主管理与妇女参政，找到治理出生性别比失衡纠正男孩偏好的治本之策。

图 11 - 10　高层论坛倡导会场

二是倡导的对象。争取高层领导参会，而且只有当高层领导对性别平等议题感兴趣、有强烈的社会责任感和使命感、乐于推动试点经验成为政策,才可能使试点经验的接力棒交给政策制定者。邀请与之相关的高层决策者参会,以及同一部门较多数量的领导参会,并不是为了炫耀和面子,而是为了倡导的成效。政府官员同时接收信息,在会场感受倡导的气氛,减少信息转换过程中的流失和扭曲,从而政府内部达成共识,甚至会较快形成新的政策。

高层论坛产生轰动效应,出席论坛的领导对试点工作予以高度认可。由此,社会组织将试点经验的政策倡导成功地交给政府纳入决策:原国家人口计生委将修订村规民约纳入 2011 年的国家"十二五"人口发展规划,提出落实男女平等基本国策,提高社会性别意识,清理涉及社会性别歧视的法规政策,指导村居民自治组织修订村民自治章程或村规民约。

2012 年,计生委在河南登封召开现场会,组织全国 16 个重点省的 48 个县领导进行培训和实际考察,课题组承担了为期两天半的培训考察的设计与培训工作。

国家人口计生委和联合国人口基金,以性别平等为专题,在重点省份选择 3—6 个县推广,连续 8 年进行推进,将修订村规民约推进性别平等,作为重头戏纳入其中。由此,修订村规民约在一些重点省份的试点县进入推广阶段。

(二) 扩大培训团队

在推广过程中,不断扩大培训团队是一项重要的工程。道理很简单,这项工作并不是仅仅依靠政府就可以单独完成的,一定要涉及管理千村万户的村干部,涉及县乡政府的观念转变。这就需要培训,需要搞清楚为什么要修订村规民约,修订村规民约的风险与对策,倘若缺少了这些重要的环节,促进性别平等的村规民约就无从谈起。随着推广的加大、修订村庄的增多,培训人员也会相应增多。通常,推广是以县为单位的,一个县有 200—300 个村庄,只有十余人的专家团队远远无法承担如此大规模的培训工作,扩大培训团队势在必行。

培训团队至少需要两方面人员。

一是党校干校的教师。在这里特别要指出县级党校的独特功能,几乎每年县党校都要对乡镇和村干部进行培训,在讲授乡村治理的同时，可以将修订村规民约的内容活化到教学当中，提升村级干部的村民自治和性别平等意识，还可以增强培训的针对性和操作性。

中央党校妇女研究中心课题组责无旁贷地承担了对培训者的培训（TOT）工作，从2008年到2016年，先后在北京、安徽、江西、河南等10个省组织了多次党校师资培训，以及试点县领导干部的培训。

培训的授课教师不拘一格，有在试点村做推动的专家，将理论与实践相互融合，有分析、有逻辑、有情感，常常引发听众的共鸣，产生打动心灵的力量。此外，还有试点村的支部书记，他们讲述着自己的思想转变的过程：此前，对妇女土地权益的诉求置若罔闻，此后主动回应妇女的诉求，主动为离异妇女丈量土地分地。与乡村干部展开坦诚的沟通，使得培训拉近了讲者和听者的心理距离，具有亲切感和说服力。培训还播放了课题组在试点村录制的光碟——《男到女家也风光》《养儿真能防老吗》，引发了参训者的震撼与反思，纷纷要求带回去播放。培训还组织到试点村考察，参训者和村民一起座谈，无距离地对话。

图11-11　性别平等教学与培训研讨

二是培训试点县的分管干部。作为分管干部，需要了解推广工作的价值与目的，通过培训可以发现修订村规民约与政府部门的联系，如人口计生部门负责的治理出生性别比失衡，宣传部门和精神文明办推进移风易俗，民政部门负责村民自治，都要涉及修订性别平等的村规民约，从而找到结合点，形成多部门齐心协力推进性别平等的村规民约修订的合力。通过培训，可以明确为什么做，如何规避风险，从内心激发官员的积极性和创造性。

入脑入心的培训产生连锁效果。首先，形成了一支有性别意识、乐于推动村规民约修订的培训团队，将性别平等和依法自治开进了党校课堂。陕西武功党校的教师深入当地农村进行民风民俗的调研，然后进入乡间地头授课，深受村民欢迎，在这个传统观念盘根错节的乡村，竟然出现了性别平等的试点村。其次，试点县的干部经过培训，形成了一套富有地方特色的工作思路。安徽长丰县率先提出姓氏革命和民风民俗革命，通过试点村拉动当地农村姓氏多样化，引起网络的关注，上亿网民参与讨论，与此相关的报道被评为2015年性别平等的十大新闻事件[①]。再次，形成社会组织的连锁跟进。北京妇女法律援助中心一直致力于通过法律诉讼争取各种妇女权益，由律师协助她们诉讼打官司。律师发现，在诸多权益诉讼中，妇女土地权益问题最为棘手，解决起来难度最大，常常引发律师与被告之间的激烈冲突，即便法院胜诉，也难以执行。于是，公益律师借鉴试点村经验，另辟蹊径，尝试从事后补救走向事前预防，着手协助村庄修订村规民约。性别专家团队常常来支持他们的培训。可以说，这是社会组织与社会组织之间的一种合作。

2009年年末，课题组在北京举办全国师资培训和村干部的经验交流。黑龙江妇联参加了这次活动，维权部部长惊喜地发现，修订村规民约不仅可以从根本上解决农村妇女的土地权益问题，还可以缓解农村妇女土地权益上访带来的巨大压力。于是，她们带走了周山村的村规民约文本、光盘以及培训资料。回去之后，她们立即与省民政部门联手，先是搞县级试点，并进而在全省范围内组织修订

---

① "性别平等十大新闻事件评选"由中国社会科学院新闻与传播研究所、《中国妇女报》和中国妇女发展基金会妇女新闻文化基金共同发起，每年年底评出当年性别平等十大新闻事件。

村规民约。

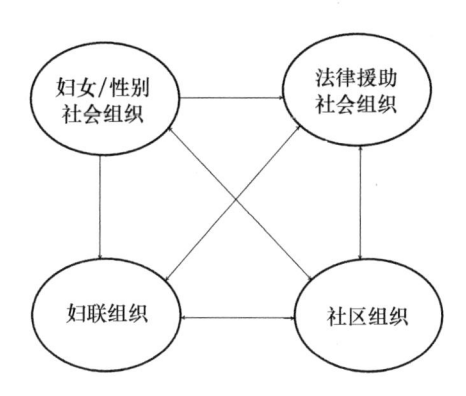

图 11-12　社会组织的连锁推进

（三）研究与评估并行

需要指出，从试点走向推广，性别专家的作用随之发生变化。如果说，在试点阶段，性别专家更多充当的是合作者、推动者和行动者，那么，到了推广阶段，将修订村规民约的起草等工作交给了村干部，有积极性的愿意修订的村干部成为修订工作的组织者，性别专家除了培训，更多是研究与评估。

研究与评估可以分为事先、事中和事后。

事先，指的是村规民约修订之前进行的调研和评估，调查了解该地的分配规则，平等的和歧视性的各自所占的比例，了解民风民俗的表现形式和表现程度。这种调研特别必要，可以使后面的培训更具针对性，防止"一刀切"，还可以成为试点县的基线调查数据，便于修订后进行比较。

事中，是对修订村规民约等活动开展过程的调查研究，试点县修订村规民约通常要持续四五年时间，在工作推进期间，会遇到不同的问题，研究者可以和政府牵头部门一起协商，对过程进行追踪监测和研究，记录问题，跟踪纠正的过程。正是这种跟踪式的研究，形成了修订村规民约操作指南，为后来的试点县提供了直接的帮助。

事后，是在修订村规民约之后的一段时间来进行研究，目的是对项目的效果进行评估。对一个村庄来说，村规民约的修订，关键是要解决村庄矛盾，并不一定要形成文字见诸报端。而对于项目管理和专家来说，必须进行第三方评估，不仅要考虑推进是否有效，还要寻找推进中的问题，同时要将鲜活的事例挖掘出来，写成最佳实践案例，以便让更多地方借鉴和学习。

性别专家在研究评估时时常兴奋不已，认认真真修订村规民约，建立性别平等的显性规则，一些村庄正在悄悄发生变化。

案例一，从根本上化解了集体分配引起的纠纷。在不少有资源分配的村庄，村干部不仅为得到资源高兴，更为分配资源发愁。公平公正的村规民约修订之后，让村干部从矛盾纠纷中解脱出来。产生矛盾怎么办？按照村规民约办，村干部理直气壮地说，也一丝不苟地做。迄今为止，无论是第一个修订村规民约的周山村，还是哈尔滨南岗区的城中村，以及安徽省长丰县和江西靖安县的试点村，村干部谈起修订村规民约都感慨不已，解决村庄的问题要靠制度，这个制度不是村干部拍脑门想出来的，一定要群策群力民主协商，要公平公正依法办事。在这些村庄，利益纠纷解决了，上访户不见了。登封市信访局反映，周山村已连续多年没有一起上访事件。哈尔滨卫星村从上访村变成了和谐村。长丰县的几个试点村找乡镇政府的信访事件大大减少。

案例二，传统性别文化正在发生改变。在婚俗变革上，不少村庄都在拉动男到女家的婚礼，一开始村委会协助二女户举办婚礼，接着，有儿子的家庭，女儿也可以留下来举办婚礼。婚礼举办可以说是一石三鸟，既减轻了女儿户养老的压力，体现了村委会的积极推动作用，又提升了村民对婚居模式的选择性。有的妇女说，孩子长大了，将谁留在我身边，可以选择了，谁对父母好就留谁。在丧葬变革中，一些女儿户顶棺下葬，冲破男女有别的限制，得到村委会的支持和村民的赞赏，重男轻女的陈规旧俗不断受到冲击。

案例三，妇女土地权益得到村委会的积极维护。修订性别平等的村规民约之后，村干部对妇女身份和财产权的态度发生变化，由拒之门外到主动解决。河南漯河市刘庄村的刘秀花离婚回村，12年没有分得土地，她多次找到村委会，都被拒之门外，在村干部看来，嫁出去的女儿还想要土地，没门！

刘庄村与很多村庄不同，留有机动地，创出了在30年不变的大原则下灵活小调整土地的办法。村规民约修订后，两委班子确实意识到性别平等的必要性，主动找到刘秀花，帮她丈量土地、选择地块，多年没有解决的土地和宅基地问题终于解决了。

图11-13 刘秀花的土地问题得到村委会解决

案例四，获得村民身份的不仅是妇女，还有一直受到排斥的上门女婿。卫星村有25户上门女婿，当地也叫姑爷，当初来到卫星村时，就被迫与村委会签订了不得参与村庄分配的协议，村庄集体收入一分钱也得不到。姑爷们被村庄视为外人，始终不能与村民平起平坐。2010年修订新村规之后，村委会与这些姑爷户协商重新签订新协议，新协议规定，"2010年10月起，三年内如果卫星村大部分土地没有被征用，第四年这些户就可以每年年末领取1.2亩的土地收入款"，收入款来源于土地征用后村庄

30%的征地补偿金。由此，实现了资源分配的真正男女平等。2014年，卫星村进行土地确权，丈量土地时发现土地面积多了，于是将多出的土地分给姑爷户，使得姑爷享有同等的村民待遇，姑爷终于有了村民身份的感觉。

案例五，过去，政府部门经常出台政策，要求各项工作的开展不能损害妇女土地维权，可难以得到执行。现在，随着村干部认识水平的提高，农村工作与妇女土地权益同步推进。2015年，修订居民公约后的创新社区开展土地确权工作，居委会发现有1500多名出嫁女在社区有地，便一个个通知出嫁女：如果想保留土地，就在婆家村开无地证明，交给创新社区。左店社区的计生专干是创新社区的女儿，接到通知十分感动：从来是嫁出去的女儿，泼出去的水，哪有娘家村想着出嫁多年妇女的，好温暖啊。证明开出后，1500多名出嫁女在创新社区进行了确权登记，100多名离异媳妇和女儿在社区保留土地，妇女土地权益切实得到保障。

在惊喜看到村规民约带来的变化时，专家们深切地认识到，农民并不是人们想象得那么保守落后，千百年的老规矩、旧习俗也不是坚不可摧的堡垒。只要找到问题的根源，抓住关键的环节，村民就会主动求变，自觉推动这场悄然而深刻的乡村变革。

妇女/性别社会组织是乡村社会治理中的重要社会力量，她们钟情于法治平等和民主的探索，致力于公共政策的倡导和推广。可以说，她们是社会治理中一个不可忽视的社会主体，而且会成为不断壮大的社会主体。正是通过社会组织与基层组织的两大主体的合作，将性别平等由假设转化为现实。

第十二章　行政政府从放任走向治理

行政政府是乡村社会的第三大治理主体。在社会治理中，不仅需要社会依法自治，还需要行政政府依法管理。对于政府来说，在履行社会管理职能时，既不能直接代替村民制定规则，不能直接干预村庄事务，同时又不能放任自流，而要依法行使权力，建立运行良好的纠错机制，要引导培育自治自律的社会形态，组织推动基层社区制定合法的规章制度。

一　行政政府由"缺位"走向"到位"

作为国家政治法权主体，行政政府对社会拥有管理职能，这是政府的功能与作用。但是，需要看到的是，政府履行社会管理职是不能随心所欲、任意而为，必须依法行政和依法管理。凡是法律规定的职权必须有所作为，政府要承担对于违法行为进行纠错的职能，否则就是失职。凡是法律没有规定的职责，就不可以作为，不能越权干预属于社会自治范围内的事务。

这就需要政府知法、懂法，识别哪些是合法的社会行为、哪些是非法的社会行为，给政府的管理戴上"紧箍咒"。在识别过程中，需要搞清楚村民自治与政府干预的关系，从1998年全国推行村民自治以来，政府就渐渐不再直接领导农村集体组织，而让位于村民自治。《村民委员会组织法》明文规定，村民委员会的干部是通过村民"普选"产生，而不是上级组织任命，村庄的重大事务要经过村民会议表决决定。所以，村民民主选举和民主管理都属于合法的行为，政府不得干预。但是，当村委会以及村民小组的规定内容出现违法时，政府必须依法纠正。《村民委员会组织法》第二十七条规定:"村民会议可以制定和修改村民自治章程、村规民约,并报乡、民族乡、镇的人民政府备案。村民自治章程、村规民约以及村民会议或者村民代表会议的决定不得与宪法、法律、法规和国家的政策相抵触,不得有侵犯村民的人身权利、民主权利和合法财产权利的内容。村民自治章程、村规民约以及村民会议或者村民代表会议的决定违反前款规定的,由乡、民族乡、镇的人民政府责令改正。"所以,县乡政府依法纠正村民规则的违法内容,是行政政府的责任。

其实,在现实生活中,常常将纠止村规民约侵犯妇女土地权益的问题划归为妇联的职责范围。的确,妇联有维权部,专门负责妇女维权,也有不少妇女找到妇联要求为妇女维权。可以说,妇联为妇女维权是妇联的天职和责任,可以利用妇联组织的优势,及早发现妇女维权的需要与问题,促进妇女维权。但是,一定要看到,妇联作为群团组织是有局限性的,它并不掌握公共政策的制定和执行权力,也无权对村规民约中的违法行为进行纠正,只能将问题与建议反馈给政府,通过政府的干预来解决这些问题。所以,不能把解决妇女权益的问题视为妇联的问题,而是视为政府的责任。这就需要政府从缺位走向在位。

政府怎样从缺位走向到位呢?通常有两种方式。

第一种方式是问题倒逼机制。这是一种事后补救的措施,即通过已经出现的问题,倒逼政府介入解决妇女土地权益问题,迫使政府采取对策。倒逼机制的出现,通常有两个条件。

第一,当地的问题比较严重,妇女抗争的程度强烈。妇女土地问题的呈现有可以分为四个层次:(1)是妇女们的权益在村庄里受到损害。(2)妇女作为权利受损者与村委会形成冲突与纠纷。(3)找到地方政府要求解决。(4)最终到北京上访要求解决。通常说,妇女问题引起基层政府的重视都会发展到第四个层次,妇女进京上访已经形成集体访、长期访和越级访,对当地几级政府形成了巨大的压力。

2008年,广东佛山南海区政府开始组织社区修订村规民约,

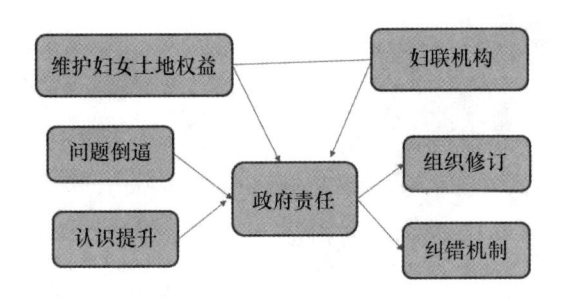

图 12-1　政府是解决妇女土地权益问题的责任主体

问其原因，区委书记说，这几年，信访人群发生了变化，三分之二的信访都是妇女土地权益的问题，信访的特点是集体访、群体访、越级访。

由于妇女不断进京上访，2009年广西南宁经济技术开发区管委会接连不断接到上级政府的警告，一个月内被自治区政府通报三次，两次亮起平安建设的"黄牌"警告，分管主任不断被进行"诫勉"谈话。

第二，政府官员要有法治意识和担当意识。政府官员的观念不同，所采取的对策亦不同。当政府官员将维权妇女看作刁民的时候，所采取的对策就是关押、限制行动自由，依法行政被抛到脑后，信奉的是：没事就是本事，搞定就是稳定，摆平就是水平。只有政府官员有了法治意识和强烈的社会责任感，才能从公平正义出发，介入农村妇女维权议题，成为村委会和维权妇女之间的仲裁者，切实帮助农村妇女从资源分配方案的调整解决问题。

2009年12月，经开区管委会新书记韦志鹏走马上任后，对于妇女权益的诉求，不是逃避躲让，而是直接面对，听取妇女代表的诉求后，答复说："你们的诉求是合理合法的，政府早就应该帮助你们解决。在这里，我代表政府对你们表示歉意。请给我们半年的时间，我们来做村组干部的工作，争取解决你们遇到的问题。"由此，政府的工作重心发生了调整，由过去围追堵截妇

图 12 - 2　新书记约见出嫁女代表

女转向调整村庄规则，由过去注重维稳走向维护妇女的权益，倒逼机制确确实实开始生效。

第二种方式是地方政府与当地妇联携手，主动将妇女土地维权纳入政府工作范畴当中。应当说，这些地方妇女土地问题大多在第一到第三个层级，为了防止问题的升级，地方政府开始主动出击，从上至下要求基层政府开展以维护妇女权益为目标的修订村规民约工作。应当看到，工作开始的最大难点是各级领导干部的认识障碍，无论是乡镇还是村干部，普遍认为农村妇女地位很高了，家里妇女说了算，男人靠边站，没有推进性别平等的必要，况且经济发展的工作如此繁重，根本无暇顾及妇女权益议题。部分存在妇女上访问题的村庄，则担心村规民约修订会引发更大的社会矛盾，没有勇气触动分配规则。针对以上认识误区，基层政府结合妇联提交的村庄中的妇女权益受损的问题报告，召开区县常委（扩大）会议，专门讨论修订村规民约工作，给大家充分表达意见的机会。

下面是哈尔滨南岗区的讨论情况：

> 讨论十分热烈，有的干部提出了自己的看法：表面上看，妇

女当家做主，在家庭中的地位明显提高；从实质来看，男女不平等仍然存在，农村经济以一家一户的小农经济为主，以家庭承包为主的联产承包把家族的利益牢牢控制在以姓氏为主体的家庭中。家庭中的男性都是自己家里人，女性却分为三类：姑娘是别人家的人，媳妇暂时是自己家的人，婆婆是永久的自己家的人。在土地分配、财产继承、福利待遇等方面，是按照三种人划分的，财产是儿子的，尽可能落到孙子名下，土地分配要倾向于媳妇，女儿的财产权被无视，家庭的福利由婆婆主导，从而使男女不平等成为一种普遍现象。男女不平等在各个家庭利益的维护中具有广泛的思想基础，又通过村规民约的形式使其合法化。这些问题如果不能及时解决，就会引起村民土地纠纷、村集体权属纠纷、生男生女家庭矛盾纠纷等。

通过热烈讨论，最后区委常委扩大会议达成共识，修订村规民约对于新农村建设和城乡一体化意义重大，于是将修订村规民约的专项工作提升为党委政府的根本性、全局性、战略性工作，纳入基层干部的考核指标。由此，党委政府开始由缺位转向在位。

二 政府组织修订村规民约

这里所说的政府主要指的是县级政府，它既处于中央省市的下端，又处于乡镇和村庄的上端。上级政府制定的法律政策要通过县政府贯彻落实到乡村。此外，县政府能够迅速感受到政策执行的效果以及民众对于政策的反馈。通常，一个县的人口规模在40万至50万人，下辖20多个乡镇和几百个村庄，具有一定的人口规模，又不过于庞大。比较适于县政府来组织规划乡村修订村规民约，从而彻底改良父权制的土壤，让性别平等在乡村社会渐渐扎根。

其实，通过县政府来纠正村规民约中的违法问题，中共中央和国务院两办早在2001年颁布的《关于切实维护农村妇女土地承包权益的通知》中就已经提到了，并在政策中明确提到县政府的责任，"各地县委县政府要组织一次检查，对侵害妇女土地承包权益的现象要立即予以纠正；对涉及土地承包的规定、村民代表会议或村民大会的决议、乡规民约等进行一次清理，对其中违反男女平等原则、侵害妇女合法权益的内容要坚决废止"。但是，值得思考的是，这些政策迟迟不能贯彻落实。其中的问题是：一是缺少考核指标，工作可做可不做，没有硬性规定；二是缺少村规民约修订的操作方法，不知如何做。在这里，我们着重谈县级政府如何组织修订村规民约的方法。

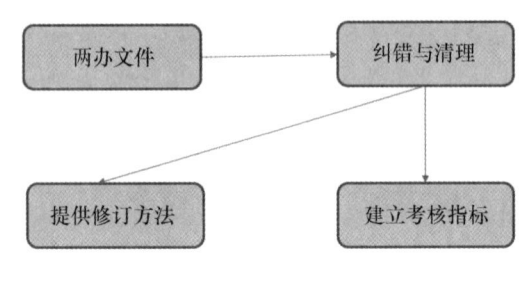

图 12-3　政策运作架构

县政府在达成推动村规民约修订的共识之后，需要建立组织机构、制定规划、出台文件、明确分工，签署任务书，充分调集行政资源发挥行政功效。

（一）成立县委政府领导小组

县委政府领导小组，是推进全县修订村规民约的领导机构。领导小组的建立有两个关键环节。

其一，最好由县委"一把手"担任领导小组的组长，有利于统筹协调全县各个职能部门的工作，有利于多部门联动。

其二，建议成员单位至少要有组织、计生、民政、宣传、妇联、党校、农工委、农业、财政等部门，领导小组的成员是该部门的"一把手"。

领导小组需要建立办公室，以便协调相关部门的工作。该办公室最好放在县办公室，并和一个部门单位联合管理，部门单位作为推动村规民约的责任单位，办公室作为各个职能部门的协调机构。

责任部门可以根据需要与职责而定，可以是：

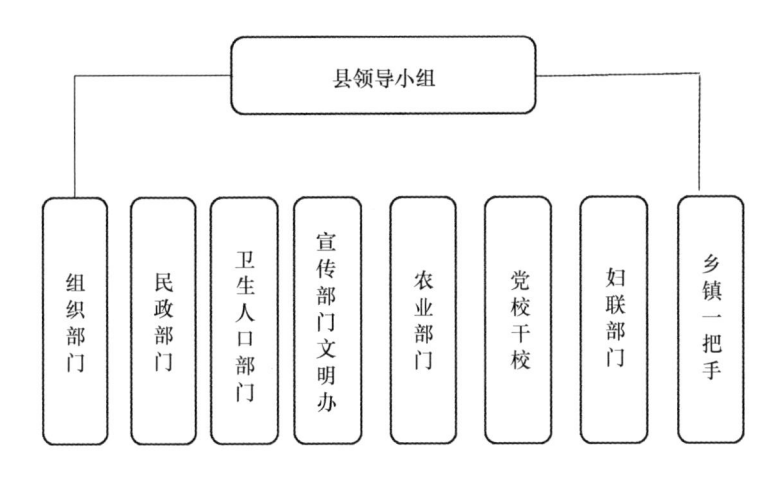

```
                    ┌─────────────────┐
                    │    县领导小组     │
                    └─────────────────┘
    ┌────┬────┬────┬────┬────┬────┬────┐
   组   民   卫   宣   农   党   妇   乡
   织   政   生   传   业   校   联   镇
   部   部   人   部   部   干   部   一
   门   门   口   门   门   校   门   把
            部   文                    手
            门   明
                 办
```

图 12-4　县领导小组

组织部门——领导基层民主建设与农村党务工作，工作力度大；

民政部门——主管农村社区工作、监管村规民约；

计生部门——治理出生性别比失调的责任主体，计生网络深入到村级，人力资源比较充足，或者是其他部门。

建立领导小组的同时，还要建立执行小组，由责任单位负责组建，最好有性别专家参与，负责整个修订村规民约的组织、培训、监督、落实。

领导小组和执行小组建立之后，可以进行一次培训。对于领导小组和执行小组的成员来说，修订村规民约是一项比较陌生的工作，一开始常常摸不到头绪，心中无数，无从下手。培训要注重说理性、应用性和操作性，理出工作思路，明确领导小组的目标和职能。使领导小组成员心中有数，分工合作，发挥领导和组织协调的作用。

（二）制定工作规划，出台相关文件

1. 制定修订村规民约的总体规划

总体规划包括目标、原则、策略、时间、步骤、人员、效果。是全县修订村规民约的工作计划，要具体翔实、切合实际、关注性别、注重参与、稳步推进、注重实效。

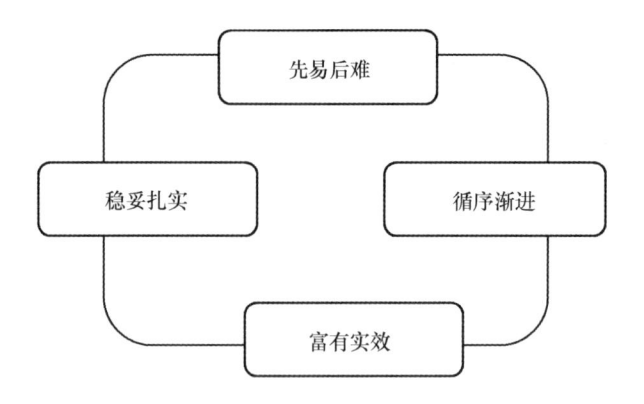

图 12-5　政府组织村规民约修订的策略

目标最好设立量化指标，如领导干部参加培训的满意率要达到 80% 以上，每年修订村规民约的村庄达到 20%—30%，将资源分配的性别平等规则作为村规民约修订的成功指标，村级代表要有 30% 以上的妇女参加。目标越具体越有操作性，越便于落实检查。

2. 制定具体指导意见和政策措施

认真贯彻实施依法治国以及男女平等在内的五大基本国策，根据本地区的实际情况，研究并提出"修订村规民约、倡导性别平等"的具体指导意见和有关政策措施。例如，出台《关于倡导男到女家落户转变婚育观念的意见》《关于推进农村妇女参与社区事务管理和决策的意见》等。这些文件可以在产生试点经验之后颁布，也可以在大面积推广之前推出。

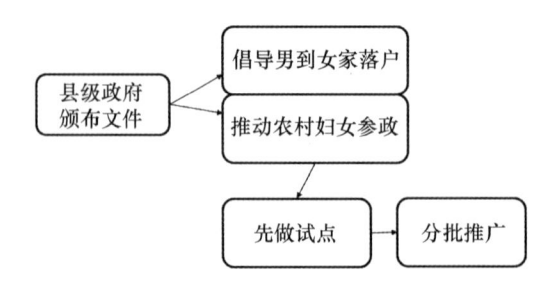

图 12-6　县级政府的政策推进

3. 做好基础调查

调查研究是科学决策的一项重要内容，对于当地基本情况的调查也称基线调查。通常，在制定政府工作规划时，容易忽视调查研究。应当看到，调查研究是制定规划的依据和基础，否则规划的制定就会无的放矢、缺乏针对性。调查数据可以作为评估行动计划实施效果的依据，增加评估的科学性。

基线调查涉及面广泛，几乎是全县所有的村庄。调查问卷的设计最好简而明，聚焦两三个问题。例如，村集体资源的现状及分配规则；县乡村组干部及党员情况以及分性别统计情况；婚居状况（从夫居、从妻居、独居）的比重。调查人群最好相对集中，如在村级干部培训或计生培训中发放问卷，讲清调查目的和要求，采取当场填写或打钩的办法，保证调查项目准确填写，调查问卷的回收率需要达到80%以上。

（三）领导小组与职能部门签订任务书

签署任务书的目的在于，围绕"修订村规民约，推进性别平等"的中心工作，进行合理的、必要的部门分工，将责任落实到部门和责任人，实现党政领导下的真正的多部门联动。并将责任分工、任务书与奖惩考核紧密联系在一起。

任务书可以分为两类：一类是纵向的任务书，如乡镇政府任务书，任务书可以给乡镇领导提出明确的任务。例如，一年之内完成本乡镇30%的村庄村规民约修订工作，新修订的村规民约80%没有性别歧视的条款，70%的村规民约拥有三项成功指标，新村规民约要由乡镇的民政主管单位或党政办公室分类备案，所有的文档复印一份交由县级责任部门以及民政部门存档保管。年终，提交乡镇村规民约修订报告，包括：村规民约修订的过程、遇到的问题；村规民约中体现性别平等条款的统计；备案的方法以及对于不合格的村规民约的纠正措施，监督执行新村规民约的计划。一类是横向的任务书，通常是要求县级职能部门完成的任务书。例如，签署组织部与党校任务书，在党校组织的各项专题培训中，每次要增加性别平等与政府责任的课程内容，培训期间播放《纠正男孩偏好系列光碟》，党校要培养1—2名可以讲授性别平等内容的老师。党校要向领导小组提交课程讲授题目和效果评估报告，附评估量化统计数据。组织部门在基层开展"创先（党支部）争优（个人）"的活动中，将性别平等的村规民约的制定作为评选先进党支部的标准之一，提出一套具体的评价标准和实施方案。

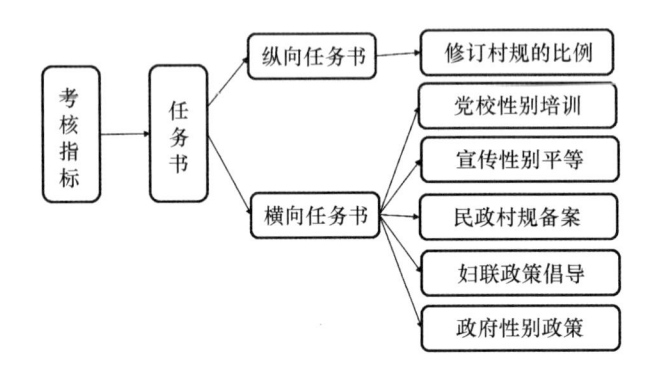

图 12-7　考核指标与签订任务书

又如，签署宣传部门任务书，要求在广播电视上每月定期播放《纠正男孩偏好系列光碟》，播放的同时要增加点评和民众参与的环节，设计民众喜闻乐见的活动。每年搞 2—3 期专题访问：邀请修订村规民约成功的村庄和乡镇介绍经验，采访妇女和村民谈论修订村规民约和举办男到女家婚礼的感受；介绍具有性别平等内容的村规民约，以及给村民带来的变化。

还可以签署妇联与信访、人大任务书。例如，妇联与信访联合提交当地妇女土地权益受损的报告，其中要有本县信访数据、事例分析以及发展趋势的预测。当年，妇联与市人大就妇女土地权益问题进行一次执法检查，对于已经修改村规民约的村庄进行监察，了解新村规民约的执行情况以及存在的问题。便于多方面监测新村规民约的执行情况。

也可以签署民政部门任务书，如在婚姻登记时，增加婚姻居住方式的登记，并对以便对婚居情况进行年度统计。据调查，当一个村庄男到女家的户数达到 20% 以上，男孩偏好就会明显改变。增加了这一栏目，就可以监测婚居模式的变化。又如,民政部门要做好新修订的村规民约备案、存档、监管工作,并提交年度工作情况报告。

(四) 基层政府选择修订村规民约的试点村

组织修订村规民约,需要从试点村开始。通常一个县大致有数百个村庄,组织全县各村修订村规民约,是一件十分复杂的工程。由于修订村规民约涉及到资源分配规则的制定,难度大、问题多,不宜操之过急,最好由点到面、分步实施。首先,进行试点乡村的修订,5%—10%。其次,在取得成功经验之后进行总结,拓展到30%—50%的村庄进行修订。最后,逐步覆盖80%—90%的村庄,全面修订村规民约。用2—3年的时间,可以完成绝大多数村规民约的重新修订。

选择试点村的另一个目的,是为更多的村庄提供示范。试点的意义是看得见、摸得着、学得了,试点村的经验要具有普遍性和代表性,可以复制,可以拓展,形象地说,就是要从一棵树拓展成一片林。如果将试点村搞成公园里摆放的盆景,精致、美观,有观赏价值,却不能广泛播种,更不能生根、发芽,就是试点选择的失败。所以,选择好试点村,做好试点工作,对于大范围组织修订村规民约举足轻重。

选择试点通常容易走入两个误区:第一,将试点视为形象工程,精心打造外在形象。选择试点村常常聚焦于经济实力强的村庄,特别是已经进行过外包装的村庄,这似乎已经成为选择试点的思维惯性。结果,试点村对于大多数村庄来说,往往高不可攀,望尘莫及,无法复制和推广。第二,将试点视为一种荣誉或利益,选择试点似乎就是给予利益和福利,而几乎很少考虑这些村庄是否具有修订村规民约的内在动力,是否具有促进性别平等的探索精神。结果,选择的试点未必能够胜任,未必起到示范和带动更多村庄的作用。

选择修订村规民约的试点,需要转换一种思维方式,即从注重外在形象转向注重内在软实力,将以下三个要素作为选择试点的先决条件。(1) 试点村及其所属乡镇要有积极性,愿意修订村规民约中的性别歧视条款,这种发自内心的行动愿望,是试点村成功修订村规民约的内在动力。(2) 两委班子有影响力和行动力,村支部书记有一定的威信,村两委班子团结,易于形成决策并执行。(3) 注意选择女村干部所在的村庄,在推动性别平等的项目中,妇女干部的积极性较容易调动,是推动村规民约修订的主要依靠力量之一。

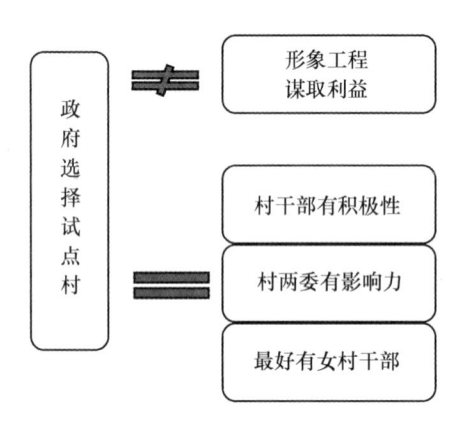

图 12-8 政府如何选择试点村

在符合以上三个条件的基础上,考虑兼顾不同类型的村庄,如富村、穷村、城乡结合村、有机动地的村、没有机动地的村,以便摸索在不同村庄修订村规民约的经验。

也许有人会追问:内在的驱动力确实重要,可是如何发现愿意修订的村干部呢?这里介绍一种易于操作的方法。修订村规民约需要进行村干部培训,介绍修订的意义和操作的方式,培训之后不妨增加一个环节,让村干部制定本村修订村规民约的行动计划。通过行动计划的制定,可以一目了然地发现具有积极性和主动性的试点乡村。我们将这种方法称为"千里马赛马"。

2009年10月,河南漯河市妇联打算在河南舞阳县选择5个试点村,如何选择?漯河妇联与舞阳县组织部首先举办了推进基层民主政治建设女村干部培训班,当时全县有20多名村干部参加培训,培训了整整两天。最后,每个村干部都要制定行动计划,主动性不一样,制定出的行动计划差别很大,有的行动计划敷衍了事，有的行动计划很有想法。组织者再根据行动计划进行挑选，5名积极的村干部入选，他们所在的村庄被确定为试点村，其中，一些从未进入当地政府领导视野的女村干部脱颖而出，一些小村和穷村也进入试点村行列。

有了发自内心的愿望，就会千方百计做好工作。

舞阳县女村支部书记庄培源参加培训的感受与做法："参加培训让我感觉豁然开朗了许多：养儿养女一个样。同时让我更加坚定了破除本村陈旧观念、推进男女平等的信心和决心。培训结束后，我感觉肩上的担子沉甸甸的——一个人、三两个人观念转变了，而那么多的村民呢？得赶快行动，改变这种现象！如何去改变呢？

"首先，我们听过课的几位同志一块儿参照老师讲的内容，结合村里实际，针对一些突出问题、热点问题草拟了一个《村规民约》草案。然后，给没听课的村两委其他成员和全体党员进行'充电'，把我们受到的启发、老师讲解的实例、引发的社会现象等，详细地讲解给他们。让他们直接参与到草案的制订过程中，充分发表意见建议，尽可能做到草案的完整性、合理性及可操作性。

"然后，我们在这次村民代表名额的认定上大做文章。村委换届时选举出的16名代表仅有2名女代表，还有几个长期外出务工的。我们提议：为了切实体现民意，全面了解村民的意愿，就必须确保代表的名额，从代表能切实发挥作用的角度考虑，至少要30名。当有人提出'现在的大多数男劳力都外出务工了，哪有那么多明事理、有威信的男同志'时，我们趁机声明：这次为了保证较好地推动《村规民约》的修订与执行，必须保证代表的数量和质量，必须发挥好在家的女性力量。从她们中间选出有正义感的、明事理且在村里有影响力的女明白人来当代表。"

正是这种发自内心的动力，使得女支书的工作干得有声有色，富有实效。她们不仅考虑计生户的优先优惠，更积极推进性别平等与村庄资源分配的公平，认真履行新村规民约的规定，大大推动了村风村貌的改变，对于当地修订村规民约起到了示范带头作用。

选择修订村规民约的试点，要兼顾不同类型的村庄，优先考虑三点：试点村及其所属乡镇要有积极性，愿意修订村规民约中的性别歧视条款；两委班子有影响力和行动力，要在有积极性的村领导班子里进行综合筛选；注意选择女村干部所在的村庄。使其具有示范性和可推广性。

（五）组织培训审议草案与备案

起草草案前组织培训，是修订村规民约草案的必要条件，通常参加培训者和起草草案要一致，在入脑入心培训的基础上，再讨论修订村规民约草案，才可以避免性别歧视条款进入草案。村骨干接受培训后，回村进行宣传动员为村规民约修订打下思想基础。

草案起草之后，需提交给县乡政府予以审查，以免出现村规民约通过后，发现村规民约中的违法条款。县、乡镇审议重点：原有的性别歧视条款是否清理；是否制定性别平等条款，即男女村民是否婚嫁自由，享有同等村民资格和同等待遇；是否考虑女儿户的子女权利；是否考虑上门女婿的权利。发现问题及时与村起草小组协商并建议修改；审议合格后交由村庄按照程序进行表决；不合格或有重大分歧者暂时搁置，延缓表决，进行协商，直到达成共识，再进入表决。表决后，村规民约公示期过后无异议即日生效，同时提交乡（镇、街）政府备案。

三 堵住土地政策的漏洞

要保障农村妇女的土地权益，政府不仅要组织村规民约的调整与修订，改变村集体的违法分配规则，还要发挥政府的主导作用，积极推进性别平等的政策，堵住土地政策上的漏洞，建立一套禁止歧视的运行机制。

（一）政府推进工作与性别平等并重

无论是城镇化的发展还是新农村建设，无论是股份合作经济的培育还是土地确权颁证，都是行政政府的工作，政府起着组织实施的作用。而所有的政府工作都会对性别平等产生影响，所以，协调显得很重要，在这里不能讲谁优先，谁第一、谁第二，要同时兼顾。如何协调与兼顾，政府应当针对成员资格提出要求，提前防止村委会以多数决名义剥夺妇女利益。

2017年5月，我们来到长丰北部的经济技术开发区，发现不少地区在征地拆迁过程当中，接连不断出现妇女维权上访问题的时候，这里却风平浪静。只要女儿和女婿的户口落户在此，就可以与男性村民享有同等待遇，都可以获得同等面积的住房，如果夫妻怀孕还可以获得一份孩子的住房面积，如果有耕地被征用可以获得一份征地补偿款，总之男女平等已经成为一种看得见、摸得着的现实。

这一切原来与政府的分配方案有关，县政府依据合肥政府文件要求，出台了长丰县双墩镇人民政府文件，涉及安置拆迁补偿的方方面面。这一分配方案有两个特点：第一，由政府依法规定分配受益人群，而不是交给村民讨论表决。在这里民主表决没有应用在分配规则中，而是由政府制定规则：耕地补偿根据土地进行分配，按照1995年享有土地承包权，住房安置根据人口。第二，在安置拆迁房上，政府没有采取任何限制，没有设置任何与年龄性别民族相关的条件，在这里对儿子、女儿、媳妇、女婿一视同仁，同时不允许任何人享受双份待遇。2016年华丰村拆迁之前，就有男到女家落户42人。村里并没有因为他们是女儿、女婿而排斥，村民和村干部也未产生任何拒绝接受的念头。理由很简单，新增人口并未减少村委会的福利待遇，新增人口与村民的利益并行不悖。这些新增人口根据户籍予以确认，然后纳入回迁房建房的规划中。也就是说，一切补偿由政府买单。结果，女儿、女婿在本村可以同等对待。

图 12-9　政府盖起来的回迁房

图 12-10　华丰村干部介绍分配情况

华丰村的支部书记以自家为例,解释拆迁政策给家庭带来的利益。李书记有一儿一女。女儿结婚后生了个外孙女,2016年女婿和外孙女将户口迁入本村同等享有村民待遇,按照政府文件,家庭中的所有成员,人均享有40平方米的住宅。符合计划生育政策的家庭还可以每平方米500元的价格增购20平方米住房。这样女儿结婚可以单独立户,女儿一家三口共得140平方米,老夫妻俩补偿80平方米,儿子已婚未育可增加一人安置120平方米,还可以按照成本价购20平方米。家庭可以得到3套住房。这种情况在长丰南部乡镇很常见,不仅儿子有一套房,女儿照样也有一套房,结婚似乎仅仅为儿子买新房渐渐成为历史,男女平等,通过征地拆迁补偿正在成为现实,女婿照顾岳父、岳母渐渐成为平常的事情。

（二）政府对村集体分配方案进行审查

很多地方的运作模式不是政府主导，而是在大规模征地拆迁、进行股份分红等时，政府将权力让渡给村委会，由村委会或村民小组提交分配方案，经基层政府审查后拨发资金。为了预防村委会剥夺妇女权益，政府可以在监管分配方案时增加对性别平等的监管，凡是违背性别平等的村规民约，要发回重新修订。

南宁市经开区管委会新领导上任后，一改过去的维稳思路，强调"维权就是维稳""维权才是维稳"。并采取相应措施，使得出嫁女问题在村队两级得到调节。将"矛盾"或"问题"正确分类，按照户口、土地和居住情况等将出嫁女分为五类，逐户排查出嫁女在夫家落户及享受待遇的情况，缩小了出嫁女群体的范围，减轻了矛盾压力。经街道办政府与村队协商，最终形成协议：一是村委会提供给出嫁女44平方米的宅基地，按照一户一宅式建筑，并协助办理相关手续；二是按照户籍人口情况为出嫁

图 12-11　出嫁女和新建的回迁房

女提供自谋职业补助；三是鉴于当前法院不受理此类案件，出嫁女可保留依法、走法律途径解决征地安置补助费的权利。在南宁市经开区政府新任领导班子的积极干预下，全区184名出嫁女的合法土地权益得到了不同程度的解决。

南宁经济技术开发区管委会，为了杜绝征地拆迁中侵犯妇女土地权益问题的持续发生，采取了三项措施：第一，村委会提交的集体分配方案要体现男女平等，否则政府不予审批与拨付征地补偿款。第二，已经分配过的村庄要从三产资金中提取就业补助金给出嫁女。第三，开发区也拨出一部分经费来解决出嫁女的就业问题。政府在这里起到了把关的作用。

此外，为了缓解妇女土地权益引发的矛盾，政府可以及早设立保障妇女土地权益的纠错机制，并向公众公布县乡两级政府监察机构的电话号码，受理村集体资源分配中性别不平等的投诉。投诉者的投诉内容要有文字记录，并到村庄进行核查，并纠正村集体资源分配中性别不平等的做法。此外，可以将投诉作为乡镇领导落实村规民约的考核指标之一。对于村规民约中的违法条款（包括潜规则），乡（镇）政府应要求村委会限期予以删除，并在重新修订后以书面形式报乡（镇）政府备案。凡未在规定时间内删除或纠正违法条款的村委会，不能参加优秀或文明村庄的评选，该村干部不能担任各级人大代表和党代表，已经担任的要予以更换。

地方政府还可以建立集体成员的进入和退出机制。

应当看到，无论土地使用权怎样长期不变，农村人口都是变动的，有的出生了，有的去世了，有的结婚迁移走了，有的结婚进来了，有的上学后当了公务员，也有的家庭成员大多进了城市。这就需要适应农村人员的实际变动，建立成员资格的进入退出的变更机制。目前，这项工作是一项空白，成为引发矛盾纠纷的原因之一。如果通过试点使之建立起来，就可以对集体成员进行动态管理，及时取消已经迁移的人员，如已经死亡的人员，防止出现"死人有地，活人无地"的荒唐现象，防止已经迁移出去的公务员依然占有农村集体资源

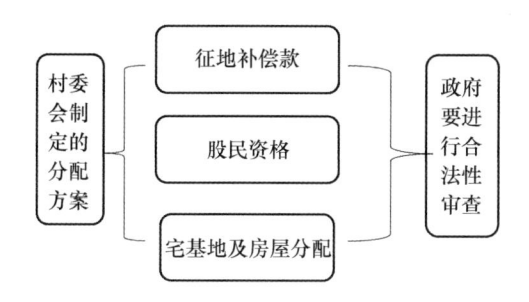

图 12－12　政府对村集体分配方案进行审查

的现象发生。还可以将土地资源个别调整，使得种地的人可以耕者有其田，也可以居者有其屋，使得土地发挥最大的经济效益。

切实保障每一位农民都拥有法律赋予的一份村集体组织成员资格。不能同时成为两个集体组织的成员，也不能兼有城市居民与农民两个身份。既要防止集体成员资格"两头有"，又要避免集体成员资格"两头空"。这些都需要从建立成员资格的变更机制做起。

（三）搞好土地确权颁证工作

土地确权颁证有两项内容：一是耕地确权登记颁证，二是宅基地确权颁证。耕地确权颁证已经接近尾声，而宅基地的确权颁证从2018年刚刚开始。

需要注意的是，颁发土地确权证要以土地确权为前提，切实保障农民特别是妇女的土地承包权。对于土地权益受到剥夺而又以从事农业为主的农民，首先要找回承包权和宅基地。之所以用"找回"的说法，是因为丢失情况十分普遍。最近全国妇联委托农业部农研中心所做的抽样调查显示，有30.4%的女性在土地承包经营权证上没有登记姓名，有80.2%的女性在宅基地使用权证上没有登记姓名。

宅基地找回的办法是，取消村委会对女儿招婿的种种限制，办理其配偶入户手续，按照一户一宅的政策先行补办宅基地，然后，在宅基地使用权证上登记夫妻双方的姓名。与此同时，在男方为主的宅基地证上也同样写上妇女的名字。

承包地找回的办法有三。

（1）采取就近原则，根据居住地调剂承包地，现婚嫁妇女应有未有承包地的，由嫁入方优先解决，便于其耕种土地；长期生活在女方村庄的妇女，由女方村庄补地解决。

> 以河北滦南县为例。2011年，在大规模土地确权工作开始前，滦南县首先解决婚嫁妇女两头不得的问题。县委书记认为，搞好婚嫁妇女两不得的调查摸底并切实加以解决，事关群众最基本的权益，影响农村稳定，必须引起高度重视。于是，成立农村土地承包清理工作领导小组，由副县长、农工委书记任组长，各镇也成立了相应组织，做到了党政"一把手"亲自抓，研究提出了《关于清理婚嫁妇女承包土地"双不得"问题的实施方案》，制定了严格的工作程序：为方便妇女的生产和生活，明确规定，现婚嫁妇女应有未有承包地的，由嫁入方优先解决。嫁入方没有条件补地的，由嫁出方解决，嫁出方无条件补地的，给予经济补偿。总之，必须确保土地"双不得"妇女有一份承包地。为了保证工作执行到位，领导小组通过检查验收，对弄虚作假、敷衍塞责的镇主要领导及责任人予以追究，确保执行力。截至2011年4月底，全县清理出852名"双不得"妇女的承包地问题，全部得到解决，从根本上纠正了农村妇女承包土地"双不得"问题，从而保障了婚嫁妇女在土地确权中地上有权、证上有名。至今没有出现一例农村妇女因失地而上访的案例。

（2）采取调剂原则，政府要建立一套土地变更与退出机制，将调剂出的土地重新分配给失地农民。已故农民退出土地，由农民转为城市公务人员退出土地，把这些退出的土地分配给失地的妇女及新生子女，通过变更登记的机制解决两头无地的农民土地权益问题。

（3）在土地确权的同时，将集体收回的承包地重新分配给无地人口。在土地确权测绘中，航拍测绘的丈量面积多于传统计量的土地面积，为解决无地农民的土地问题提供了可能性。

以哈尔滨南岗区卫星村为例。全村660户、1700多人。1997年二轮土地承包时，168位女性婚后留在村里，村里收回她们的承包地，同时与25户上门女婿签订空挂户不得享有村民待遇的协定。村庄常年上访不断，村委会天天坐着三四十个妇女要承包地。2003年新村支部书记上任，为了维护农村妇女土地承包的合法权利，她将村里100多亩机动地从承包大户处收回，重新分给无地妇女，解决了多年的出嫁女无地难题。接着按照区政府要求，组织全村修订性别平等的村规民约，将上门女婿的无地问题提到村级事务上来。2014年7—8月恰逢村庄开展土地确权工作，土地测绘的结果，加上村庄开荒的土地，多出来四五十亩地。村支部书记向乡镇反映了情况，得到政府支持，于是将多余土地分给无地的上门女婿，解决了上门女婿长期得不到承包地的老大难问题。新任书记的做法深得村民信任和拥护，村庄出现了相互关心、相互帮助的和谐景象。

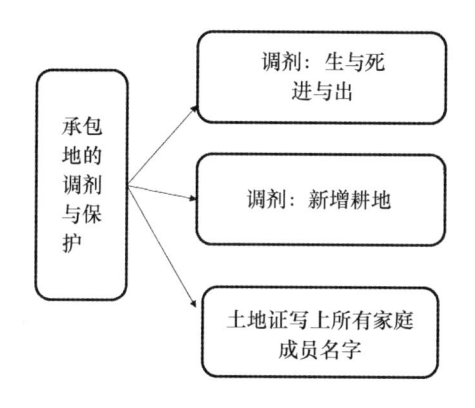

图 12 - 13　调剂与保护承包地的办法

（四）做实家庭成员个人权利

应当看到，无论是耕地还是宅基地，都是以户为单位。我国土地承包制度明确将"农户"定为农村土地承包经营权的主体。《民法通则》将"农户"确定为不同于自然人和法人的一种独立民事主体。

而户内部的分配和继承又是重男轻女的，女性的继承权往往受到剥夺，使得妇女权益往往有名无实。

为了保障家庭户内个体权利，保障妇女的财产权利，需要采取三项措施。

（1）在宅基地确权登记中，户主的名字应当将夫妻双方的名字同时写上，不能只写丈夫一方的姓名，也不能在招婿户上只写妻子的姓名。写上姓名标志法定权利的承认，意味着男女同等享有对家庭资产的签字同意权，意味着男女双方在宅基地转让和使用中夫妻拥有同等的权利。

（2）将每个家庭成员的名字写入承包证，将承包地视为家庭成员的共同财产。条件是家庭成员必须是农民身份，一旦转为市民身份，拥有城市社会保障就应当取消。在土地确权证上写入家庭成员的名字，应当视为政府必须履行的责任，不应该等妇女提出申请。

（3）家庭成员将个人拥有的承包地进行转让、赠送、抵押和贷款时，国家政策需要明确规定：每一个家庭成员作为共有人要同时签名。签名同意是确保个体权利的一项制度安排，可以有效防止个体权利的自动转移，确保家庭每一个成员特别是女性成员的土地承包权。

第十三章　立法司法：构筑最后一道防线

维护农村妇女的土地权益，遏制性别分层，需要有三道防线：第一道防线，是依法修订村规民约，解决大部分村庄的分配规则合法性问题；第二道防线，是县乡政府组织引导，建立依法纠错机制；第三道防线，是司法部门依法受理侵犯妇女土地权益的诉讼案件，维护法律的尊严和妇女的合法权益。司法部门依法进行审判，是维护社会公平正义的最后一道底线。本章重点阐述与妇女土地权益相关的立法司法议题。

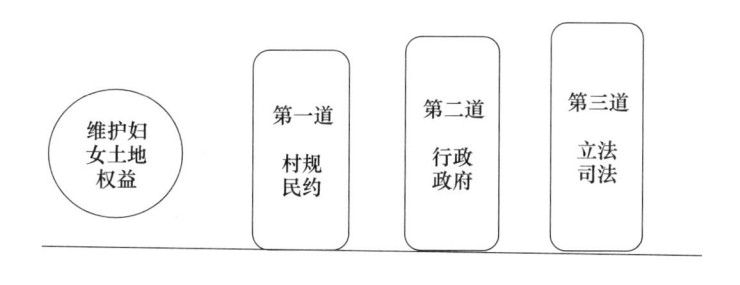

图 13-1　维护妇女土地权益的三道防线

一　从诉讼审理到依法审判

（一）审理

对于法院来说，受理案件仅仅是司法审判的第一步，接下来要对案件进行审理。案件审理的目的是要澄清事实真相，搞清楚案情的来龙去脉,最终确认是否存在权利受损的问题,宣判胜诉与败诉,对权利受损者予以补偿。在陈述案情的过程中,无论是原告还是被告都要举证,这里的举证包括人证和物证。以防止口说无凭,制造冤假错案。作为被告一方的妇女,常常都会提交户口本、结婚证,以及在村庄里承担义务的票据等,证明自己属于该村的成员,应当享有和其他村民同等的待遇。作为原告一方的村委会也会提交双方签订的协议,说明这些妇女已经不属于集体成员,不应该享有同等的村民待遇。

例如,某村委会与出嫁女签订有关承包二轮土地及相关事宜的协议,徐志燕等12人不参与集资住宅楼和商业楼的分配。村民大会决议:沙梁村集体为村民所建住宅楼和临街商业楼,凡本村出生的姑娘,无论婚后是否在本村居住,其与外来的丈夫均没有两楼的分配资格。

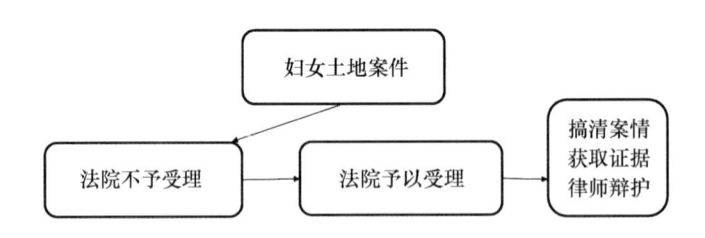

图13-2 法院对妇女土地案件的态度变化

有时,法官还会要求被告提供原告不在本村居住的证据,便于提供相互支持的证据链,从而搞清楚是否存在原告权利受损的事实。甚至为了搞清楚案情关键点,法官还通过实际调查去进行取证,使得案情逐渐呈现出来。

案例:原告等人出生于呼和浩特市赛罕区沙梁村民委员会。原告等以家庭成员的身份获得了一轮土地承包权,婚后招婿上门仍住本村,当第一轮土地承包结束,签订第二轮土地承包合同时,该村委会以其为出嫁女为由,未给其承包二轮土地,也取消了其村民集资住宅楼和临街商业楼的分配权。原告多次上访，终于在内蒙古自治区政府信访局的协调下，沙梁村委会与原告就第二轮土地承包相关事宜达成了协议：由村委会分配给出嫁女35人每人1.7亩承包地。以二轮土地承包期限为限，但不得参加集资住宅楼和商品二楼的分配。为获得集资住房楼和商品二楼的分配权，原告将村委会告到法院。

（二）审判

当案情搞清楚之后，就有一个如何审判的问题。如何审判？与法官的立场直接相关。当法官有强烈的法律尊严感，有维护弱势人群合法权益的强烈愿望和敢于依法担当的责任感，就会倾向于通过司法维护合法权益。与此同时，围绕着法官和法院还要形成一个支持系统，包括原告的答辩是否深刻、准确、有力，有助于法官依法判决。此外，若原告辩护的律师提供的辩护有理、有利、有节，也会增加法官的信心。妇联的态度也很重要，妇联的态度越明确，旗帜越鲜明，越会争取到法律的天平向合法者倾斜。此外，审判是需要法律依据的，这就需要寻找相关的立法。在妇女与村委会的集体收益分配纠纷当中，往往都涉及集体成员资格的问题。迄今为止，我国的相关立法当中并没有对集体成员资格的界定，这就为依法审理带来了很大的困难。怎样在没有成员资格界定的情况下，对案子做好审判是一个非常有挑战性的工作。需要法官动更多的脑筋，想更多的办法，来解决这个难题。例如，运用《民法通则》当中的公平原则和类推判断的民法理论，进行原告与已经取得相关权益的村民进行比较，如果身份及其他条件相等，也应当取得相关权益。按照这一民法理论进行类推，在本村出生的男性村民结婚后，仍在本村居住、生活并享有相关权益。那么身份和其他条件相同的女性，也应当享有相同的权利。由此，原告的请求应予支持，就会顺理成章地确认下来。

最后，是对案件进行依法审判。审判有两个关键的内容。

第一，在法律的采用上，要注意审判的目标与法律条款一致，如果是关于财产权利的审判，就应采用保障财产权利的法律条款，而非其他非保障权利的法律条款。此外，当程序法的决议与实体法冲突的时候，不能采用程序法的条款，要遵循实体法原则进行判决。由此，保障判决结果与宪法和法律的平等原则相一致，而不被民间法习惯法所左右。

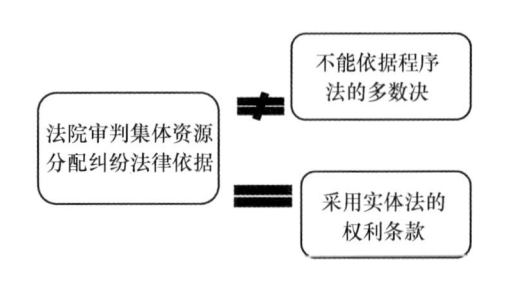

图 13-3 审判妇女土地权益案件的法律依据

在判决妇女土地权益的分配纠纷时，不能引用村组法的民主表决条款，因为其协议与实体法相冲突。应当引用《村民委员会组织法》的第二十七条，村民自治章程、村规民约以及村民会议或者村民代表大会讨论决定的事项不得与宪法法律法规和国家政策相抵触，不得有侵犯村民人身权利民主权利和合法财产权利的内容。由此，依法判决与法律背离的村民决议无效。

第二，宣布审判结果。审判的结果就是要形成判决，判决结果是原告和被告都非常关注的。应当看到，形成判决结果并不困难，困难的是能够形成依法判决的结果，这一判决的结果既不受金钱的左右，也不受权力的控制，更不是按照多数人认可的习惯法来决定。要充分体现法律的权威性和公正性，以及对弱势人群合法权益的保护。这就需要法官吃透法律。例如，如何看待上诉人婚后不愿意离开村庄，而且其丈夫也愿随女方在本村居住生活。有法律意识的法官强调，一定要尊重公民的选择权，只要国家相关的法律没有禁止，公民就可以自由地行使自己的权利。要熟悉法律依据。我国的《婚姻法》已经明确规定：结婚后，经双方的约定，女方可以成为男方家庭的成员，男方也可以成为女方家庭的成员，所以村民的选择权是合法的，应该予以支持。

判决：沙梁村委会相关的协议第四条无效。村委会给付原告每人与本村出生的男性村民同等面积、同类地段的集资住宅楼和商用楼各一套（原告按同等村民交纳相关费用）或相应的折价款。诉讼费 31010 元由村委会负担。

其实在审判当中还会出现的问题是，败诉方会不服判决的结果，继续上诉。这就需要基层法院依法做出的判决还得到上级法院的支持，才能使得依法判决持续生效，不会夭折。所以，法院上下级之间的依法协作和支持亦很重要。

二 司法探索：确认集体成员资格

随着城镇化进程的加快，土地升值空间不断加大，农村土地纠纷案件迅速上升。2003 年，西安中级人民法院接到有关土地补偿款的分配、土地权益和村民待遇问题的投诉，特别是失地农民，尤其是一些嫁城女及农村离异、再婚妇女的投诉达到了高峰。无独有偶，河北邢台中级人民法院发现，无论是中级人民法院还是基层人民法院，土地纠纷案件数量变化的趋势基本一致，都在 2004 年达到顶峰。这些收益分配纠纷案件，不仅涉及妇女，还涉及其他村民，有出嫁、嫁入或离婚妇女及其子女要求参与分配的；因收养或遗赠、抚养协议在该村生产生活而要求参与分配的；随改嫁的母亲或入赘的父亲户籍迁入的子女要求分配的；丧偶或离异后续娶的妻子要求分配的；在校大中专学生或正在服刑人员要求分配的；非正常"农转非"而实际在农村生产生活要求村民待遇的。林林总总都离不开村民资格的认定。由于没有统一的令人信服的界定，在很多情况下，法院法官各行其是，裁决说服力不强，非但不能化解矛盾，反而导致群访、群诉案件。2003 年以前，邢台法院受理的土地权益纠纷案件一般是农户与发包方的村委会、农户与农户之间的纠纷，而 2004 年以来，集体性的群诉案件时有发生，从 100 多人发展到 900 多人，涉及人员众多。就土地权益纠纷的当事人来说，往往是其中一方持有承包合同，另一方是众多村民，无论哪一方败诉，都经常引起上访或申诉。

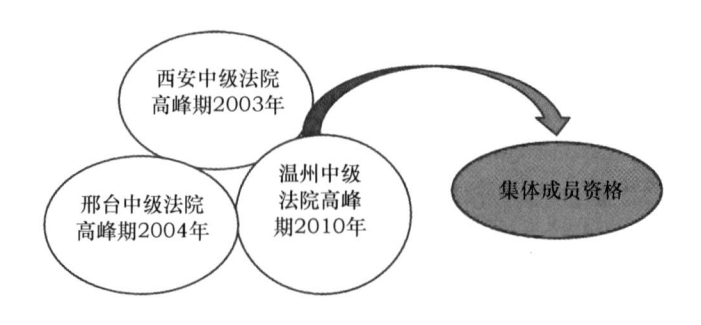

图 13-4　法院土地纠纷案件的高峰期

浙江温州中级人民法院于 2010 年有关农嫁女权益纠纷的案件集中爆发出来，与河北、陕西事关征地补偿款不同，这期间的案件主要涉及股份分红。2011 年 12 月，温州市成为全国 18 个"全国农村改革试验区"之一，具体承担"农村产权制度改革"试验项目。在温州市提出以"三分三改"为核心的城乡统筹综合改革后，农村集体产权交易、农村集体经济组织成员资格认定、农嫁女权益保护等问题显得尤为突出，特别是在几个经济比较发达的县市和城乡接合部，涉及农嫁女权益的纠纷呈井喷态势。在这些案件中，都涉及集体成员资格的界定。

妇女土地权益遇到的困境，最早引起妇联维权部门的关注。2004 年上半年，陕西妇联与省委政策研究室、省农业厅组成联合调查组，在全省 10 个地市发放了 6000 余份调查问卷，形成了《关于农村妇女土地承包及其相关土地权益落实情况的调查报告》，引起了省委书记的注意。省委书记批示要求相关部门加强此类问题的解决力度，为省市法院探讨解决该问题提供契机。

此外，河北省妇联维权部部长吴美荣深知法院在维护妇女权益中的作用，不断邀请邢台法院马维东庭长等法官参加有关国际妇女权益保障内容的培训。马维东有感而发：妇女权益要维护，法院必须拿起自己的武器，如果法院也不上，光靠政府，等着上边出台法律，其他部门也不管，妇女权益将得不到支持。他与省市妇联多次协调沟通，前后三次去省委会争取支持，最终决定出台审理意见。

图 13-5　吴美荣（右二）和马维东（左二）在讨论妇女土地问题

2003年，陕西省西安市中级人民法院率先颁布了《关于审理农村集体经济收益分配纠纷案件的意见》，成为全国第一家涉及集体成员资格界定的法院。2006年，陕西省高级人民法院形成了《关于审理农村集体经济组织收益分配纠纷案件讨论会纪要》。2008年，海南省高级人民法院颁布了《关于处理外嫁女请求分配农村集体经济组织征地补偿款纠纷案件若干问题的意见》，将出嫁女作为分配纠纷的关注主体专门列出。2010年，邢台市中级人民法院颁布了《关于审理农村集体经济组织收益分配纠纷案件若干问题的意见》。2013年，温州市中级人民法院颁布了《关于为我市农村综合改革提供司法保障的若干意见》（以上综合称之为《审理意见》），都触及一个根本性议题：对农村集体经济组织的成员资格进行界定。

在这里《审理意见》形成的共识是，对农村集体组织成员进行了界定，即一般是指在本集体经济组织所在的村组生产生活，依法登记常住户籍并与该经济组织形成权利义务关系的人。在这个界定中，将户籍作为确定成员身份的形式要件，将常住、履行村庄义务、依靠本集体经济组织所有的土地作为其基本生活保障作为实质要件。

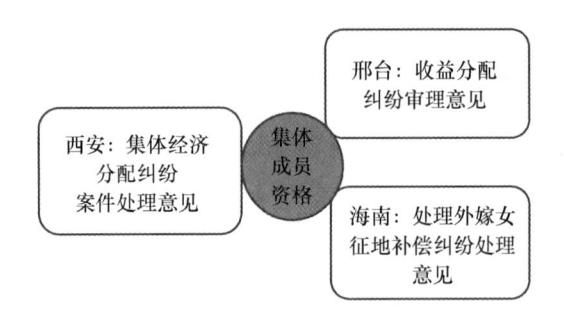

图 13-6　地方法院探索集体成员资格的界定

首先，户籍是确定成员身份的形式要件，以形成较为固定的生产、生活并依法登记所在地常住户口为形式要件。通常，是政府职能部门对所辖民户的基本情况进行登记并进行相关管理的一项国家行政管理制度，其目的在于维护社会治安和提供人口统计资料。人口的出生、迁移、死亡都要在户籍上体现出来。但是，也应当看到，由于长期以来的二元户籍政策所限与农村劳动力的城乡迁徙，"人户分离""空挂户""双重户口"等情况大量出现，户籍不能作为村民资格认定的唯一依据。对于农嫁女群体，村庄"不准女婿迁入户口"或"强制妇女婚后迁出户口"等情况也普遍存在。所以，不能将户籍作为确认成员资格的唯一标准，还应当考虑其他因素。

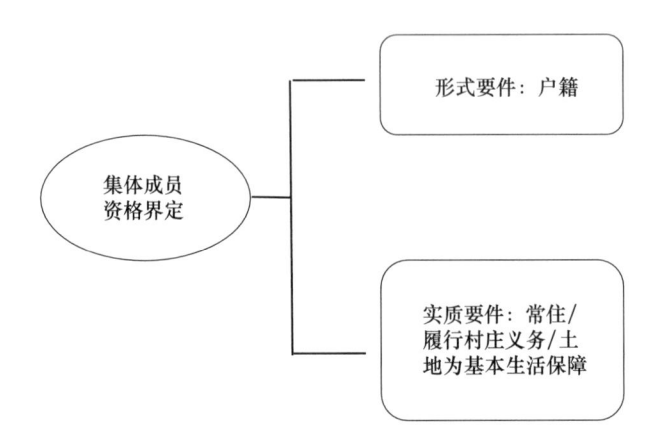

图 13-7　集体成员资格的界定

其次，以是否以本集体经济组织所有的土地作为其基本生活保障为实质要件。农民土地权利的初始获取，即以家庭承包责任制为起点、以户为单位的土地分配，是以出生地是否在本村为条件的平均的土地分配。但是基于出生地获取的土地承包权，也不能作为村民资格认定的唯一依据。经过1984年的一号文件《中共中央关于一九八四年农村工作的通知》和1997年的16号文件《中共中央办公厅、国务院办公厅关于进一步稳定和完善农村土地承包关系的通知》的实行，"鼓励不调整"的政策导致新生人口和迁入人口的土地权利得不到保障。以"是否以本集体经济组织所有的土地作为其基本生活保障为实质要件"，而非以土地承包权为标准，体现了保障农民财产权的公正、公平原则。

最后，以成员对村集体经济的"义务"作为获得村民"权利"的条件之一。村集体资产，包括集体土地是各个时段集体成员劳动成果的积累。一方面，在不同历史阶段尤其是包产到户后，村集体资产与农民身份、农民的土地权利是捆绑的，更多是农民作为"交粮纳税者""计划生育管制对象"的义务主体身份。进入21世纪以来，一系列旨在导向平等公民身份的政策相继问世，农民身份更多的则是作为土地增值收益、惠农政策的受益主体身份。本着公平公正、权利与义务对等的原则，成员资格的界定，应将不同历史时期不同成员的贡献纳入衡量标准。另一方面，强调了村民资格要考虑与村庄的权利义务关系，即权利与义务的对等性。这是一个法律概念在村民资格中的

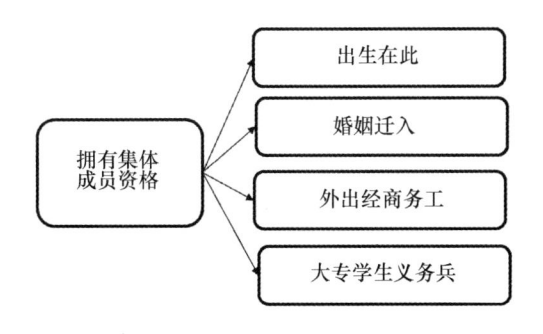

图 13-8 应当拥有集体成员资格的人员

运用，即拥有村民资格的权利就要履行对村庄的义务，反之履行了村庄的义务，也就应当拥有村庄的权利。

围绕上述对村民资格的界定，考虑到农村种种复杂情形，《审理意见》对于不同类型的人群进行具体划分，以便形成判案的依据。如具有以下情形之一的，应视为其具有农村集体经济组织成员资格：

出生时父母双方或一方是本集体经济组织成员且本人户籍登记在本集体经济组织所在地的；

因婚姻（包括妇女和入赘人员）或依法收养已进入本集体经济组织的农户实际生产生活，并与该组织形成权利义务关系的，包括已迁入户口或常住户口非自身原因未迁入的，但原集体经济成员资格仍保留的除外；

婚姻关系发生在农业户口和非农业户口人员之间，持有农业户口且未取得其他经济组织成员资格或获得其他社会保障的；根据《土地承包法》第30条规定，妇女（或入赘婿）在原居住地保留承包地的，不影响在新嫁入（入赘）地成员资格的取得（原居住地集体经济成员资格仍保留的除外）；

因国防建设或其他政策性迁入的；

因外出经商、务工等原因，脱离集体经济组织所在地生产生活且未迁出户口，也未取得其他经济组织成员资格的；

因在大中专院校学习、服义务兵或初级以下士官兵役等原因被注销、迁出户口或仍保留户口的；

因服刑、劳教等原因被注销、迁出户口的；

其他法律法规规定应当取得的。

再如，农村集体经济成员具有以下情形之一，丧失原集体经济组织成员资格：

死亡的；

已取得其他集体经济组织成员资格的；

取得设区市非农业户口的；

```
丧失集体        →  死亡
成员资格        →  取得其他集体成员资格
                →  有非农户籍纳入公务员
                →  空挂户
```

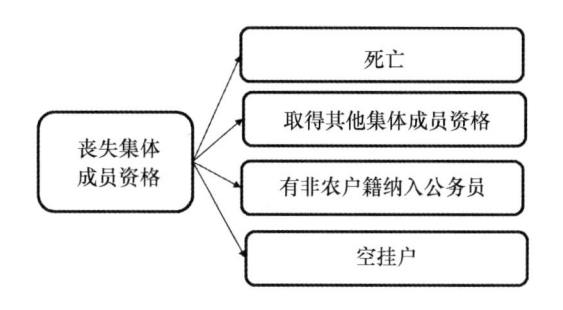

图 13-9　应当丧失集体成员资格的人员

取得非设区（即没有设置"区"的城市，如县级市）市城镇非农业户口，且纳入国家公务员序列或者城镇企业职工、居民社会保障体系的（居民只参加医疗保险而未参加养老保险和失业保险的除外）。

以下成员不享有集体经济组织成员资格：

自户口迁入时起，未在户口所在地生产生活，未与农村集体经济组织形成权利义务关系，不以该集体经济组织所有的土地作为其基本生活保障的；

因结婚、离婚等原因离开原集体经济组织，不以该组织所有的土地作为其基本生活保障，已取得新居住地集体成员资格，只在原集体经济组织保留户口的；

回乡退养人员虽将户口迁回农村并在该地生产生活，但其享受离退休人员的工资及福利待遇为其基本生活保障的。

《审理意见》还特别提出对下列情形的人员仍保留集体经济组织成员资格，要求给予收益分配权的应予支持。

离婚或丧偶后仍在原集体经济组织生产生活并在此之前因婚姻关系已取得该集体经济组织成员资格的（包括妇女和女婿）；

已婚（或再婚）的妇女，婚后未迁转户口，并在户口所在地生产生活，且未享受男方所在村组收益分配权，其要求户籍所在

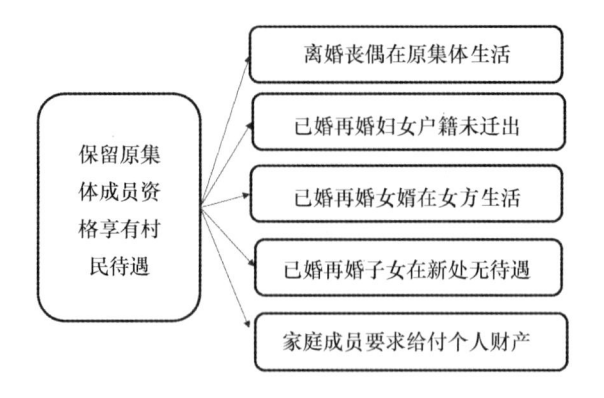

保留原集体成员资格享有村民待遇
- 离婚丧偶在原集体生活
- 已婚再婚妇女户籍未迁出
- 已婚再婚女婿在女方生活
- 已婚再婚子女在新处无待遇
- 家庭成员要求给付个人财产

图 13-10　保留集体经济组织成员资格

地的集体经济组织给予本组织成员同等收益分配权的；

离婚或丧偶的妇女及其子女虽未在户籍所在地生产生活，但其未享受新居住地集体经济组织收益分配权，其要求原户籍所在地集体经济组织给予收益分配权的；

已婚（或再婚）的入赘人员，婚后非自身原因未迁转户口，且未享受女方所在地集体经济组织收益分配权，其要求原户籍所在地集体经济组织给予本组织成员同等收益分配权的。

仍应保留农村集体成员资格的人员，请求所属家庭给付已经收到的收益分配的相应份额的，应予支持。

可以说，司法部门制定的审理意见，既考虑到成员资格的认定，也考虑到成员资格的丧失；既考虑到哪些人员不能享有成员资格，也考虑到哪些人员必须享有收益分配权。是一部概括性强而又可操作的文本，是司法部门针对疑难问题的探索和创新，从根本上改变了立法滞后的局面，有利于走出司法执法的困境。

三　法院从制定走向执行

制定《审理意见》，至少有两个意义：一是可以通过司法影响立法，最终成为一项确定成员资格的新公共政策；二是成为司法判案的依据，推动审判的公平正义，化解社会矛盾。所以，《审理意见》颁布之后，重在执行。执行需要两种力量的支持：一是法官和律师遵循《审理意见》进行审判；二是村民和村委会的认可与接受。

首先，怎样让《审理意见》成为法官判案的依据和自觉意识？最简单的办法，可以将《审理意见》打印成册，发给中级人民法院的法官，还可以向中级人民法院管辖的基层人民法院发文件去指导。但是，想做事、做成事的邢台法院并不满足这些，它采取的办法是，对所有法官分期分批进行培训，让《审理意见》入脑入心。

图 13-11　法官进行妇女土地权益的培训

2010 年 5 月 7 日与省市妇联对两级法院部分民事法官和妇女干部进行了妇女儿童权益维护专项培训；

2010 年 4 月 3 日和 11 日利用邢台市司法局培训学习的机会，分两期对 300 余名律师、法律工作者就《审理意见》的实施进行了讲座；

2011 年 1 月 6 日，对邢台两级法院的立案、民事、审监、行政审判庭的全体法官就加强《审理意见》的学习和实施提出了具体的意见和要求。

培训者一条条讲解《审理意见》内容，讲解农村集体经济组织成员资格认定的内涵和类型，提出案件受理范围，因土地补偿费分配发生的纠纷，因安置补助费分配发生的纠纷，因集体资产经营等收益和其他收入分配发生的纠纷。在培训的基础上，法官理解了审理意见的主旨，找到了解决复杂案件争端的关键所在，形成了处理土地分配纠纷的统一标准。一支注重调查注重说理的、有说服力有责任心的法官队伍形成了，他们依法审判，切实维护妇女合法权益。

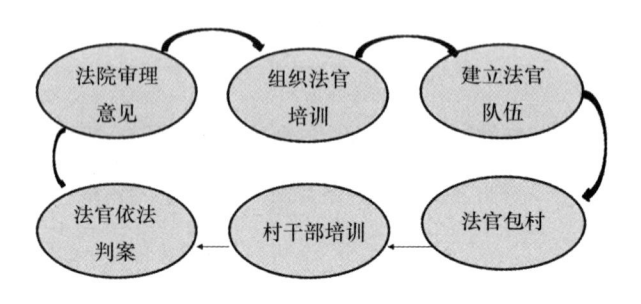

图 13-12 审理意见的执行

邢台法院下属的内丘县法院在《审理意见》推出以后，县法院受理了一起妇女土地权益的案件，原告是一个妇女，她的丈夫已经去城里工作，她告丈夫的弟弟拿走了她的承包地征地款，要求其归还征地款。被告主张妇女的地在娘家，我这儿分的地、给的钱就没有你的份儿。县法院探讨中院的《审理意见》，认为解决这个案件的焦点，是这个妇女有没有承包地，如果有，在哪儿。原告是一个离异再嫁妇女，生活范围包括三个村子——娘家、第一个婆家、第二个婆家，这三个村子就是一个三角。这个案子中，三个村子的支书都出了证据，形成一个证据链，被告在娘家没有承包地，在第二个婆家那儿也没有承包地，就在第一个婆家有地。解决这个案子的时候，法院工作人员专门和三个村子的村支书逐个见面，将被告所在村子的村委会列为第三人，就是为了查清事实。最后形成一个证据链，就是在被告的村子有地，所以法院支持了原告的诉讼请求，原告胜诉，离异妇女的承包地权益得到法院支持。

其次，依法审判如何得到村委会和村民的认可？应当看到，审理意见的立场和判断与村庄的传统观念是有冲突的。西安法院告诉我们，《审理意见》刚刚出台的时候，法院在按照《审理意见》审理的时候，一些村民和村干部也曾到法院施加压力。但是通过法院的教育说服工作和案件的审判引导，村民渐渐理解了《审理意见》的精神和内涵。《审理意见》出台后，为保护农村妇女的土地权益提供了统一的标准，有力地保护了农村妇女的土地合法权益。此外，这也为农村习俗的改善起到了一个很好的引导作用，法院的介入也矫正了农村在男女平等方面陈旧落后的认识。

> 案例：《审理意见》出台后的2008年12月30日，西安市重点建设项目、总投资6.6亿、占地300亩的西北民航空管基地项目在户县庞光镇顺利开工。该项目所占土地全部征自户县庞光镇黄柏村，在西北民航空管基地项目开展过程中，户县庞光镇黄柏村大力配合政府工作，使项目征地工作顺利结束。但是随之而来的征地款分配问题却给秦岭山下的黄柏村党支部和村委会出了个难题，特别是分配主体的确定问题，这些问题解决不好，极易引起新的上访。黄柏村党支部决定到县法院就分配问题进行法律咨询。县法院院长就黄柏村党支部提出的11个问题一一进行了认真、详细的解答，最后还将西安市法院编著的《征地款分配纠纷审判与实务》一书和西安市法院下发的《审理农村集体经济收益分配纠纷案件法律适用研讨会纪要》复印件赠送给黄柏村党支部。

邢台法院的做法，不是守株待兔、被动应付，而是依靠法官主动下乡做工作。邢台中院在市、县两级开展了"法官下基层，创建无讼村"活动，全市5000余个村，村村都有包村法官，负责整个稳定工作，包括《审理意见》的落实工作。法官先当被培训者，再去村庄搞培训，将《审理意见》讲给村委会听，实际上是关于法律的宣传培训，做到了未雨绸缪，防患于未然。结合《审理意见》，创建无讼村，狠抓落实，既表明了中级人民法院的决心，同时也让村民知法懂法。

与此同时，法院严格按照《审理意见》判案，做好宣传解释工作，使得一些尖锐的矛盾得到化解。邢台县法院接到部分村民告村委会的投诉。当时，这个村子因为征地盖楼，村里得到了6000万元的征地补偿款。矛盾焦点在于，这个村的村规民约规定，村里的家族必须在村子住够50年，才有资格分征地补偿款。这项规定排斥了村里生活的一些村民，引发部分村民的强烈不满，并最终上告法院。邢台县法院由民庭庭长主办审理，拿邢台市中院的文件向村委会解释，指出村委会的做法不合理，但是村委会就是不答应给其他村民分配征地补偿款。并声称村委会没法给村民代表做工作，如果坚持村委会败诉，他们就召开村民代表大会。后来，民庭庭长联合邢台法院院长一起列席村民代表大会，拿着中院的意见，给他们讲法规政策。虽然村委会不服气，但还是执行了法院的判决，没有闹事，也没有上访。接触这个案子的县法院李庭长回忆，当时如果不去开这个会，不拿这个文件让村民看的话，一些村民很可能就把法院的门堵了，中院的文件在邢台县司法实践中发挥了中流砥柱的作用。

其实，在村民和法院之间存在着微妙的博弈关系，如果法院对村庄的违法行为听之任之，乃至迁就妥协，就会助长村庄用村民自治要挟法院的心理，把法律完全不当回事；如果法院坚持依照法律办事，绝不向习惯妥协，而且言之有理、言之有据，就会使得村庄看重法律的权威性，甚至自觉不自觉地调整村规民约。

《审理意见》出台后，为法院审理集体分配纠纷提供了依据，成为各级政府，特别是农村集体经济组织收益分配的依据。因为处理模式被认可，收益分配有据可依、处置合理，矛盾纠纷逐年减少。因裁判标准统一，服判息诉率提高，涉及土地权益分配纠纷案件无一例上访。西安中级人民法院出台意见之后，分配纠纷案件出现下降趋势，无独有偶，邢台法院的同类案件也出现下降，与此同时，邢台有关妇女土地权益上访的案件数量也在减少，图13-13是邢台妇联统计数据。

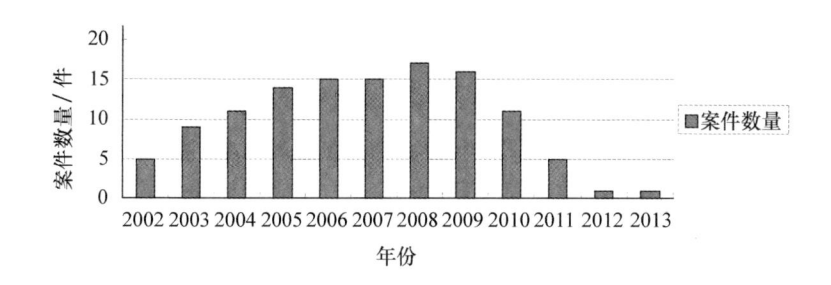

图13-13 邢台妇女土地权益案件数量统计

从图13-13中可以看出，2010年出台《审理意见》前后，案件的数量发生了明显的变化，2011年之后大大减少，土地分配纠纷找到了解决的办法和路径。

在以上试点的基础上，在全国范围内，应当建立性别敏感的乡村社会治理的运行机制。

从社会一方来看，重点指向基层组织村委会和外部社会组织。基层组织是解决乡村性别分层加剧的基本单位，国家法律政策要落地生效，就要通过村委会修订性别平等的村规民约以及分配规则，进而调整重男轻女的民间风俗习惯，只有如此才能根本解决农村性别分层的老大难问题。外部社会组织，在这里特指妇女/性别组织，秉持性别平等和民主协商理念，善于将平等理念转化为村民接受的观念与行动。要进行乡村社会的深层文化变革，仅仅依靠村民自身的力量是远远不够的，需要外部力量的介入与引导，形成村民主体与性别专家主体的良性互动，实现悄然而深刻的文化变革与制度建设。

从国家一方来看，需要履行行政、立法、司法等三大主体的责任。行政政府是依法进行社会治理的第一个责任主体，需要针对性别分层加剧制定相应的政策，有意识堵住原有土地政策的漏洞，带领基层组织有计划有步骤地修订村规民约。立法与司法是依法治理社会的另外两大主体，需要依法界定集体成员资格，而不能交给村民自治通过村民表决确认；并以此为依据进行司法审理和判决，守住维护弱势人群权益的最后一道防线。

结 论

我国当代乡村的性别分层现象值得全社会予以关注，它集中体现在土地承包权、宅基地使用权、集体收益分配权的性别权利不对等。其深层原因植根于家庭家族及村落的父权制，父权制是父姓制、父系制、父居制构成的铁三角，已经进入财产分配制度、祠堂族谱家谱、婚丧嫁娶习俗等各个层面，长达两千多年之久，导致妇女全面依附于男性。尽管，现代中国农村已经建立了社会主义的集体所有制，但是男娶女嫁的婚居制、父系传承的继承制并未改变，一有机会就会死灰复燃。

乡村的性别分层一定要追溯到农村社区，集体资源的分配方案和村规民约的两性差别对待，是性别分层的直接根源，而男娶女嫁男主女从的乡村性别文化，则是这一社区制度存活的深厚土壤。这一制度之所以肆无忌惮为所欲为，还在于国家不能有效地依法干预，行政政府常常不作为，姑息乃至纵容。立法部门不能及时制定公共政策，界定村民资格。司法部门无法可依，常常陷入依法审判难的困境。总之，国家与社会的消极互动，导致性别分层越演越烈。

从全国各地的成功经验来看，尽管性别分层的问题是严重的，涉及的层面是复杂的，但是，只要社会与国家多元主体依法治理，村民依法民主参与乡村治理，性别分层却是可以从根本上解决的。这不仅需要法治与民主的治理理念和治理目标，还需要性别平等的敏感度和推进性别平等的文化自觉，也需要多元主体的分工合作。最后，笔者尝试推出一套具有性别敏感的乡村社会治理运作机制，作为本书的结语。

具有性别敏感的乡村社会治理运行机制

治理目标 保障每位村民的权利，保障农村妇女土地权益，建设法治国家和法治社会。

治理理念 依法治理，作为乡村治理的基本原则，对于政府来说，法无授权不可为，法定权利必须为。对于社会基层组织来说，制定规则不能与国家法相冲突。

观念变革，作为乡村治理的一项新内容，重心是推进父权制文化向性别平等的转变。这一变革，不仅要体现在家庭和社区，还要体现在政府的政策和管理之中。

程序民主，乡村治理强调民主参与，无论是村规民约、政府政策还是国家立法，都要注重民众参与，包括人口半数的女性参与。

多元主体良性互动机制

多元主体可以分解为六大治理主体

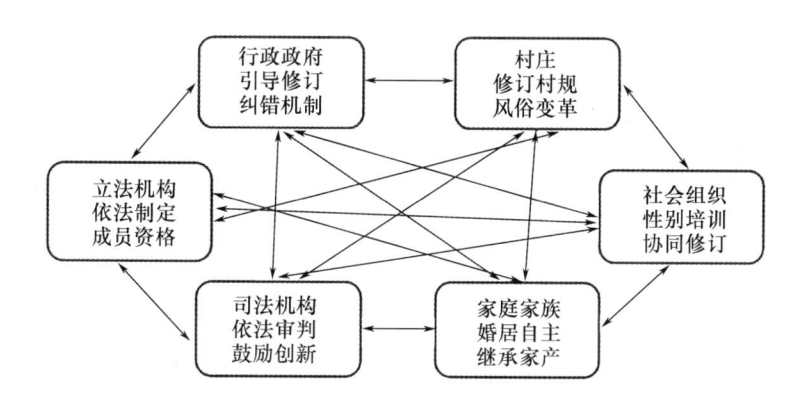

社会治理主体运行机制图

社会一端三大主体

第一个治理主体是基层组织即村委会，是村规民约的制定主体，是解决性别平等的第一道防线。首先，要建立村规民约不能违法的意识，通过培训等手段转变性别观念，然后，通过民主参与建立性别平等的村规民约。从而，学会依法自治和自律。

第二个治理主体是家庭以及家族，家庭是家庭规则的制定者，是推进父权制家庭向性别平等转化的内部力量。需要指出的是，家庭规则大多成为民间习俗，进入到人们的集体无意识，影响到对于两性性别身份的界定。

妇女/性别社会组织，通过深入家庭家族，在婚丧嫁娶的礼仪习惯中，增加性别平等新元素，推动民间风俗的变革。

村委会要积极倡导民间风俗变革，而政府在土地确权中需要做实家庭内部的个体权利。与此同时，政府的宣传倡导可以拉动家庭的性别观念的走向。

第三个治理主体是妇女/性别组织，是社会性别治理的中坚力量，是推动性别平等的先锋力量。可以在两方面发挥作用：一方面推进基层组织学会依法自治，一方面推动政府承担责任。

社会性别组织，在性别平等的培训中是关键性力量，协同乡村制定村规民约，进行政策倡导和社会倡导，不断扩大性别培训团队，发挥培训研究和推动者的作用。

国家一端三大主体

第一大治理主体是行政政府，政府要从缺位转为"在位"，依法履行社会管理职能，组织引导农村社区学会制定合法的规章制度，建立乡镇政府审查和纠错机制，在相关政策中加入性别视角，堵住政策中的性别漏洞。

上级政府要建立具有性别视角的考核指标，形成基层政府与中央政府的联动机制。

第二大治理主体是立法机构，是国家授权的法律法规的制定主体，需要尽快制定集体经济组织成员资格的法律，或者委托相关部门起草初稿，使之在确认集体经济组织成员资格时，有章可循，有法可依，从而杜绝村集体民主表决成员资格的现象。

第三大治理主体是法院，这是依法保障公民权益的最后一道防线。全国高院要允许各地法院依法创新，从而，改变立法严重滞后的局面。法院审理要遵循实体法进行审判，维护法律的权威，从而，强有力地制约非正式制度的违法现象，解决国家法与民间法的冲突。

注重治理效果

社会治理最佳效果首先是实现公共利益的最大化，其次是使包括弱势人群的多数人受益。要杜绝弱肉强食，避免各个利益群体全输的结果。

可以制定体现性别平等的评估标准，通过第三方独立进行治理评估，以便获得最佳的效果，并进行富有理论深度的效果分析。

附录一

河南省登封市大冶镇
《周山村村规民约》

为实行村民依法自治,推进新农村建设,依据国家法律政策,发扬优良传统,结合本村实际,经过民主协商,在2009年、2012年两次修订村规民约的基础上,第三次修订《周山村村规民约》。

依法自治定方向,村规民约是保障。
国家法律做依据,优良传统要发扬。
符合实际又创新,男女老少共协商。
法治德治相结合,村民齐心奔小康!

一 总则

第一条 村规民约制定/修订原则

1. 依法。村规民约是村民共同约定的村庄管理规则和村民行为规范,不得与宪法、法律、法规和国家的政策相抵触,不得有侵犯村民人身权利、民主权利和合法财产权利的内容。

2. 平等。全体村民享有同等的权利。村规民约应消除和禁止因性别、年龄、婚姻状况(如男到女家落户、离婚丧偶)、生理条件(如残障)等造成的歧视,维护全体村民的权益。

3. 民主。制定/修订村规民约,须经村民会议/村民代表会议过半数通过，充分反映村民的意愿与需求。涉及村民基本权利的内容，不得以简单"少数服从多数"的形式，剥夺或限制某些村民的合法权益。

    村规民约修订好，三大原则要记牢。
    遵照国法订村规，依法自治第一条。
    第二村民享平等，互相尊重歧视消。
    民主协商第三条，和谐周山步步高！

第二条　适用范围与修订

1. 本村规民约适用于周山村全体干部村民，居住本村的外来人员参照有关条款执行。

2. 村规民约执行过程中若遇争议，先由村两委协调，协调不成，召开村民代表会议讨论决定。

3. 村两委提议，或三分之一以上村民代表（十分之一以上村民）联名提议，可修订村规民约。

    村规民约新修订，全体村民要履行。
    条款执行有争议，两委干部先调停。
    协调不成再修改，村民大会做决定。
    全体村民都知情，自觉履行喜盈盈！

二　村民权利义务

第三条　村民资格

1. 村民资格的获得：因出生、合法婚入、收养、迁入的人员，户口在本村并常在本村居住、履行村民义务者，具有村民资格。

2. 村民资格的失去：因死亡、户口迁出后不在本村居住且不履行村民义务、成为国家公务员和国企、事业单位正式成员者，村民资格失去。

3. 荣誉村民：为周山村发展做出贡献的非户籍人员，可获得"荣誉村民"资格。

周山人口一千五，村民资格要评估。
户口在村并常住，要为村庄尽义务。
生在本村自然有，娶妻招婿都算数。
还有收养与迁入，手续合法得保护。
＊　＊　＊　＊　＊　＊
户口迁出或死亡，村民资格即消除。
公务员、正式工，主动放弃人心服。
外来人员做贡献，荣誉村民受照顾。
齐心合力建周山，团结友爱民心舒！

第四条　村民权利

村民享有一切宪法和法律规定的公民权利（政治权、人身权、财产权、劳动权、受教育权、婚姻家庭权、生育权等），结合本村实际，特别强调以下几项村民权利：

1. 村庄事务参与权利。全体村民享有对村庄事务的知情、讨论和表决权利；十分之一以上村民有联名提出建议召集村民会议/村民代表会议的权利；五分之一以上有选举权的村民有联名要求、并依照程序罢免村委会成员的权利。

2. 妇女权利。男女村民享有平等权利，特别是集体资源分配、参与村庄事务、自主选择婚后居住地的权利等，不得以任何理由剥夺、限制妇女的合法权益。

3. 男到女家落户者权利。男到女家落户者享有周山村民拥有的一切权利，村民不应有任何歧视行为。

4. 老年人权利。尊重、维护老年人合法权益。老年人享有被尊重和尊严生活权利，应受到家庭和社区的照顾与保护。

宪法规定公民权，合法权益重如山；
村规强调重四权，村民条条记心间：
村庄事务参与权、男女村民平等权、
男到女家落户权、确保老人合法权，

条条款款都落实，莫让权利成空谈！

第五条　村民义务

全体村民应履行宪法和法律规定的公民义务（遵纪守法、参加劳动、接受教育、服兵役、养老抚幼、计划生育等），结合本村实际，特别强调以下几项村民义务：

1. 爱国、爱家、爱周山，模范遵守国家法律法规，支持村两委开展工作，认真履行村规民约。

2. 保护集体资源，爱护公共财产，绿化美化村庄，维护环境卫生。

3. 积极参与村庄活动和义务劳动，遵守社会公德，维护村庄秩序，反对一切危害村庄和村民利益的行为。

4. 热心公益，和睦邻里，营造团结友善，互帮互助的社区氛围。

　　要做周山好村民，权利义务不可分。
　　爱国爱家爱周山，遵纪守法讲诚信。
　　团结友爱互帮助，为人处世德为本。
　　公益善事走在前，危害村庄决不允。
　　保护资源爱树木，建设美丽周山村！

第六条　荣誉村民

荣誉村民有为周山村建言献策、参与村庄发展的权利和义务，不参与集体资源分配，村两委积极协助荣誉村民安排生活。

　　喜鹊喳喳枝头叫，迎来远方客人到；
　　荣誉村民来周山，建言献策又操劳。
　　只尽义务不图报，诚心一片境界高；
　　全村干群齐努力，定叫周山换新貌！

三　村庄事务管理

第七条　村党支部委员会（村支部）

1. 领导和支持村委会行使职权，支持和保障村民依法开展自治活动，维护村民合法权益，当好村庄发展带头人。

2. 搞好村支部自身建设，定期召开民主生活会，努力提升党员素质，发挥党员先锋模范作用。

3. 做好党建工作，努力培养要求入党的积极分子，积极发展符合条件的青年、妇女党员。

4. 建设服务型、廉洁型、创新型党支部，多为村民办实事、办好事，接受村民监督。

> 村支部，担重任，依法自治带头人。
> 支持村委理村务，多办实事为村民。
> 抓好党建很重要，党员素质是根本。
> 召开民主生活会，思想建设靠自身。
> 廉洁奉公树正气，村庄管理多创新。
> 以身作则严律己，公正公平顺民心！

第八条 村民委员会（村委会）

1. 拟定本村发展规划，管理本村公共事务和公益事业，维护村民合法权益。

2. 依法管理本村集体土地和其他财产，组织村民发展经济，引导村民合理利用自然资源，保护和改善生态环境。

3. 指导、支持村民组开展工作，定期召开村民组长会议，听取意见建议，协助解决疑难问题，不包办代替村民组长履行职责。

4. 开展多种形式的精神文明建设活动，推进男女平等，促进村民团结互助。

5. 关心扶助弱势群体（孤寡/空巢老人、留守儿童、残障智障人士、贫困家庭等），创建临时救助制度，帮助弱势人群解决困难。

> 村委会，村民选，周山发展担在肩。
> 规划管理又维权，协调生活与生产。
> 保护土地与资源，经济生态两保全。

村民组长常开会，听取意见解疑难。
男女平等要推进，关心弱势老与残。
为民办事踏实干，赢得村民齐称赞！

第九条　村务监督委员会（村监委会）

1. 支持村两委开展各项工作，监督村两委履行职责，及时向村两委反馈村民的意见建议。

2. 监督检查村务、财务公开情况，审核村庄财务，对违规违法现象及时向村两委提出整改意见，如不改正直接向镇政府反映。

3. 组织村民评议村组干部工作，每年一次。建议村两委表彰村民拥护、满意的村组干部，对村民意见较大的村组干部及时提出批评、劝诫。

4. 加强自身建设，提高业务素质和创新能力，逐步完善村务监督机制，确保监督务实有效。

监委会，很重要，干群之间搭起桥。
支持两委又监督，评议村干像老包。
财务审核须公开，村民满意矛盾消。
政策法律常学习，业务素质要提高。
健全机制勇创新，确保监督有实效。
干部群众一条心，小康路上乐陶陶！

第十条　人民调解员（民调员）

1. 密切联系群众，及时排查、疏导、化解村民矛盾，做好预防工作，减少纠纷发生。

2. 对已发生的纠纷及时受理，依照法律和公序良俗调解民间纠纷，努力做到小事不出组，大事不出村。

3. 积极进行法制、道德宣传，引导和支持村民通过合法途径维权，理性表达合理诉求。

4. 为合法权益受损的村民、现役军人、弱势人群提供法律帮助。做好社区矫正和安置帮教工作。

民调员，真费心；怀诚心，立公心。
费苦心，持耐心；言理顺，心换心。
解矛盾，多谈心；少纠纷，得人心。
村干部，能省心；当事人，也舒心。
促和谐，铭记心；全村人，都安心！

第十一条　村民组长、妇女组长

1. 积极配合村两委开展工作，为本组村民生产生活服务，管理好本组集体财产，接受全组村民监督。

2. 帮助本组"三留守"人员（留守儿童、留守妇女、留守老人）及其他弱势人群解决生产生活中的实际困难。

3. 维护妇女儿童合法权益，做好计划生育宣传工作。

4. 督促本组村民履行村规民约，执行村民会议/村民代表会议决定。

5. 认真听取本组村民意见建议，涉及全村的问题及时向村两委反映。

村组长，工作忙，跑前跑后跑断肠。
配合两委做工作，全组村民挂心房。
生产生活管理好，组里事务多协商。
村规民约要落实，村组和谐才兴旺！

第十二条　村民代表

1. 协助村两委和村民组开展工作，密切联系村民，了解村民意愿，及时向村两委和村民组长反映村民利益诉求。

2. 带头执行村民代表会议的各项决定，认真履行村规民约。

3. 学习宣传国家法律政策，不断提高参政议政能力。

村民代表组内选，两头工作都要管。
协助村组搞服务，反映民意不怕烦。

带头履行村规约，多向村民做宣传。
参政议政能力高，凝聚人心多奉献！

第十三条　村组干部应以身作则、廉洁自律，不拉帮结派，不以权谋私。处理村组事务要公平、公正、公开，全心为村民服务，自觉接受监委会和村民监督，不得打击报复持有不同意见的村民。

村民心中有杆秤，群众眼睛看得清。
村务政务要公开，全体村民应知情。
大事要事民做主，干部群众多沟通。
廉洁自律口碑好，以权谋私自掘坑。
自觉接受民监督，防腐拒贪警钟鸣。
村民自治遵章法，民主管理得好评。

第十四条　严格执行财务管理制度，做到日清月结，每月公开一次。村账由监委会审核签字，盖章后交镇三资中心审理监管。严禁挪用公款，白条顶库。村组干部及家属不得以任何理由侵占、挪用集体财产，不得优先享受低保和其他优惠政策。

村庄事务管理紧，日清月结公示勤。
监委会要严把关，白条顶库决不允。
挪用公款是犯罪，贪图民财火烧身。
清正廉洁百姓爱，不贪不腐得民心。

第十五条　贫困户、低保户的评定，由个人向村民组提出申请，村两委入户调查，村民代表评议后报村两委审议，监委会审核签字后进行公示，无异议后上报镇政府。杜绝优亲保友现象。

建设新农村，济困又扶贫。
确定低保户，程序记在心。
个人先申请，村组再讨论。

为保真实性，调查申请人。
干部立公心，杜绝走后门。
名单要公示，再报大冶镇。
公平又合理，情满周山村。

第十六条 支持鼓励妇女参与村政事务。女性入选村组干部的比例不低于三分之一，女性村民代表应达到50%。

周山村，要发展，妇女顶着半边天。
女性权利要保证，不能总是靠边站。
男女平等是国策，参政议政理当然。
村民代表占半数，入党选干也优先。
两委组长有比例，十人中间女占三。
男女共议村庄事，群策群力建周山。

第十七条 支持老年协会、妇女手工艺协会、妇女义务植树队依法开展活动，积极推动互助性、服务性、公益性组织的建立与发展。

村庄建设靠奉献，志愿精神是关键。
手工艺协植树队，妇女已经走在前。
老年协会又成立，互助服务心相连。
组织起来做公益，村庄风气大改观！

第十八条 做好计划生育工作。居住本村的新婚夫妇，不论户口是否迁入，均应接受本村计划生育管理和生殖健康服务。育龄妇女要积极参加定期康检，因故未参加者应及时补检。反对非法鉴定和人为选择胎儿性别，违反者按国家有关规定处理。

夫妻恩爱甜如蜜，计划生育莫忘记。
避孕措施两人事，丈夫更要疼爱妻。
定期康检很重要，查病治疗益身体。

性别选择咱反对，生男生女都满意！

四 集体资源管理

（一）集体资源保护

第十九条 保护土地

1. 本村土地，包括耕地、"四荒"地、宅基地和公共设施建设用地，归村集体所有。（说明：周山村土地 2003 年退耕还林，2007 年土地经营权流转。）

2. 未经土地流入方允许，不得私自改变土地用途（如种植农作物、私自搭建等），违反者依法追究责任。

3. 村两委代表全体村民监督土地流入方合理利用和保护土地，及时制止其损害土地资源的行为。

4. 村民应自觉保护地貌完整，不得因刨挖药材而毁坏地堰，防止水土流失。

> 金木水火土，有土万物生。
> 土地所有权，法律写得明。
> 私自占用地，违法责任重。
> 土地莫荒废，地貌要完整。
> 挖药毁地堰，村规不容情。
> 千万要自警，莫当耳旁风！

第二十条 保护森林

1. 保护本村森林资源，严禁乱砍滥伐。村两委每年组织联合大检查，发现林木丢失、毁坏现象，敦促责任人及时补栽，违反《森林法》者按法律有关规定处理。

2. 严禁带火种进山，不准焚烧杂草、燃放鞭炮，上坟烧纸必须在火苗彻底熄灭后才能离开。

3. 牛羊必须圈养，不准在林区内放牧，违反者批评教育，责令其立即改正。若造成损失，根据实际情况赔偿。

4. 严禁捕杀、药杀野生动物。

保护森林最重要，绿树青山白云飘。
生态家园要维护，森林防火第一条。
林区不准烧杂草，引发山火罪难逃。
提倡鲜花悼故人，坟前烧纸危险高。
毁坏树木受处罚，林区禁牧要记牢。
野生动物须爱护，鸟语花香乐逍遥。
＊　＊　＊　＊　＊
松柏青翠杨柳绿，谁放牛羊进林地？
踏青草、啃树皮，毁坏林木实可气。
牛羊主人觉悟低，全体村民都不依。
树木被毁责任大，照章处罚莫扯皮。
别怪村规订得严，森林资源当珍惜！

第二十一条　爱护公共财产

1. 维护村庄道路的清洁与平整，不在路面和路旁堆放杂物、晾晒物品。

2. 爱护电力、电讯设施，不私自乱扯电线，不损坏线杆、路灯。

3. 自觉维护排灌水渠、自来水管道、下水道和水库闸门等水利设施。

4. 爱护健身器材、文化、卫生等公共设施，不损毁、移动公共指示标志。

5. 损坏公共财产者批评教育，照价赔偿，损坏严重者按有关规定处理。

村庄道路宽又平，男女老少大步行；
自家物品莫占道，妨碍交通毁路容。
生产生活都用电，电网安全免祸生；
线杆路灯保护好，私扯电线有险情。
通水设备更重要，破坏水道触律刑；
健身器材大家爱，尽力保护记心中。

文化卫生指示牌，设施齐全为百姓；
人人爱护莫损坏，美丽周山更文明！

（二）集体资源分配
（说明：村民待遇指土地补偿金、装车费，及其他福利待遇。）
第二十二条　婚入男女
1. 婚入男女须达到法定婚龄、领有结婚证并将户口迁入本村者，依照户口迁入时间享受村民待遇。
2. 婚入男女离婚、丧偶后户口在本村者，再婚前继续享受村民待遇。再婚后，其配偶及所带子女将户口迁入，在本村居住并履行村民义务，可享受村民待遇。

《婚姻法》，第六条，结婚年龄要记牢；
男二十二女二十，登记结婚领证照；
户口迁入享待遇，没办户口免唠叨。
离婚丧偶遭不幸，理应关怀受照料；
只要户口在周山，村民待遇仍有效；
再婚配偶携子女，一视同仁不动摇！

第二十三条　婚出男女
1. 婚出男女户口未迁出，在本村居住并履行村民义务者，享受村民待遇。
2. 婚出男女户口未迁出，不在本村居住，在对方没有享受村民待遇者，由本人提出书面申请，对方村委会出具证明（并注明村组负责人联系电话），经周山村两委核实后，可享受村民待遇。该证明需每年出具一次。
3. 婚出男女户口迁出，不在本村居住者，自结婚之日起享受一年村民待遇。若愿返回本村居住，将户口迁回并履行村民义务，可重新享受村民待遇。
4. 婚出男女因离婚或丧偶将户口迁回本村，在本村居住并履行村民义务，享受村民待遇，所带子女以有效法律文书为准。若再次婚出，其户口仍在本村的子女可继续享受村民待遇。

  婚出男女差别大，享受待遇遵章法；
  户口未迁住本村，村民待遇不抹杀。
  户口虽在人不在，没有待遇周山发；
  对方年年出证明，不能两头都抓瞎。
  户口迁出人也走，一年终止没二话；
  若要迁回本村住，重新享受莫害怕。
  离婚丧偶回周山，周山还是你的家；
  子女随着迁过来，享受待遇理不差。
  再次婚出迁别处，子女不带可留下；
  保障权利讲亲情，和谐社区乐无涯！

第二十四条　其他人员

1. 在校大学生就读期间享受村民待遇。学业结束后成为国家公务员或国企、事业单位正式成员者，村民待遇终止。

2. 服役人员服役期间享受村民待遇。服役期满户口迁回，继续享受村民待遇；成为职业军人、国家公务员或国企、事业单位正式成员者，村民待遇终止。

3. 非婚生子女依法享受村民待遇。

4. 服刑人员在服刑期间享受村民待遇，国家法律另有规定的除外。

5. 户口未迁出的国家公务员、国企和事业单位正式人员，不再享受村民待遇。本人或家属应主动向村民组说明情况，自觉放弃村民待遇。

  周山村民有四种，人走待遇不变更：
  在校就读大学生，服役参军去当兵；
  非婚生育子和女，还有犯法正服刑；
  享受待遇有权利，村民还应多宽容。
  ＊　＊　＊　＊　＊　＊　＊　＊
  待遇变化分两类，士兵大学毕业生；

就业转业得薪酬，村民待遇不延承。
户口在村有公职，放弃待遇情理中；
为人处世讲诚信，多拿多占理不通！

第二十五条 当年1月1日—6月30日出生的村民，享受全年村民待遇；7月1日—12月31日出生的村民享受下半年村民待遇。

1月1日—6月30日死亡的村民，享受上半年村民待遇；7月1日—12月31日死亡的村民，享受全年村民待遇。

五 村民自我管理

第二十六条 全体干部村民要诚善于心、言行一致，以诚实守信作为最基本的道德准则和行为规范，在人际交往中互相尊重、互相信任。

干部怀着诚善心，言行一致取信民；
村民行为讲公德，诚实守信最根本。
表里如一人尊敬，轻诺寡信失人心；
互相尊重又信任，理解宽容一家亲！

第二十七条 全体干部村民应友爱宽容、文明礼貌，不拨弄是非，不说粗话脏话，不恶语伤人，不打架斗殴、寻衅滋事。自觉抵制邪教，抵制黄、赌、毒。

村民一家常相伴，文明礼貌记心间。
不讲粗话和脏话，千万别把是非搬。
不打架，不斗殴，黄赌毒，且莫沾。
歪风邪气无市场，共建文明新家园。

第二十八条 关爱未成年人

1. 关爱未成年人是家庭和社区的共同责任，努力创造良好、和睦的家庭社区环境，帮助未成年人健康成长。

2. 保障未成年人（特别是女童）的受教育权利，使未成年人完成义务教育。家庭或社区应阻止未成年人中途辍学、外出务工。

3. 加强对未成年人的保护与监护,提高防范意识,预防和保护未成年人(特别是女童)不受人身和性侵犯。

4. 村内商品销售点不得向未成年人出售烟酒、传播淫秽暴力的图书报刊、音像制品等,违者由相关部门给予处罚。

  关爱儿童和少年,家庭社区挑重担。
  义务教育要完成,打好基础为明天。
  女孩特别要关注,辍学打工应规劝。
  儿童监护靠父母,安全第一严防范。
  烟酒黄毒售儿童,村民监督不容宽。
  家庭社区共携手,百年大计宏图展!

第二十九条　敬老、养老

1. 保障老年人的经济自主权,子女不得限制老人掌握个人财产的权利。老人所享受的土地补偿金、低保金,高龄老人生活补助金等,由村组干部直接发给老人本人。

2. 子女及其他赡养人应为老人提供日常生活用品及安全住所,照顾和保护失去劳动和生活自理能力的老人,保证生病老人及时就医,多与老人交流、谈心,使老人得到精神安慰。

3. 夫妻对双方老人均有赡养义务,应平等对待双方老人。

4. 尊重老人的生活与感情需求,不要以任何理由强迫老年夫妻分开居住、赡养,不要干涉单身老人再婚。

5. 对不尊老、养老的子女和法定赡养人,村组干部有责任对其批评教育,敦促其履行赡养义务。

(一)

  敬老养老有千言,全体村民记心间:
  赡养老人是义务,子女要把责任担。
  老人经济应自主,分配财产遵意愿。
  待遇福利归老人,干部亲送应得款。

日常用品儿女备，住所安全又温暖。
有病及时送医院，失能老人勤照管。
双方老人平等待，偏向一方理不端。
少年夫妻老来伴，分开赡养鸳鸯散。
丧偶再婚勿干涉，尊重老人选择权。
老人权利维护好，遗弃虐待要法办。
尊老敬老成风气，周山村民笑开颜！
（二）
有句话，重千斤，长大莫忘父母恩。
生儿育女心操尽，省吃俭用受苦辛。
只盼儿女长成人，累断筋骨也甘心。
滴水之恩当相报，父母恩情比海深。
如今父母年已老，腰酸腿疼病缠身。
子女理应多照应，饮食起居常关心。
平日说句贴心话，粗茶淡饭也暖心。
劝人要做孝顺子，有亲不养难做人！

第三十条 老人应增强自立自主意识，要开明、宽容，不倚老卖老，不过分依赖子女，不过多干涉子女的事业和婚姻生活。不重男轻女，平等对待儿子、女儿及孙子女、外孙子女。积极参加村内集体活动，力所能及地为家庭和社区做贡献。

日出东海落西山，年老莫钻牛角尖。
遇事多往好处想，身体才能得康健。
自强自立人称赞，倚老卖老讨人嫌。
儿子闺女同等待，内孙外孙一样看。
力所能及多活动，家庭社区做贡献。
家人和睦邻里亲，快快乐乐度晚年！

第三十一条 加强预防，反对任何形式的家庭暴力（包括夫妻间的暴力、对未成年人的暴力、对老人的暴力等），村组干部应积极干预和制止家庭暴力，情节严重者，送交有关部门处理。

> 家庭暴力为啥管？还请各位听我言：
> 暴力发生在家庭，以强欺弱耍野蛮。
> 打骂妻子和儿女，虐待老人也包含。
> 精神虐待冷暴力，秽言恶语伤尊严。
> 家庭暴力侵人权，制止家暴不容缓。
> 村组干部要干预，村民看到要解劝。
> 轻者批评和教育，重者理应去报案。
> 尊重老人和儿女，男女平等记心间。
> 人人都来反家暴，家和村兴新周山！

六 村庄环境保育

第三十二条　保护环境是全体村民义不容辞的责任，应从长远利益出发，提高环保意识，人人爱护环境，个个参与环保，使周山村空气清新、环境优美、村庄整洁。

> 周山是我家，环保靠大家。
> 生态环境好，关系你我他。
> 路边种花草，村庄美如画。
> 绿树青山美，空气质量佳。
> 人人少生病，村民乐哈哈！

第三十三条　积极绿化周山、美化周山，鼓励村民植树护树、种植花草。凡种植"结婚纪念树""宝宝诞生树""老人长寿树"等各种公益树者，村两委负责在树干上悬挂植树人名牌以示表彰。

> 周山村民有创意，保护环境重培育；
> 鼓励村民多植树，环保公益两相益。
> 结婚纪念宝宝生，老人诞辰逢佳期；
> 植树纪念意义大，绿树成荫有生机。

纪念树上留美名，代代植树志不移；
爱绿护绿成习惯，周山环境数第一！

第三十四条　维护村庄环境卫生，生活垃圾放置在指定地点，及时清理建筑垃圾。提倡使用环保购物袋，减少塑料制品等有害垃圾。严禁焚烧秸秆、杂草和垃圾，净化空气，消除火灾隐患。禁止在墙上乱涂乱画、张贴小广告。

（一）
维护环境最重要，生活垃圾定点倒。
家家使用环保袋，白色污染要除掉。
严禁秸秆乱焚烧，空气质量能提高。
制止乱涂又乱画，清除张贴小广告。
人人都做监督员，改变面貌在今朝！
（二）
塑料袋，真方便，轻巧适用价格廉；
买菜购物装垃圾，天天用它成习惯。
你习惯，我习惯，塑料垃圾堆成山；
山山水水受污染，毁了我们好家园。
毁家园，后悔晚，千秋万代骂名传；
我们大家齐行动，限用塑料不容缓。
爱护环境记心间，改变习惯并不难；
使用环保手提袋，买菜购物也方便。
白色污染要治理，生存环境得改善；
我为环保做贡献，保护人类好家园！

第三十五条　搞好家庭、个人卫生。房前屋后绿化美化，庭院内种植花草，不乱堆杂物。保持居室整洁清新，经常打扫厕所，消除异味。勤晒被褥、勤换衣物，养成良好的卫生习惯。

人人都要讲卫生，美化庭院乐其中。

房前屋后种花草，居室内外洁又净。
厕所经常要打扫，消除异味无蚊蝇。
衣物常洗被常晒，身康体健乐融融！

第三十六条 加强家畜、家禽管理，及时清理猪圈、羊圈、牛栏，死禽死畜要挖坑深埋，避免污染环境。

家禽家畜管理好，每位村民都知晓。
牛羊猪圈常清理，粪便堆放做肥料。
死禽死畜应深埋，千万不可随地抛。
保护环境最重要，人畜健康百病消！

七 继良俗树新风

第三十七条 成立"乡风文明促进会"，成员由村民推举产生，开展"继良俗、树新风"活动。

乡风文明促进会，文化建设有作为；
继良俗，树新风，精神文明大力推。
婚丧嫁娶除陋习，家风村风立新规；
移风易俗气象新，文明周山更和美！

第三十八条 推动婚俗变革

1. 倡导文明节俭办婚礼，提倡新式婚礼（集体婚礼、新婚夫妻共同植树等），反对铺张浪费、大操大办。

2. 新式婚礼、男到女家婚礼，由"乡风文明促进会"主持或参与。村里文艺团体义务助兴，营造喜庆气氛。

3. 提倡婚俗中男女平等，改变歧视妇女的陈规旧俗，不攀比、索要彩礼。

婚俗变革大提倡，周山村民听端详：
千年婚俗像罗网，男婚女嫁老纲常。

闺女出嫁如泼水，招婿上门脸无光。
千年规矩要改变，婚育新风进村庄。
嫁娶招婿自己选，男到女家享荣光。
＊　＊　＊　＊　＊　＊　＊　＊
文明节俭新风尚，大操大办太铺张。
新婚夫妻共植树，绿化山村美名扬。
集体婚礼更热闹，成双成对好鸳鸯。
秧歌腰鼓送祝福，义务助兴喜满堂。
村组干部做表率，家家和谐幸福长！

第三十九条　推动葬俗变革

1. 村民去世后火化，提倡安葬村公墓，反对先火化后土葬的做法，节约土地，减轻村民丧葬负担。

2. 葬礼力求节俭，不大摆供品、宴席，少用孝布，不搞迷信活动。

3. 提倡葬礼中男女平等，女儿也能主祭、"打幡""摔盆"。

4. 倡导老人厚养薄葬，反对生前不孝，死后大操大办，严禁借机敛财。

5. 孤寡老人的葬礼，村两委负责操办；纯女户老人的葬礼，"乡风文明促进会"协助操办。

家人去世亲人痛，丧事俭办记心中：
火化安葬村公墓，白花朵朵祭亡灵；
追思悼念合情理，铺张浪费负担重。
有人生前不养老，死后大办图虚名；
厚养薄葬是真孝，薄养厚葬是假情。
＊　＊　＊　＊　＊　＊　＊　＊
丧葬习俗只重男，报丧出殡送坟茔；
周山村民早觉醒，挑战千年老传统。
生儿未必能防老，有女照样能送终；
男孩女孩都一样，打幡摔盆样样行。
陈规旧俗得改变，文明新风慰先灵！

第四十条　提倡男女村民平等参与社区活动，共同承担家务劳动，共同照顾老人及未成年子女，共同管理和支配家庭财产。

以前观念有问题，重视男来轻视女：
男人就是顶梁柱，养家糊口不容易；
外出打工受苦累，功劳应该数第一。
妇女在家多清闲，洗衣做饭喂喂鸡；
家务劳动不算活，轻轻松松不费力。
＊　＊　＊　＊　＊　＊　＊
如今观念大转变，叫声乡亲听仔细：
妇女在家挑重担，功劳不比男人低；
男女平等进家庭，咱要破除老规矩。
夫妻同把家务担，共同参与在社区；
养老抚幼是责任，家庭财产同管理。
体贴商量讲民主，活出一片新天地！

第四十一条　提倡姓氏改革，子女姓父姓、母姓、父母双姓，或选择其他姓氏均可。改变传统的家产分配规则，保证儿子、女儿享有平等的财产继承权利。

（一）
传宗接代旧俗套，子随父姓成律条；
如今时代不同了，姓氏改革呼声高。
国家法律明文定，随父随母任意挑；
父母双姓加上名，这种做法更巧妙。
姓名权利受尊重，自主选择实在好！
（二）
《继承法》，有规定，家产分配要平等；
子女都有继承权，排除闺女不公平。
都是父母亲骨肉，赡养责任共担承；

权利义务应对等，合法合理又合情。
　　家庭规则得改变，阖家欢乐情更浓！

第四十二条　家庭成员之间要平等、尊重、信任、宽容，互相爱护、和睦相处。由"乡风文明促进会"组织开展"六好家庭"评选活动，标准是：互敬互爱、孝敬老人、男女平等、和睦邻里、热心公益、整洁卫生。

　　评选周山好家庭，全体村民齐响应：
　　尊重信任讲平等，互敬互爱多宽容；
　　敬老爱幼继良俗，男女平等树新风；
　　热心公益睦邻里，内外整洁讲卫生。
　　六条具备能当选，美好家庭是标兵！

第四十三条　发扬邻里友爱、守望相助的优良传统，为鳏寡、孤独、残弱和有特殊困难的村民提供帮助，形成"互助互亲如家人"的良好风气。

　　一个篱笆三个桩，一人有难众人帮；
　　有句俗话记心上，近邻更比远亲强。
　　遇事宽容多礼让，最忌背后论短长；
　　有了矛盾多沟通，闹起纠纷都受伤。
　　＊　＊　＊　＊　＊　＊　＊　＊
　　鳏寡孤独病残弱，伸出双手来帮忙；
　　空巢老人常关心，留守儿童挂心房。
　　守望相助好传统，志愿公益新风尚；
　　互助互亲如家人，村民自治有良方！

第四十四条　丰富农村文化生活，成立秧歌队、腰鼓队、合唱队等，充分发挥"农家书屋""周山村村规民约展览室""农村妇女手工艺展览室"的作用，开展积极健康的娱乐活动。

新农村，添光彩，文化大院建起来；
活到老来学到老，老年学堂开起来；
周山巧女舞针线，手工艺品绣起来；
新型农民爱读书，农家书屋办起来；
健身器材玩起来，欢乐秧歌扭起来；
震天锣鼓敲起来，优美歌曲唱起来；
文化生活多丰富，男女老少乐开怀！

八 附则

第四十五条 本村规民约自村民代表大会表决通过之日起公示，公示七天后生效，同时上报大冶镇政府备案。

第四十六条 本村规民约的解释权归周山村村两委。

建设新农村，村民是主人；
干群齐努力，全村一条心。
积极做贡献，建好周山村；
享受新生活，社会向前进！

周山村村民代表会议

2015 年 3 月 12 日

附 录 二

邢台市中级人民法院关于审理农村集体经济组织收益分配纠纷案件若干问题的意见

为了正确及时审理农村集体经济收益分配纠纷案件，根据《村民委员会组织法》《土地管理法》《农村土地承包法》《农业法》《婚姻法》《继承法》《妇女权益保障法》，最高人民法院《关于审理涉及农村土地承包纠纷案件适用法律问题的解释》和其他有关法律、法规和司法解释，结合审判实践，制定本意见。

第一条 当事人依照《民事诉讼法》第108条规定提起土地征收补偿费用等收益分配纠纷诉讼的，根据以下不同情况分别予以处理。

（一）农村集体经济组织成员与农村集体经济组织因土地征收补偿费分配或其他收益分配发生的纠纷，向人民法院提起诉讼的，人民法院应予受理。

（二）农村集体经济组织成员对行政机关做出的关于农村集体经济组织收益分配处理决定不服，以行政机关为被告提起民事诉讼的，人民法院不予受理。

（三）农村集体经济组织成员对集体经济组织决定是否分配或分配数额多少不服，提起诉讼的，人民法院不予受理。

第二条 因农村集体经济组织收益分配发生纠纷的，双方当事人应当先行协商解决；协商不成的，可由乡（镇）人民政府、街道办事处解决或通过人民调解委员会解决；协商、调解不成的可以向人民法院起诉。

第三条 土地征收补偿费包括土地补偿费、安置补助费以及地上附着物和青苗补偿费。农村集体经济组织成员请求给付地上附着物和青苗补偿费或者安置补助费的，分别根据以下情况处理：

（一）承包方请求发包方给付已经收到的地上附着物和青苗补偿费的，应予支持；

（二）承包方已将土地承包经营权以转包、出租等方式流转给第三人的，除当事人另有约定外，青苗补偿费归实际投入人所有，地上附着物补偿费归附着物所有人所有；

（三）放弃统一安置的家庭承包方，请求发包方给付已经收到的安置补助费的，应予支持。

第四条 农村集体经济组织或者村民委员会，可以依照法律规定的民主议定程序，决定在本集体经济组织内部分配已经收到的土地补偿费。征地补偿安置方案确定时已经具有本集体经济组织成员资格的人，请求支付土地补偿费相应份额的，应予支持。

第五条 征地补偿安置方案确定时是指政府有关部门对补偿安置方案批准时。该时间既不是土地补偿费分配方案确定时或者征收土地方案批准时，也不是征地补偿费用实际支付之时。

第六条 农村集体经济组织成员一般是指在本集体经济组织所在的村、组生产生活，依法登记常住户籍并与该经济组织形成权利义务关系的人。

第七条 具有下列情形之一的，应当视为其具有农村集体经济组织成员资格：

（一）出生时父母双方或一方是本集体经济组织成员且本人户籍登记在本集体经济组织所在地的；

（二）因婚姻（包括妇女和入赘人员）或依法收养已进入本集体经济组织的农户实际生产生活，并与该组织形成权利义务关系的，包括已迁入户口或常住户口非自身原因未迁入的，但原集体经济成员资格仍保留的除外；

（三）婚姻关系发生在农业户口和非农业户口人员之间，持有农业户口且未取得其他经济组织成员资格或获得其他社会保障的；根据《土地承包法》第 30 条规定，妇女（或入赘婿）在原居住地保留承包地的，不影响在新嫁入（入赘）地成员资格的取得（原居住地集体经济成员资格仍保留的除外）；

（四）因国防建设或其他政策性迁入的；

（五）因外出经商、务工等原因，脱离集体经济组织所在地生产生活且未迁出户口，也未取得其他经济组织成员资格的；

（六）因在大中专院校学习、服义务兵或初级以下士官兵役等原因被注销、迁出户口或仍保留户口的；

（七）因服刑、劳教等原因被注销、迁出户口的；

（八）其他法律法规规定应当取得的。

第八条　农村集体经济组织成员具有下列情形之一，丧失原集体经济组织成员资格：

（一）死亡的；

（二）已取得其他集体经济组织成员资格的；

（三）取得设区市非农业户口的；

（四）取得非设区市城镇非农业户口，且纳入国家公务员序列或者城镇企业职工、居民社会保障体系的（居民只参加医疗保险而未参加养老保险和失业保险的除外）；

（五）其他情形经村民会议、村民代表大会讨论同意且不违反法律规定的。

第九条　以下情形人员不享有集体经济组织成员资格：

（一）自户口迁入时起，未在户口所在地生产生活，未与农村集体经济组织形成权利义务关系，不以该集体经济组织所有的土地作为其基本生活保障的；

（二）因结婚、离婚等原因离开原集体经济组织，不以该组织所有的土地作为其基本生活保障，已取得新居住地集体成员资格，只在原集体经济组织保留户口的；

（三）回乡退养人员虽将户口迁回农村并在该地生产生活，但其享受离退休人员的工资及福利待遇为其基本生活保障的。

第十条　以下情形人员仍应保留集体经济组织成员资格，其要求给予收益分配权的，应予支持：

（一）离婚或丧偶后仍在原集体经济组织生产生活并在此之前因

婚姻关系已取得该集体经济组织成员资格的（包括妇女和入赘人员）；

（二）已婚（或再婚）的妇女，婚后未迁转户口，并在户口所在地生产生活，且未享受男方所在村组收益分配权，其要求户籍所在地的集体经济组织给予本组织成员同等收益分配权的；

（三）离婚或丧偶的妇女及其子女虽未在户籍所在地生产生活，但其未享受新居住地集体经济组织收益分配权，其要求原户籍所在地集体经济组织给予收益分配权的；

（四）已婚（或再婚）的入赘人员，婚后非自身原因未迁转户口，且未享受女方所在地集体经济组织收益分配权，其要求原户籍所在地集体经济组织给予本组织成员同等收益分配权的。

仍应保留农村集体成员资格的人员，请求所属家庭给付已经收到的收益分配的相应份额的，应予支持。

第十一条　审理农村集体经济组织收益分配纠纷，人民法院应当审查农村集体经济组织做出的分配方案的合法性，符合下列要求的，确认有效。

（一）分配方案的内容不与宪法、法律、法规和国家政策相抵触；部分抵触的，抵触部分无效；

（二）分配方案经本集体经济组织成员的村民会议三分之二以上成员或者三分之二以上村民代表同意。

第十二条　本意见自二〇一〇年一月一日起试行。本意见由本院审判委员会负责解释。以前有关规定与本意见不一致的以本意见为准。